Oliver Becker

Führen ist Kinderkram

Oliver Becker

Führen ist Kinderkram

Der Game-Changer im Leadership

Mit einem Vorwort von Jörg Löhr

Rediroma-Verlag

Bibliografische Information der Deutschen Nationalbibliothek:
Die Deutsche Nationalbibliothek verzeichnet diese Publikation in der Deutschen Nationalbibliografie; detaillierte bibliografische Daten sind im Internet über http://portal.dnb.de abrufbar.

ISBN 978-3-98885-362-2

www.rediroma-verlag.de
13,95 Euro (D)

Inhalt

Dein Leben wurde nicht dafür geschaffen, dass du auf einer Stelle das Gleichgewicht hältst, sondern dafür, eine Vision für dein Leben zu entwickeln und dich auf den Weg zu den endlosen Möglichkeiten zu machen, die dir das Leben bietet.

(Oliver Becker)

Vorwort von Jörg Löhr

Liebe Leserinnen, liebe Leser,

zahlreiche Unternehmen und Organisationen leiden nach eigenen Aussagen unter besorgniserregendem Fachkräftemangel. Gleichzeitig sind laut der Ergebnisse diverser Befragungen immer weniger Menschen bereit, Verantwortung für Führungsaufgaben oder -positionen zu übernehmen. Zudem gibt es zahlreiche Unternehmer, die gerne abgeben wollen, aber keine geeignete Nachfolge finden.

Ausgehend von zehn Kerneigenschaften, die uns allen in die Wiege gelegt wurden, beschreibt Oliver Becker treffend in seinem Buch, mal provokant und mal humorvoll, warum Leadership keine hochkomplizierte Wissenschaft sein muss und wie sie menschenorientiert gelingen kann. Auch wenn sich die Anforderungen an Führung verändert haben und sicherlich auch noch weiter verändern werden, ist die Verantwortungsübernahme ein entscheidender Faktor für unsere Gesellschaft, um auch in den kommenden Jahrzehnten über stabile erfolgreiche Unternehmen sowie verlässliche öffentliche Strukturen zu verfügen.

Neben dem Hauptthema, wird auch ein Kapitel der Personalgewinnung von Menschen mit besonderen Fähigkeiten und individuellem Unterstützungsbedarf gewidmet, was für eine spürbare Entlastung sorgen könnte und weit über die bloße Personalgewinnung für Organisationen und Unternehmen hinausgeht. Solch einen Blickwinkel würde ich mir viel mehr in unserer Gesellschaft wünschen. Denn so werden das Zusammenleben und der Umgang miteinander noch lebenswerter.

Man merkt Oliver Becker einfach seine enorme Erfahrung von mehr als zwei Jahrzehnten in Führungsfunktionen an. Ich persönlich wünsche jedem, der dieses Buch in die Hand nimmt nicht nur Unterhaltung mit ganz viel Erkenntnisgewinn, sondern auch ganz besonders viel Freude beim Lesen.

Jörg Löhr
Management- und Persönlichkeitstrainer

Vorwort

Was ist dir wohl ganz spontan eingefallen, als du diesen Buchtitel das erste Mal gelesen hast? Was hat denn das miteinander zu tun? Oder sogar: Was für ein Blödsinn ist das denn, wer kann sich nur so was ausdenken?

Na, ganz einfach: Ich, Ü50, seit mehr als zwei Jahrzehnten in Führungspositionen für bis zu mehrere hundert Menschen und dabei immer im Beobachtungsmodus unterwegs. Wie führen andere Menschen, was ist das Feedback derer, die geführt werden, und vor allem, was macht das mit ihnen?

Auch meine Erfahrungen als Jugendtrainer oder im Vereinsvorstand sind losgelöst von der Erziehung eigener Kinder, von denen ich vier stolz meine nennen darf, eine wichtige Hilfe zu diesem Buch.

Aber der Reihe nach.

Wie bist du eigentlich Führungskraft geworden oder bist du gerade auf dem Weg dorthin? Bestimmt bist du einem Menschen begegnet, der dir eine Checkliste in die Hand gedrückt hat, wo alle wichtigen Skills, unumgänglichen Vorgaben, wichtigen Schritte etc. draufstanden. Die musstest du nur auswendig lernen und schon warst du eine perfekte Führungspersönlichkeit. Nein? Na so was!

Vielleicht bist du einfach in eine solche Rolle hineingerutscht, weil du die erfolgreichste Mitarbeiterin, der erfolgreichste Mitarbeiter warst. Du warst einfach dran oder hast dich nicht schnell genug verdrücken können.

Oder aber du hast einen beruflichen Weg eingeschlagen und hast irgendwann vor einer Entscheidung gestanden: Mache ich das jetzt bis zum Ende meines Berufslebens oder möchte ich den nächsten Schritt in Richtung Leadership gehen? Dann hast du dir an dem Punkt wahrscheinlich Fragen gestellt, wie Führung geht, wer dir helfen kann oder aber Literatur zu diesem Thema gesucht.

Wenn es besonders gut gelaufen ist, wurdest du in deinem Unternehmen / Betrieb systematisch aufgebaut für eine Führungsposition, hattest vielleicht sogar einen Mentor oder wenigstens einen Ansprechpartner mit dem du dich austauschen, dir Feedback holen oder sogar eine Weile als Co-Leitung agieren konntest.

Sofern du dich gerade auf den Weg machst, stehst du ziemlich sicher vor all diesen Fragen und suchst nach Hilfe, wer dir Antworten auf diese Fragen geben kann.

Da du das Buch jetzt schon mal in deinen Händen hältst, lass mich dir einen Weg zeigen, der aus meiner eigenen Erfahrung auf der Hand liegt, aber viel zu oft von uns Erwachsenen nicht mehr gesehen wird.

Ich werde dir erklären, was ich mit „Kinderkram" meine und warum diese Erinnerungen und Bilder, die dieses Buch in dir hervorrufen werden, unglaublich wertvoll sind. Ich werde dir Dinge strukturiert an die Hand geben, die du auf deinem Weg nutzen kannst, um deine Karriere richtig in Schwung zu bringen, Gedanken und Eindrücke zu ordnen und gemeinsam mit den dir anvertrauten Mitarbeitenden zu einem für alle Beteiligten und dem Unternehmen unglaublichen Mehrwert verhelfen. Dass dabei der Spaß nicht zu kurz kommt, wirst du an zahlreichen Stellen des Buches feststellen. Einige Zahlen, Daten und Fakten wirst du natürlich ebenso finden.

Falls du bereits in einer entsprechenden Position bist, wirst du andere Sichtweisen kennenlernen, die dich dabei unterstützen, aus festgefahrenen Wegen auszubrechen, aus dem gefühlten „ich“ ein „wir“ machen, um auch in dieser Situation mit anderen Menschen gemeinsam die Aufgaben wieder mit neuem Schwung und Humor zu bewältigen.

Apropos Humor … einen Gedanken möchte ich dir gleich zu Beginn mit auf den Weg geben: Eine gute Führungskraft, also ein echter Leader, stillt mit seiner Aufgabe niemals sein Ego. Andere Menschen zu führen, heißt immer, diese in den Mittelpunkt zu stellen. Es ist deine Aufgabe, andere groß zu machen, ja, sie zu fördern und zu fordern. Das gelingt immer dann, wenn du dich selbst nicht in den Fokus rückst, Mensch bleibst – und das heißt letzten Endes auch über dich selbst lachen kannst. Was erleichtert den Zugang zu Menschen mehr als das Gefühl, dass der Chef auch nicht perfekt ist?

Eine gute Führungskraft, also ein echter Leader, stillt mit seiner Aufgabe niemals sein Ego. Andere Menschen zu führen heißt immer, diese in den Mittelpunkt zu stellen.

Denn erst, wenn du das Herz der Menschen erreichst, kannst du ihnen auch Inhalt für den Kopf weitervermitteln.

Wo stehst du gerade? Mach dir doch einfach ein ehrliches Bild von deiner aktuellen Situation. Möglicherweise gehörst du zu den zahlreichen Menschen, die schon einmal schlechte Erfahrungen mit deiner Führungskraft gemacht haben. Der Gedanke, dass du das besser kannst, ist dir auch schon durch den Kopf geschossen. Allein die Antwort auf die Fragen, ob du gut genug dafür bist und solch eine Funktion auch wirklich ausfüllen kannst, hat dich bis dato davon abgehalten, dich ernsthaft auf den Weg zu machen … wenn da nicht immer diese Stimme im Kopf wäre, die ständig Zweifel einstreut.

Bevor du loslegst und dein ehrliches Bild deiner Situation dich gerade ein wenig emotional hat werden lassen, weil es eben nicht das Bild ist, welches du vielleicht gerne sehen würdest, atme einfach mal ganz tief durch. Einmal, zweimal, dreimal, so oft du es gerade benötigst, um auf dem wunderschönen Erdboden wieder einen festen Stand zu haben. Nimm dir dein Lieblingsgetränk, setz dich in deine Lieblingsecke und gönne dir Ruhe und Zeit zum Stöbern, Lesen und Reflektieren.

Ich wünsche dir von Herzen Spaß, interessante Erkenntnisse und vor allem einen Plan, den du währenddessen in deinen Gedanken formst oder sogar aufschreibst, um an dein Ziel zu kommen. Mein Herzenswunsch ist es, dass möglichst viele Menschen auch durch dich ab sofort ein Führungsverständnis leben, was zu einem „Quadrupel-Win" (Mitarbeiter, Unternehmen, Leader/Führungskraft und Kunde) führt.

Die Welt braucht Menschen wie dich, die sich mit dem Thema ernsthaft auseinandersetzen. Danke, dass du dir die Zeit dafür nimmst!

1 Das Geheimnis unserer Kindheit

Wir Menschen bekommen alles, aber auch wirklich alles in die sprichwörtliche Wiege gelegt. Nur können wir im ersten Moment mit vielen dieser Geschenke nicht umgehen, weil es eines Lerneffektes bedarf, um uns im Ausprobieren-und-Irren-Modus zu Erkenntnissen, Erfahrungen und einem Gespür für die Nutzung unserer Fähigkeiten zu manövrieren. Dass das richtig anstrengend ist, hast auch du auf deinem Weg schon erlebt. Da kommt keine Bibi Blocksberg und sagt „Hex hex!" oder ein Prinz auf einem weißen Schimmel angeritten und nimmt dir die Arbeit ab. Nein, es ist deine Verantwortung und deine Anstrengung, die notwendig ist, damit du vorbereitet bist, wenn du in eine Führungsposition kommst!

Da kommt keine Bibi Blocksberg und sagt „Hex hex!" oder ein Prinz auf einem weißen Schimmel angeritten und nimmt dir die Arbeit ab.

Wenn du schon Führungskraft bist, brauchst du diese Fähigkeiten seitdem. Du benötigst sie, um die dir anvertrauten Personen wachsen zu lassen, um ihnen die Türen zu öffnen und sie auf ihrem Weg so zu begleiten, dass sie dir für deine Anwesenheit, deine Führung und die Tatsache, einen Teil deines Weges mitgehen zu dürfen, dankbar sind. Meinst du nicht auch, dass die in dir vorhandenen Geschenke nahezu Verpflichtung sind, diese für andere zu nutzen? Kannst du dir vorstellen, dass jeder Mensch die gleichen Grundlagen hat, die sich erst in ihrer späteren Ausprägung unterscheiden? Dazu besteht der Sinn des Universums darin, dass wir mit der Zeit voneinander lernen! So erweitern wir unsere Fähigkeiten und Kompetenzen unaufhörlich.

Moment, nicht so schnell … nimm dir ein wenig Zeit und geh gedanklich bitte noch einmal zurück auf Los. Lass uns eine Reise machen, quasi zurück in die Zukunft. Wir gehen das Drehbuch deines Lebens in den ersten acht Kapiteln gemeinsam noch einmal mit dem Fokus durch, was von Anfang an in dir steckt und dich als Führungskraft erfolgreich macht. Das Ganze auf eine leichte Art, sodass du dir wirklich die Zeit gönnen kannst, zurückzublicken, kurz innezuhalten, um vor deinem inneren Auge die Zusammenhänge zu erkennen.

Es war einmal …

Irgendwie, irgendwo, irgendwann im Universum wurden Überlegungen zu uns Menschen angestellt: Welches Körperorgan macht an welcher Stelle Sinn? Ist eine Nasenöffnung nach oben oder doch nach unten sinnvoll? Stimmt, wegen des Regens zum Beispiel lieber nach unten. So banal können Antworten ausfallen. Alleine diese rein organischen oder sollte ich besser sagen organisatorischen Überlegungen dürften eine ganze Weile angedauert haben. Nimm dir nur ein paar Minuten und denke darüber nach, wie perfekt all diese Zusammenhänge unseres Körpers funktionieren. Das alleine stellt schon ein Wunder dar, zumal die ganzen inneren Abläufe auch passen müssen. Ein kleiner Fehler im System …

Was braucht es weiter, um Gegenstände durch berühren zu erfassen und zu erkennen? Womit drücken wir Gefühle aus? Welche Emotionen sind wichtiger als andere? Gibt es überhaupt ein wichtiger oder weniger wichtig? Und so weiter und so weiter … Dieser zweite … nennen wir ihn den Gemüts- oder Emotionskomplex ist meist der entscheidende in uns. Denn wenn du genau darüber nachdenkst, wirst du kaum eine sachlich beobachtbare Tatsache finden, die nicht durch deine emotionale Bewertung zu dem geworden ist, wie du sie wirklich siehst.

Überleg doch mal: Wenn deine Partnerin oder dein Partner sagen, dass sie gerade keine Zeit für dich haben, weil sie etwas Wichtiges zu erledigen haben, könntest du diese Tatsache als solche einfach hinnehmen – es ist, wie es ist! In der Regel machst du dir beispielsweise aber Gedanken, mit wem sie das erledigen, wo sie das erledigen und ob eventuell du nicht mehr die sogenannte Nummer eins bist. Und plötzlich wird eine ganz anders bewertete Situation aus einer nüchternen Mitteilung …

Oder du hast ein Gespräch mit deiner Führungskraft, die dir mitteilt, dass das Arbeitsergebnis des letzten Auftrags nicht deren Erwartungen entspricht. Das ist zunächst eine rein sachliche Mitteilung. Hast du dich nicht auch schon dabei ertappt, dass du dir Fragen gestellt hast wie: Kann er oder sie mich nicht leiden? Was habe ich getan, dass er oder sie mich so bewertet? Hat mein Chef vielleicht einen schlechten Start in den Tag gehabt? Und, und, und … Was tust du also? Du bewertest diese sachliche Mitteilung und gibst ihr damit eine Richtung und Bedeutung, die in der Ursprungsbotschaft nicht enthalten war. Was heißt das für unseren Umgang mit Informationen? Ganz einfach: Hör auf, sie zu bewerten! Betrachte sie mit Abstand und prüfe sie auf ihren Inhalt. Denn nicht was geschieht, entscheidet über dein Glück, sondern die Sichtweise, wie du die Dinge interpretierst.

Die Mitteilung deiner Führungskraft, dass das Arbeitsergebnis des letzten Auftrags nicht deren Erwartung entspricht, ist eine rein sachliche Mitteilung.

Als drittes musste das Universum sich auch darum kümmern, was wir im Zusammenwirken mit anderen unserer Spezies benötigen: Ausdrucksweisen, Gesten, Mimik, Worte, Lautstärke, aber auch Haltung, Einstellung und nicht zuletzt unser Bewusstsein dazu. Denn wie sagte schon Paul Watzlawick: „Man kann nicht nicht kommunizieren.“ Das führt dazu, dass jeder Gedanke, oft unbewusst, zu wenn auch noch so kleinen Veränderungen in einer der genannten Äußerungskategorien führt, die unser Gegenüber sofort mit feinen sensorischen Antennen aufnimmt und ziemlich sicher beim Verarbeiten erneut bewertet, was wiederum zu Missverständnissen, vielleicht einem Rückzug oder einer verbalen Auseinandersetzung, zum Beispiel, führen kann. Diesen Bereich nenne ich den Gemeinsamkeits- beziehungsweise Kooperationskomplex. Diese Regungen sind einfach da und drücken aus, was wir in Millisekunden wirklich über Aussagen, Situationen und Momente denken. Mit Sicherheit kannst du dich an solche Augenblicke erinnern. Zum Beispiel, wenn du einen Menschen zum ersten Mal triffst. Wer entscheidet denn wie schnell und warum du diese Person sympathisch oder weniger sympathisch findest? Und wenn du so entschieden hast, schau mal genau auf deinen Tonfall in der Kommunikation oder auch deine Körperhaltung. Ist sie zugewandt oder abgewandt? Denkst du vielleicht darüber nach, dass die Person nett und freundlich ist, oder sind dein Kopf und seine Gedanken mit dem Fluchtreflex beschäftigt? Es muss nicht mal sein, dass du bemerkst, wie dein Geist deinen Körper steuert – dein Körper reagiert einfach und sig-

Nicht was geschieht entscheidet über Dein Glück, sondern die Sichtweise, wie Du die Dinge interpretierst.

nalisiert dir deutlich, ob du mit dieser Person ein paar Minuten länger zusammen sein möchtest oder lieber das Gespräch abbrichst.

Eine andere Situation, in der du selbst Auslöser solcher Reaktionen bist, ist beispielsweise die Erledigung einer ungeliebten Arbeit oder Aufgabe. Mitmenschen merken dir dann schon während der Erledigung an, dass du widerwillig handelst. Beispielsweise dadurch, dass du zwischendurch immer mal vor dich hin murrst oder du vielleicht laut seufzt oder auch einfach nur, wenn die Tastatur deines Laptops lauter klappert als sonst. Ganz deutlich wird es meistens, wenn du das Ergebnis einer solchen Aufgabe deiner Führungskraft vorlegen musst. Wenn diese durch deine kleinen Regungen bemerkt, dass du die Aufgabe ziemlich blöd gefunden hast, könnte es sogar passieren, dass dein Gegenüber zu bewerten anfängt und dann … das will ich hier gar nicht ausführen, sondern überlasse es deinen Gedanken – vielleicht kennst du ja auch diese Situation nur zu gut oder hast sie zumindest schon einmal erlebt.

Wir verfügen also alle über diese drei Anlagebereiche in uns:

- den organisch-organisatorischen Bereich
- den Gemüts- oder Emotionskomplex und
- den Gemeinsamkeits- oder Kooperationsbereich.

Diese Basics enthalten wiederum Dutzende ganz fein unterscheidbare Einzelausprägungen, dazu später mehr. Damit sind die Anlagen, die in uns stecken, gleichermaßen und gleichwertig als Grundlage im Rennen. Du kannst sie gerne anders nennen, so wie es für dich am besten passt. Wichtig ist, dass es dir gelingt, auch im Weiteren nachzuvollziehen, worin deine Verbindungen zwischen den Grundlagen und deinem Handeln liegen.

Das Starterfeld

Wie schon angedeutet, gibt es in den drei Kategorien wahrscheinlich Dutzende detaillierter Ausprägungen. Sie alle stellen das Starterfeld zu Beginn unseres Lebens dar und trippeln ungeduldig an der Startlinie. Dabei entwickeln sich manche zu Marathonläufern und andere wiederum zu Sprintern. Grundsätzlich hat beides seine Daseinsberechtigung. Ein Leben als immer wieder geforderter Sprinter ist aber sicherlich erfüllender und lehrreicher als ein eher monotoner Marathonlauf. Ehrlicherweise muss ich hinzufügen, dass ein Sprinterleben natürlich auch herausfordernder und, ja, für manche auch anstrengender ist. Denn du benötigst viel eigene Motivation, um dich immer wieder den Herausforderungen stellen zu wollen und nicht in deiner Komfortzone zu verharren. Denn darin ist es doch soooooo bequem … das kennst du alles schon … das reicht dir vielleicht … die Leute sind nett … und was auch immer dir noch so einfällt, warum du nicht in die Angstzone möchtest, Neues kennenlernst und daran wächst. Wir werden im achten Kapitel noch einmal einen genaueren Blick auf das Thema der Verantwortung werfen. Gleichzeitig braucht es aber auch die Ausdauer eines Marathonläufers, um die Ziele langfristig beharrlich zu verfolgen und nicht nach dem ersten Sprint, weil es eben so anstrengend ist, einfach hinzuwerfen.

Du benötigst viel eigene Motivation, um nicht in deiner Komfortzone zu verharren. Denn darin ist es doch soooooo bequem …

Ich möchte mit dir das Starterfeld der acht Bewusstseinsfelder betrachten, die die essenzielle Grundlage für unser Handeln darstellen und die, je nach Ausprägung und Behandlung im Aufwachsen und danach, die Kernkompetenzen für Führung, ja, Leadership darstellen. Über die Reihenfolge lässt sich bekanntlich streiten, doch sind die Felder alle erforderlich, um eine Führungskultur zu erreichen, die tatsächlich beide Seiten zufriedenstellt und die ein wohlfühlförderndes Gemeinschaftsempfinden herstellt und damit Erfolg generiert, der wiederum zu persönlichem Weiterkommen und Wachstum führt und nicht zuletzt den Spaß, die Freude, an der Aufgabenbewältigung ebenso fördert und im Gegenzug auf ein evolutionsbasiertes Fundament an Wissen und Fakten zurückgreifen kann.

Am Start steht zunächst das Vertrauen – Grundlage allen gemeinschaftlichen Handelns. Warum vertraust du anderen Personen? Warum vertrauen andere Menschen dir? Tust du das überhaupt oder tun es andere? Wovon ist es abhängig, dass du anderen vertraust und andere dir vertrauen? Welches Gefühl löst vorhandenes Vertrauen in dir aus? Wovon ist das wiederum abhängig? Darauf richten wir gleich im nächsten Kapitel unseren Blick. Fakt ist auf jeden Fall, dass ein Zusammenleben, eine Zusammenarbeit ohne Vertrauen nicht funktioniert oder zumindest nicht das Ergebnis erzielt, was mit vollem Vertrauen möglich ist.

Warum vertraust Du anderen Personen? Warum vertrauen andere Menschen dir?

Eine ganz besondere Kandidatin im Starterfeld ist die Liebe – ein Geschenk, wie es größer nicht sein kann. Liebst du wirklich? Wie sieht Liebe im Kontext von Partnerschaft und

Familie im Verhältnis zum Führungsverhalten aus? Was bedeutet überhaupt Liebe im Kontext des Leaderships? Und wie wirkt es sich aus, wenn sie fehlt? Dürfen daran Erwartungen oder gar Bedingungen geknüpft sein? Welche Anstrengungen unternehmen oder unterlassen wir, um Liebe zu erhalten? Und ist das hilfreich, wenn wir so denken und handeln? Ich ahne, dass du schon ins Grübeln geraten bist, was denn bitte Liebe im Kontext des beruflichen Umfelds bedeutet. Du wirst überrascht sein, welches Geheimnis sich hinter diesem Bewusstsein in deinem Job beziehungsweise in Zusammenhang mit Führung verbirgt.

Kommen wir zur Freude. Wie erlebst und erledigst du deinen Job? Ist es „nur" ein Job, damit du gerade genug Geld zum Leben hast, oder findest du wirkliche Erfüllung in dem, was du tust? Stehst du dafür jeden Morgen mit großer Freude auf oder hast du das Gefühl, dass du arbeiten „musst"? Erledigst du deine Aufgaben, weil sie nun mal da sind oder „brennst" du für das, was du tust? Und kannst du dir vorstellen, wie groß der Unterschied in den Ergebnissen, die du erzielst, sein kann, wenn deine Einstellung von Leidenschaft geprägt ist? Erinnere dich, wie du als Kind an die Dinge herangegangen bist, die du wirklich von ganzem Herzen erreichen wolltest.

Ist dein Job „nur" ein Job, oder findest du wirklich Erfüllung in dem, was du gerade tust?

Optimismus, der nächste Starter in unserem Bewusstsein. Du kennst die Aussage, dass ein Glas immer halb voll ist. Wie voll ist das Glas bei dir, wenn eine Aufgabe vor dir liegt? Wie ist deine Einstellung, wenn mal wieder ein Personalgespräch zu führen ist, in dem auch zur Sprache kommen soll, dass etwas nicht so gut gelaufen ist, wie du es erwartet hast? Welche Bilder hast du gegebenenfalls schon vorher im Kopf, die dich und deine Einstellung dazu beeinflussen? Wie oft sprechen wir heute davon, endlich eine Fehlerkultur zuzulassen, die Korrekturen als selbstverständlich ansieht, und wie oft wird eine solche Kultur tatsächlich gelebt? Stattdessen gibt es häufig eine sehr negative Standardhaltung, die wir uns in dem Zusammenhang anschauen.

Die nächste Haltung, das nächste Bewusstsein, welches wir von Beginn an mitbekommen, ist „Mut“. Gab es in deiner Kindheit Dinge, die du nicht ausprobiert hast, als sie auf dich zukamen? Wie bist du überhaupt Führungskraft geworden, wenn du schon dort bist? Mit welchen Gedanken gehst du gerade um, wenn du an dieser Schwelle stehst? Gehörst du zu den „ach, ich weiß nicht“-Typen oder bist du ein „hoppla, jetzt komm ich“? Und wenn du ein vorsichtiger Typ bist, welche Ängste hindern dich daran, mutiger zu sein? Wie viel Mut hast du schon gebraucht, um dahin zu kommen, wo du jetzt bist? Schau doch mal auf deinen Weg, du wirst feststellen, dass du Entscheidungen getroffen hast, für die du dir ein High-Five geben darfst. Und was könntest du alles noch erreichen, wenn du mutig in die Zukunft gehst?

> ***Wieviel Mut hast du schon gebraucht, um dahin zu kommen, wo du jetzt bist? Schau doch mal auf deinen Weg …***

Ganz vorne in der ersten Reihe stehen auch die Zwillinge „Fokus“ und „Wille“. Kannst du dich erinnern, wie sehr du als Kind bestimmte Dinge haben wolltest oder was du alles getan hast, um deine Ziele zu erreichen? Natürlich war das manchmal schmerzhaft, die Erfahrung machen zu müssen, dass der Weg mit der Brechstange nicht unbedingt zum Erfolg führt. Aber du hast doch alles, wirklich alles darangesetzt da hinzukommen, wo du dich schon gesehen hast. Dazu haben „Fokus“ und „Wille“ noch ein kleines Helferlein gehabt, die Ausdauer, oder wie es für deinen Job wahrscheinlich vorausgesetzt wird: das Durchhaltevermögen.

Neben den beiden Twins stehen direkt die Geschwister „Erfolg“ und „Enttäuschung“ am Start unseres Lebens. Was ist für dich Erfolg, wann bist du enttäuscht? Überleg doch mal, welche Erfolge du in den letzten Monaten erzielt hast und ob du diese für dich gebührend gefeiert oder wenigstens einen Moment innegehalten und dich für dich selbst gefreut hast. Oder hast du von Enttäuschungen deine Erfolge überlagern lassen und hängst in Gedanken eher an den negativen Momenten? Wie wichtig ist dir überhaupt Erfolg und wie gehst du damit um, wenn du ein Ziel nicht erreichst? Suchst du jemanden, dem du dein Nichterreichen zuschiebst, oder stehst du dafür ein und setzt alles daran, beim nächsten Mal anders zu agieren? Bist du ein Stehaufmännchen oder ein Liegenbleiber? Reflektiere auch dazu mal, wie du dich verhältst, welche Muster du an den Tag legst und woher diese möglicherweise kommen.

Eine weitere Hauptfigur am Start des Lebens ist die Dankbarkeit! Und damit meine ich eine wirkliche Hauptfigur! Bist du dankbar für das, was du schon erreicht hast? Gibt es Menschen, auch im beruflichen Kontext, denen du dankbar bist, dass sie dich auf deinem bisherigen Weg unterstützt haben? Hast du auch dir selbst schon mal für etwas gedankt? Feierst du Erfolge oder siehst du sie als selbstverständlich an und welche Gefühle löst das in dir aus? Suchst du nach dem Salz in der Suppe oder nimmst du das, was du erhältst, und genießt, den Moment, den Augenblick, die Situation? Kann es sein, dass du schon Gedanken verinnerlicht hast, die dir suggerieren, dass Ergebnisse einzutreten haben, weil du es verdient hast? Wir blicken im neunten Kapitel auf Ansätze, die dich möglicherweise dabei ertappen, dass du nicht im „Heute“ denkst, sondern Zurückliegendes oder Künftiges zu sehr in den Mittelpunkt stellst.

Nachdem wir uns diesen Starting eight, die eigentlich zehn Punkte aufgrund der Zwillinge und Geschwister beinhalten, gewidmet haben, wird dir im Anschluss klar, vielleicht schmerzhaft klar werden, was im Laufe deines Lebens passiert ist, dass du gerade da stehst, wo du heute bist beziehungsweise warum dein Bewusstsein dich dahin gebracht hat, wo du in deinem Job angekommen bist.

Eigentlich ganz einfach: Du bist erwachsen geworden. Doch was sich so einfach anhört, ist ein komplexes Zusammenwirken von Einflüssen, Einstellungen, Erwartungen und vielen anderen Rahmenbedingungen mehr. Deshalb ist es so wichtig, auf die Suche nach den Ursachen für das, was aus dir geworden ist, zu gehen. Sei es, um zu der Erkenntnis zu gelangen, dass es gut so ist, wie es ist, oder aber tatsächlich festzustellen, dass sich etwas verändern sollte und im besten Fall sogar eine Idee zu haben, wo du ansetzen kannst. Denn entweder du bist oder wirst ein echter Leader oder du landest ganz schnell auf dem sogenannten Boden der Tatsachen und wirst möglicherweise unglücklich in deinem Job, was sich wiederum auf dein Privatleben auswirken wird, oder stellst im Nachhinein sogar fest, wäre ich doch nur … geblieben.

Eigentlich ganz einfach: Du bist erwachsen geworden. Doch was sich so einfach anhört, ist ein komplexes Zusammenwirken.

Und wenn du jetzt gerade auf dem Weg bist, dann kommt eine Beschreibung von ursprünglichen und ursächlichen Zusammenhängen doch gerade recht.

Meilensteine – die Erwartungen der anderen

Gehen wir mal im Schnelldurchlauf durch unsere Kindheit. Der erste Meilenstein, der seitens unserer Führungspersonen, also den Eltern, gesehen wurde, ist meist unser erstes Lächeln in deren Richtung, in der Annahme von Freude aufgrund der Wiedererkennung. Und wie viele Versuche hast du erleben müssen, bis du es endlich geschafft hattest, „Mama" und „Papa" aus deinem Mund auszusprechen, woraufhin vor Freude ein nicht enden wollendes Strahlen auf dem Gesicht der jeweils genannten Person erschien. Schließlich, um diese erste Phase zum Abschluss zu bringen, galt es möglichst bald, mit den ersten Gehversuchen zu beginnen, um durch ständiges Hinfallen und Wiederaufstehen, meist gegen Ende des ersten Lebensjahres, geradezu einen Jubelschrei auszulösen, dass das Kind nun endlich laufen kann. In mancherlei Haushalten wurde und wird diese Feststellung schon mit dem Zusatz versehen, dass dir das früher oder später gelungen ist als den Nachbarskindern, deinen Geschwistern oder anderen, mit denen du am Rand des Sandkastens beim Spielen von den Erwachsenen verglichen wirst.

Schon an diesen frühen Beispielen kannst du für dich erkennen, wie das Leben aufgebaut wird und woher dein Verhalten als Führungskraft stammt. Es geht einerseits um einen permanenten Wettkampf mit anderen. Wer läuft früher, wer spricht eher oder eben später? Wer kann sich gegen andere Menschen besser behaupten und durchsetzen? Zum Zweiten gibst du als Kind doch alles, aber auch wirklich alles, um geliebt zu werden. Das hat zur Konsequenz, dass du die Erwartungen, die bewusst oder unbewusst an dich gerichtet werden, erfüllst, damit du ein entsprechendes Feedback bekommst: das Lächeln, den Freudenschrei oder einfach eine Umarmung, weil du das so gut gemacht hast. Das hat zur Folge, dass du, in welchem Alter du gerade bist, Zeit deines Lebens diese anerzogene Handlung umsetzt, um geliebt zu werden. Du erfüllst damit stets die Erwartungen der anderen. Ob du selbst später auch zu der Erkenntnis gekommen wärst, dass gewisse Dinge hilfreich, nützlich oder aus deiner persönlichen Sicht sogar unabdingbar sind, sei dahingestellt. Primär beginnt dein Leben damit, anderen eine Freude zu bereiten, damit du selbst dich glücklich fühlst.

In der nächsten Etappe ging es unter anderem darum, essen zu lernen. Eines der klassischen Bilder, was du vielleicht noch in Erinnerung hast, ist das Essen von Spinat. Was wurde dir gesagt, als du den Löffel selbst in die Hand nahmst und mit zunächst beschränktem Erfolg versucht hast, das Essen selbst einzunehmen? „Nein, das mach ich", bestenfalls „du machst dich doch nur schmutzig" oder auch ein „lass mich das machen" waren meistens die Folge, oder? Die wenigsten Eltern waren wohl in der Lage, das auszuhalten und dir kommentarlos hinterher zu wischen.

Bald stand das erste Kindergartengespräch an, weil du möglicherweise ein anderes Kind nicht in Ruhe gelassen hast. Eine deiner beiden Bezugspersonen kam vom Gespräch zurück und berichtete der anderen. Darauf folgte eine Ermahnung oder Belehrung in deine Richtung. Gerne verwendete Worte dabei waren bestimmt, dass es peinlich gegenüber den anderen Eltern sei oder auch, was denn die Erzieherinnen von deiner Familie und Erziehung denken sollen.

Daran schloss sich die Entscheidung an, wann es in die Schule geht, was bei den meisten keine großen Diskussionen auslöst, bei den Kindern, bei denen eine Abweichung von der Norm gesehen wird, aber schon zu intensiven Gesprächen, ob sie denn schon „schulreif" sind, führt. Und wieder sind es die Erwartungen anderer, die die Regeln festlegen. Bist du auch angepasst genug, um in die Schule zu gehen? Kannst du schon lange genug still sitzen? Wie kommst du mit deinen Mitschülerinnen und -schülern zurecht? In manchen Familien durftest du einfach so sein, wie du warst, hast sogar die ein oder andere Rauferei gehabt, bist ständig schmutzig oder mit kaputter Kleidung vom Spielen nach Hause gekommen und deine Eltern haben dich dennoch sozusagen bedingungslos in Empfang genommen. Das dürfte nicht die Regel gewesen sein. Auch in der zweiten Phase deines Lebens, und das sogar noch stärker, musstest du Rahmenbedingungen erfüllen, um an dem systemisierten Leben Richtung Kindergarten und dann Schule, gegebenenfalls mit Betreuung, teilnehmen zu dürfen. Die eigentlich notwendige und bereits gesetzlich verankerte Tatsache einer individuellen Betreuung, für den Fall, dass du ein wenig länger brauchst oder ein bisschen mehr an Zuwendung, wurde und wird, oft aus Ressourcenmangel, in den meisten Einrichtungen nicht umgesetzt.

Und wieder sind es die Erwartungen anderer, die die Regeln festlegen.

Auf den weiteren Lebensweg muss ich gar nicht mehr so detailliert eingehen, weil das Muster gleichbleibt. Zwei Beispiele noch zur Ergänzung: Irgendwann in deiner Jugend hat es sicher Situationen gegeben, wo dir als moralische Erwiderung deiner Eltern Aussagen entgegengebracht wurden, wie „was sollen die anderen sagen" oder auch „was habe ich nur angestellt, dass du dich so verhältst“. Damit wird neben den Erwartungshaltungen der eigenen Bezugspersonen, dem familiären Umfeld oder der pädagogischen Erziehungsaufsichten in Kita und Schule plötzlich auch die ganze Außenwirkung relevant. Es geht nun also nicht mehr nur darum, die Erwartungen anderer zu erfüllen, sondern zusätzlich um den Eindruck, den du auf andere Personen machst und wie dieser auf deine Umgebung, in diesem Fall deine Familie, zurückstrahlt. Plötzlich sind also die Meinungen von Menschen, die im näheren oder weiteren Umfeld von dir und/oder deiner Familie Notiz nehmen, wichtig. Damit wird der zweite Ansatz manifestiert, dass es wichtiger ist, was andere denken, als das, was du denkst, oder, im Falle fehlender Rückendeckung durch deine Eltern, was diese denken.

Jetzt geht es also nicht mehr nur um die Erwartungen anderer, sondern zusätzlich darum, wie dieser Eindruck auf deine Umgebung, in diesem Fall deine Familie, zurückstrahlt.

Bezogen auf deine berufliche Entwicklung zur Führungskraft hat das zur Folge, dass du dich mit einem Rucksack auf den Weg machst, der dir in vielerlei Hinsicht eine Belastung sein kann beziehungsweise noch ist. Du wirst weder mit der Erfüllung der Erwartungen anderer als Hauptaugenmerk noch mit der Fokussierung auf die Meinungen anderer diesen Weg zielstrebig, auf ein gewinnbringendes Miteinander im Unternehmen ausgerichtet, wirklich erfolgreich bestreiten können. Wenn du schon in dieser Rolle bist, wirst du feststellen, dass dein Ausrichten nach der Meinung anderer genauso wie die Erfüllung deren Erwartungen, relativ schnell dazu führt, dass dir die Mitarbeitenden auf der Nase herumtanzen. Weil sie wissen, dass du sowieso deren Erwartungen erfüllst, werden sie diese entsprechend hoch ansetzen oder stetig steigern. Auch die Unternehmensführung kann nicht das Ziel haben, dass du zu einem Ja-Sager mutierst, ohne Dinge von mehreren Seiten zu beleuchten und auch mal kritisch zu hinterfragen. Nur mit Gedanken, warum Dinge so ablaufen, wie sie ablaufen und ob es nicht auch Alternativen gibt, die sogar einen Mehrwert für alle Beteiligte haben, generierst du Weiterentwicklung und den gewünschten Mehrwert.

Wichtig ist, dass beide Seiten damit umgehen können müssen, dass Erwartungen auch mal enttäuscht werden.

Für den Umgang mit den dir anvertrauten Menschen bedeutet es, dass beide Seiten damit umgehen können müssen, dass Erwartungen auch mal enttäuscht werden. Dass konstruktive Kritik gewünscht und an der Tagesordnung sein sollte. Dass aber auch transparent dargelegt wird, warum die Kritik oder die Frage aufgeworfen wird und gemeinsam erörtert wird, welcher Weg aus der Situation heraus der Passende sein könnte. Möglich macht das zum Beispiel ein Erwartungsabgleich, ein Commitment am Anfang der Zusammenarbeit, wie der Umgang miteinander sein soll, welche Erwartungen im Raum stehen und welche Art von Fehlerkultur in der Zusammenarbeit gelebt werden soll. Stell dir vor, du gehst in eine Team-Besprechung und berichtest von einer kritischen Rückmeldung deiner unmittelbaren Führungskraft. Deinem Team machst du klar, dass du diese Art der Aufgabenerledigung nicht wünschst, und endest mit den Worten: „Was soll denn die Geschäftsführung von uns denken?“ – Das kommt überragend an! Stattdessen klingt eine Rückmeldung, dass du dich der Kritik gestellt (sofern diese berechtigt war) und eine Veränderung des Ergebnisses zugesagt hast, verbunden mit der Aufgabe an die Gruppe, dass gemeinsam überlegt werden soll, welche Art der Veränderung sinnvoll ist und wie diese erreicht werden kann, doch viel motivierender und setzt kreative, lösungsorientierte Gedankenprozesse in Gang.

Du merkst hoffentlich schon an dieser Stelle, dass die Entscheidungen, Aussagen, Prägungen etc. dir wahrscheinlich mit bester Absicht mitgegeben wurden, sie aber trotz bester Absichten nicht in dieser Form dazu geeignet sind, dich bestmöglich auf deinen beruflichen Weg geschweige denn auf eine Funktion als Leader oder Leaderin vorzubereiten. Noch einmal der Hinweis: Alle Anlagen sind eminent wichtige Voraussetzungen, um dir Möglichkeiten zu eröffnen. Es sind die Einflussnahmen von außen, die Eingriffe mit häufig der immer gleichen Warnung verbunden, die eine Konditionierung vorantreiben, die diese Anlagen in eine bestimmte Richtung lenken und damit den oben beschriebenen Rucksack füllen, der auf deinem Rücken durch das Leben von dir zu tragen ist. So lange, wie du es zulässt, dass der Rucksack nicht neu befüllt wird oder du ihn am Wegesrand stehen lässt.

Quo vadis also? Wenn die Starter allesamt wichtig für den Weg sind und die zwischenzeitliche Einflussnahme eher hinderliche Prägungen vornimmt, wie kann es dann gelingen, die notwendigen Teilnehmer auf eine Art und Weise zu nutzen, dass du als Führungskraft, deine dir anvertrauten Mitarbeitenden und das Unternehmen etwas davon haben? Sodass Mehrwert auf allen Ebenen erlebt und wahrgenommen wird, wodurch sich Ergebnisse verbessern, aber nicht zuletzt die Atmosphäre auf eine Art und Weise beeinflusst wird, dass die Menschen in diesem Umfeld aufblühen, sich einbringen können, intrinsisch motiviert, gerne dort tätig sind und so gut wie gar nicht daran denken, sich verändern zu wollen oder zu müssen, weil sie sich erfüllt und sinnstiftend eingesetzt fühlen. Ein derartiger Umgang beziehungsweise eine derartige Kultur werden wir gemeinsam anhand der nachfolgend einzeln betrachteten Bewusstseinszustände und Eigenschaften beschreiben, erarbeiten und nachvollziehbar machen.

2 Vertrauen – die Grundlage

Es lässt sich trefflich darüber diskutieren, welche der Kapitelüberschriften in welcher Reihenfolge zu beleuchten wäre. Eine der wichtigsten Voraussetzungen für uns Menschen überhaupt ist aber unbestritten das Vertrauen. Hilflos und ohne die erforderlichen Fähigkeiten zum eigenständigen Überleben ausgestattet, kommen wir auf die Welt und tragen jenen Funken in uns, der das Ur-Vertrauen gegenüber den uns als erstes beschützenden Personen, unseren Eltern, auslöst. Jegliche Annahme von vorgelebten Handlungen wäre uns nicht möglich, wenn wir im Innersten nicht davon ausgingen, dass die beiden Menschen, die anfangs ständig um uns sind, das Richtige für uns tun und wir es bedenkenlos nachahmen können.

Eine der wichtigsten Voraussetzungen für uns Menschen ist aber unbestritten das Vertrauen.

Das setzt sich fort gegenüber den Menschen, die uns im weiteren Leben zunächst bei unserer Entwicklung begleiten (Kindergarten, Schule, Ausbildung) und spielt danach im Privaten, gegenüber Freunden oder Partnern, genauso wie im Berufsleben, gegenüber Kolleginnen und Kollegen und erst recht Führungskräften, eine zentrale Rolle.

Ganz einfach lässt sich diese Priorität nachvollziehen, wenn wir den Spieß mal umdrehen. Stell dir vor, du empfindest Misstrauen gegenüber den genannten Menschen. Wie würde es sich anfühlen, wenn du schon morgens voller Zweifel in den Kindergarten, die Schule oder zur Arbeit gingst? Da wäre ein Grummeln in der Magengegend, eine skeptische Grundhaltung gegenüber allen Entscheidungen, die getroffen werden. Schlimmstenfalls erwächst eine richtige Aversion daraus und sorgt dafür, dass du Krankheitsbilder entwickelst, die langwierige Behandlungen oder gar chronische Schäden nach sich ziehen. Selbst ein dauerhaftes Nicht-Erscheinen kann eine Folge sein, zumindest dort, wo du bereits selbst entscheiden kannst. Beide Varianten sind im Übrigen keine Seltenheit in unserem System. Sie werden aber gerne unter den Teppich gekehrt, da eine eventuelle Ursache möglichst nicht bei den Führungskräften liegen darf, denn was würden dann wohl die anderen denken …

Beide Varianten werden gerne unter den Teppich gekehrt, weil eine eventuelle Ursache möglichst nicht bei den Führungskräften liegen darf.

Händchen halten

Wie war das bei dir als kleines Kind? Du hast zu bestimmten Zeiten, in denen du Halt benötigt hast, in denen es dir danach war oder wenn deine Eltern dir die Hand hingestreckt haben, ohne nachzudenken, ohne zu zögern, voller Vertrauen nach der Hand gegriffen, die dich festhalten sollte und dir ein Stück des Weges zeigt. Du hast dich gar nicht gefragt, ob das möglicherweise eine richtige Entscheidung ist, sondern hast einfach entschieden, agiert. Bestimmt hast du noch Fotos davon, von vorne oder hinten, manchmal auch mit Geschwistern, Oma, Opa, Onkel, Tante und so weiter. Der Vertrauensbeweis bezog sich also in dieser Lebensphase nicht zwingend ausschließlich auf die Eltern als unmittelbare, direkt zugeordnete Vertrauenspersonen. In dieser Zeit bauen sich sukzessive, mal schneller, mal langsamer, mal intensiver, mal zögerlicher, Vertrauensbeziehungen zu den Menschen im erweiterten Umfeld auf, sodass du dich quasi in einem Vertrauensnetzwerk bewegt und selbst in Abwesenheit der engsten Bezugspersonen nie ohne Grundvertrauen in die dich betreuenden Personen dagestanden hast.

Das zeigt doch, dass du bereits von Beginn deines Lebens an die Fähigkeit besessen hast, Vertrauen aufzubauen. Wie sonst wärst du dazu in der Lage gewesen, auch ohne hinzuschauen, einfach während des Nebeneinandergehens, deine Hand auszustrecken beziehungsweise eine ausgestreckte Hand zu ergreifen. Gleichzeitig haben die Menschen in deinem unmittelbaren Umfeld gewusst, dass du diese Reaktion zeigst, wenn sie dir eine Hand anbieten. Das bedeutet, dass du ebenfalls schon in diesem Alter in der Lage warst, Vertrauen zu erhalten. Denn alle waren sich ja sicher, dass du die Hand ergreifst. Oder wenn du noch einen Schritt zurückgehst, denk einfach mal an das Klammern als Baby. Das wirst du natürlich nicht aus der Erinnerung können, sondern von Babys, die du im Lauf deines Lebens beobachten durftest. Dieser Klammerreflex, wenn ein Finger hingehalten wird, ist teilweise so stark ausgeprägt, dass sich die kleinen Hände vor lauter Kraft weiß einfärben, weil so stark zugegriffen wird, im Vertrauen darauf, dass der Finger Halt bietet.

Lege das Buch doch einen Moment zur Seite und lass diese Phase gerne noch mal vor deinem geistigen Auge passieren. Wie hast du dich dabei gefühlt? Irgendwie war das Vertrauen einfach da, oder? Ich behaupte, dass es dir dabei gut ging, dass die Sicherheit und Geborgenheit in dir ein Wohlgefühl hinterlassen hat und wenn du tief genug in diese Zeit eintauchst, du wahrscheinlich sogar eine Gänsehaut bekommst. Das tut einfach gut …

Nun versetze dich in die Kindergarten- und Schulzeit. Mit Sicherheit wolltest du nicht unbedingt bei den für dich fremden Menschen bleiben. Du warst dir unsicher, ob sie dir im Falle eines Falles auch die Hand reichen würden, und hast eine Weile gebraucht, bis du dieses Vertrauen aufbauen konntest. Und dann stellte sich heraus, dass sie da war, diese Hand. Dennoch war das Gefühl nicht das Gleiche wie in deiner engeren Umgebung. Plötzlich gaben dir andere Personen Regeln vor, schrieben dir vor, wie du dich zu verhalten hast, knüpften Konditionen an das Ausstrecken der Hände und bestraften dich sogar auf unangenehme Art, wenn du den vorgegebenen Rahmenbedingungen nicht folgen wolltest. Im Kindergarten, das erste Mal mit so vielen anderen Kindern in einem engeren Korsett, musstest du nun sogar kämpfen, um die Hand ausgestreckt zu bekommen. Das erste Mal fühltest du dich vielleicht zurückgesetzt, weil du nicht so zum Zug kamst, wie du es dir vielleicht vorgestellt hast. Und dennoch … wenn es wirklich erforderlich war, konntest du eine Hand ergreifen, die dich stützte und dir auch dort Sicherheit und Vertrauen gab.

Ich behaupte, dass es dir dabei gut ging, dass die Sicherheit und Geborgenheit in dir ein Wohlgefühl hinterlassen hat und du vielleicht sogar eine Gänsehaut bekommst.

Ganz anders in der Schule. Dort herrschte ein noch engeres Reglement. Die Sitten und Bräuche wurden rauer, du solltest nun still sitzen. Damit nicht genug: Ohne das gewohnte Vertrauen wurde dir das Wissen im wahrsten Sinne des Wortes wie Popcorn eingetrichtert. Anfangs war das weniger ein

Problem, denn du warst neugierig, hast dich den Leitplanken gefügt, denn ab diesem Zeitpunkt war das Händchen halten im wörtlichen Sinne schon ein bisschen uncool.

Transformieren wir das „Händchen halten“ aber mal in eine reine Unterstützungsleistung im Sinne von Rückendeckung, ein „an die Hand nehmen“ oder einfach in eine Art Versicherung, dass dich jemand auffängt, wenn es nicht so läuft. Wie hätte sich dein Schulalltag angefühlt, wenn das spürbar gewesen wäre? Bei dir war das so? – Dann beglückwünsche ich dich. In der Mehrzahl der Kindheitserlebnisse dürfte jedoch der Eindruck im Gedächtnis geblieben sein, dass du auf dich alleine gestellt warst. Natürlich haben die Eltern nachmittags, so gut es eben ging, versucht, dich aufzufangen. Aber das konnten nicht alle; einige waren nicht mal zu Hause, weil der Job sie zeitlich gebunden hat. Andere kamen schlichtweg gestresst von ihrer Tätigkeit nach Hause.

Im Grunde sollte es so sein, dass schon im Unterricht die Gewissheit da ist, dass du so lange Fragen stellen darfst, bis du wirklich verstanden hast, worum es geht. Im Idealfall hättest du den gesamten Unterrichtsstoff nicht wie eine Pressbetankung in dein Hirn gemartert bekommen, sondern durch für dich nachvollziehbare Schilderungen, durch Ausprobieren und Verstehen, mit Hilfsmitteln, die das Verständnis erleichtern, ein Verständnis für die Zusammenhänge entwickelt. Dann hättest du die Inhalte tatsächlich verstanden und wärst sehr gut in der Lage, diese wiederum anderen nachvollziehbar zu erklären. Oder du hättest sogar durch eigenes Erklären gelernt.

Im Endeffekt ist also nicht nur die Art und Weise der Wissensvermittlung in weiten Teilen gescheitert. Darüber hinaus wurde dir auch das Vertrauen in den kritischen Situationen entzogen. Keine pädagogische Kraft hat dich an die Hand genommen und dich durch diese Zeit geführt. Keine Eltern mehr, die immer dann, wenn du es benötigt hättest, für dich Zeit hatten. Damit fing der Schwund, bei manchen gar der Verlust des eingangs beschriebenen Ur-Vertrauens an. Es war ein schleichender Prozess, den du mehr oder weniger akzeptiert hast. Oder du warst eines jener Kinder, deren Rebellion gegen dieses System, ein Schrei nach Hilfe oder eben Vertrauen und Sicherheit, mit einem der neumodischen und für die heutige Zeit gerne verwendeten Stempel wie ADHS und Ähnlichem abgetan wurde. Das ist eine einfache Methode, mit der der Ruf nach Vertrauen zum Verstummen und zum Schweigen gebracht wird. Wäre es nicht angebracht, statt einer ständigen Aufstockung finanzieller Mittel für Ausstattung zunächst einmal die Personalkapazitäten darauf auszurichten, damit dieses Gefühl der Vertrautheit möglichst erhalten bleibt?

Im Endeffekt ist nicht nur die Wissensvermittlung in weiten Teilen gescheitert, sondern darüber hinaus wurde dir noch das Vertrauen in kritischen Situationen entzogen.

Schließlich stehst du mit einem Schulabschluss da und sollst dich im Alter von 16 bis etwa 20 Jahren entscheiden, was du für dein weiteres Leben zu tun gedenkst. Wem hast du dein Vertrauen geschenkt und wer hat es umgekehrt dir geschenkt? Welchen Weg hast du eingeschlagen, welches Unternehmen oder welche Hochschule hat dich aufgenommen?

Gut aufgestellte Einrichtungen, Betriebe und Unternehmen haben dir jemanden an die Hand gegeben. Einen Ausbilder, eine Ausbilderin oder Studierende, die schon mehr Erfahrung besaßen und dich in die neue Welt einführen sollten. Da war er wieder: der Moment des „An-die-Hand-Nehmens“. Du hattest zwar keine Wahl, aber unabhängig davon hast du schnell festgestellt, ob diese Personen tatsächlich ein Interesse daran hatten, dass du wachsen konntest, sie dir also ein Umfeld bereitet haben, in dem du dich wohlfühlen konntest. Du hast gemerkt, wenn du echt hilfreiche Tipps und Tricks bekamst. Dir ist schnell aufgefallen, ob du eine im sachlichen Sinne strenge, aber unglaublich unterstützende Person zugeteilt bekommen hast oder es sich dabei um jemanden handelte, der oder die eigentlich keinen Bock auf dich hatte, die Zeit eher als belastend empfand und dich das mehr oder weniger deutlich spüren lassen hat. In meinem Sprachgebrauch: eine Luftpumpe! Willkommen in der Berufswelt!

Unmittelbar nach der Ausbildung, dem (dualen) Studium oder wofür auch immer du dich entschieden hast, wurdest du im besten Fall übernommen, einem Bereich zugewiesen und hattest von nun an eine direkte Führungskraft und meist noch darüberstehende Führungspersonen. Allerspätestens ab diesem Zeitpunkt begann dein persönlicher Eindruck zu reifen und deine Kolleginnen und Kollegen begannen, auf dich einzureden. Konntest du deiner Führungskraft vertrauen? Nahm diese dich an die Hand und gab auch Rückendeckung? Durftest du Fehler, also Erfahrungen, machen und sie wieder beheben? Oder wurde alles an die große Glocke gehängt, möglicherweise unter den Teppich gekehrt und verschwiegen oder hast du leider erleben müssen, und das ist aus meiner Sicht die schlimmste Prägung von Führungsmisstrauen, dass du in einem direkten Gespräch über ein Thema die Antwort A erhalten hast und später erfahren musstest, dass hinter deinem Rücken B kommuniziert wurde?

Um für dich eine Entscheidung zu treffen, was das passende Verhalten als Leader sein sollte, musst du dir in all unseren Bewusstseinsthemen immer wieder nur eine Frage stellen: „Wie möchte ich behandelt werden?“

Es wäre doch ein Leichtes, da die Anlage nun schon mal in uns gesät wurde, das gewünschte Vertrauen vorzuleben und den Mitarbeitenden einen Vertrauensvorschuss zu gewähren. Ihnen im Falle eines Fehlers, einer Erfahrung, die Hand zu reichen und zu signalisieren, dass wir alle Menschen sind, dass eine Fehleinschätzung vorkommen kann und sie beispielsweise an der Behebung, zwecks Lerneffektes, zu beteiligen. Eine solche Erfahrung wäre so viel mehr wert als ein fertiger Vorschlag von dir, eine unangebrachte Kritik, die gegebenenfalls auch noch auf die persönliche Ebene abrutscht. Was wäre das Ergebnis der ersten Verhaltensweise? Deine Mitarbeitenden würden lernen, dass sie tatsächlich für einen vertretbaren Fehler nicht unmittelbar mit negativen Konsequenzen zu rechnen haben. Neben Auswirkungen auf viele Faktoren, wie Motivation und andere, lernen sie aber vor allem eines: Dir können sie vertrauen. Du bist keine dieser egomanisch veranlagten Führungskräfte, die im Zweifel sogar Arbeitsergebnisse der Mitarbeitenden als ihre Eigenen verkaufen. Du bist keine hinterhältige Person, die den Mitarbeitenden Versprechen abgibt, die du nicht hältst. Und was ist der Kern des Ganzen?

Es wäre doch ein Leichtes, das gewünschte Vertrauen vorzuleben und den Mitarbeitenden einen Vertrauensvorschuss zu gewähren.

Dir wird Vertrauen entgegengebracht und du wirst in die Lage versetzt, dieses Vertrauen auch den Mitarbeitenden entgegenzubringen. Du streckst deinem Team die Hand entgegen und deine Teammitglieder können sie ergreifen. Sollte es dennoch jemanden im Team geben, der dieses Vertrauen nicht rechtfertigt oder auch missbraucht, solltest du dir Gedanken machen, wie du damit umgehst. Auch da gibt es wieder verschiedene Möglichkeiten. In diesem vertrauensvollen Umfeld wird Ur-Vertrauen auf neuer Ebene wieder keimen und wachsen können. Je häufiger die Gelegenheiten für solche Vertrauensbeweise genutzt werden, umso intensiver entsteht dieses Gemeinschaftsgefühl. Ein starkes Band zwischen allen Beteiligten. Und genau dieses gegenseitige Gefühl ist der Nährboden für gemeinsame Erfolge. Um es noch deutlicher zu sagen: Indem du deine Mitarbeitenden wachsen lässt, verhelfen sie dir zu Ergebnissen, die dich wiederum auf der Karriereleiter weiterbringen.

Indem du deine Mitarbeitenden wachsen lässt, verhelfen sie dir zu Ergebnissen, die dich wiederum auf der Karriereleiter weiterbringen.

Ein Aspekt ist dabei ganz besonders zu beachten: Verbindest du dieses An-die-Hand-Nehmen von Beginn an mit der Absicht, selbst größer zu werden, wirst du früher oder später scheitern. Dann gehörst auch du zu den berechnenden, selbstsüchtigen Führungskräften, die weit weg sind von wirklichem Leadership. Zu denen, die feststellen müssen, dass sich ihr Wirken irgendwann gegen sie selbst wendet, weil es nicht frei von den persönlichen Vorteilen war. Irgendwann wird irgendwer feststellen, was du wirklich im Sinn hattest. Dann magst du denken, dass es dir egal sein kann, da du ja in der Position bist, in der du sein wolltest. Eines kann ich dir jedoch versichern: Glücklich wirst du in dieser Rolle nicht werden, denn du hast sie nicht aufgrund der Größe der anderen, die du gefördert hast, erreicht. Du hast sie dann auf Kosten der anderen erreicht und das entspricht in keiner Weise einem vertrauensvollen Ansatz für ein Zusammenwirken.

Also denke daran: Nimm andere an die Hand, damit sie in der Lage sind, dir zu vertrauen. Vertraue ihnen von Beginn an – gewähre ihnen diesen Vorschuss. Du wirst mehr zurückerhalten, als du dir vorstellst. Und noch mal … es liegt doch sowieso schon in dir, seit deiner Geburt, diese Hand auszustrecken und anzunehmen.

Fallen und aufstehen

Der Prozess des Erwachsenwerdens hat enorm viel mit dem Fallen und Wiederaufstehen zu tun. Zunächst einmal haben wir im bildlichen Sinne des Wortes den Meilenstein des Laufenlernens. Dabei ist es tatsächlich so, dass wir immer wieder auf den Boden zurückkehren, auf dem wir doch so bequem erst uns hin und her robben und anschließend in beeindruckender Geschwindigkeit krabbeln konnten. Da hätten wir doch bleiben können, schön bequem, und alles, was wir nicht erreichen, bekommen wir dienerisch gebracht. Das hätten auf Dauer die Nerven unserer Eltern wohl nicht mitgemacht. Also beschlossen wir, uns so fortzubewegen wie sie, und haben uns immer und immer wieder daran versucht, erst aufzustehen und dann, ohne dass unsere kleinen Puddingbeinchen wieder einknicken, die ersten paar Schritte zu laufen, die natürlich von Begeisterungsrufen unserer Eltern und später der weiteren Personen in unserem Umfeld begleitet wurden. Halt, stopp – noch mal einen Schritt zurück!

Wie war das genau, als wir im Stand stehend wieder hinfielen? Was wurde dir gesagt, als du nach einem oder zwei Schritten wieder auf die Knie geplumpst bist, ein Dutzend, zwei Dutzend oder auch noch ein paar Mal mehr? „Ach, mein Kind, du bist jetzt so oft wieder hingefallen, es scheint mir, als sei das Laufen nichts für dich. Dann bleib eben beim Krabbeln.“ Oder war es nicht vielmehr so, dass du unermüdlich angetrieben wurdest? Dass sich die Stimme fast überschlagen hat vor Begeisterung und dir immer wieder zugerufen wurde: „Prima! Toll, wie du das machst! Komm, versuch es gleich noch mal!“ Du wurdest also ständig motiviert, es wieder und wieder auszuprobieren, bis es klappt und du immer sicherer und stabiler auf deinen zwei Beinen durch die Wohnung gewackelt und später gerannt bist (was manchmal schon wieder zu viel für die Nerven deiner Eltern wurde, weil du plötzlich zu lebhaft wurdest). Das bedeutet doch, dass du schon in einem Alter von etwa einem knappen Jahr dazu motiviert wurdest, einmal mehr aufzustehen, als hinzufallen. Einmal mehr den Erfolg zu suchen, als du Misserfolg hattest. Einmal mehr aus deiner Komfortzone auszubrechen, als dorthin zurückzufallen und es dir gut gehen zu lassen.

Du wurdest also schon im Alter von knapp einem Jahr dazu motiviert, einmal mehr aufzustehen als hinzufallen!

Doch damit nicht genug. Bei nahezu allen zu erlernenden Fähigkeiten vom Baby in die Kinderschuhe wurden wir auf diese Art und Weise angetrieben, ja geradezu programmiert. Ob es das selbstständige Essen war, das Anziehen und später das Schuhe binden. Ob es das erste gesprochene Wort war, das konntest du im Übrigen nur falsch machen, denn egal, wen du als erstes genannt oder ausgesprochen hast, gab es mindestens ein im Inneren enttäuschtes Elternteil, weil es eben erst später von dir ausgesprochen werden konnte. Die erste wiedererkannte Farbe, die erste Zahl, der erste geschriebene Buchstabe, und, und, und … die Liste ließe sich lange fortsetzen.

Als du begriffen hattest, wie diese Systematik funktioniert, und du natürlich auch geil auf den Applaus bei geschafften Leistungen wurdest, ist schleichend etwas eingetreten, was in deinem Inneren wie eine angezogene Handbremse zu wirken begann. Dein Eifer wurde deiner Umgebung irgendwann zu viel. Also fingen deine Bezugspersonen an, dir vorzugeben, wie weit du bei deinem Erfolgsstreben gehen darfst. Beispiele gefällig? Kein Problem, du kennst sicher eigene Beispiele aus deiner Zeit des Aufwachsens.

Als du begriffen hattest, wie dieses System funktioniert, begann in deinem Inneren etwas wie eine angezogene Handbremse zu wirken.

„Du kannst ja spielen, aber doch bitte nicht so laut.“

„Natürlich bin ich glücklich, wenn du deine Buchstaben übst, aber doch nicht auf der Tapete.“

„Wenn du schon spielst, dann bitte in deinem Zimmer und nicht in der ganzen Wohnung, wo überall deine Spielsachen liegen bleiben.“ Welche Einschränkungen kommen dir jetzt in deiner Erinnerung auf? Das ging ja weiter – im Kindergarten, in der Schule. „Nein, du darfst jetzt nicht in die Spielecke, weil um 9 Uhr in unserer Gruppe immer gefrühstückt wird.“ „Ja, ihr sollt euch in den Pausen austoben, aber das Schneeballwerfen ist nun mal verboten.“ „Selbstverständlich sollst du als Schulsprecherin die Interessen vertreten, aber doch bitte nicht zu vehement.“

Und schließlich landest du im beruflichen Kontext. „Wir sind ja froh, wenn junge Menschen manchmal Abläufe hinterfragen, aber warum das so gemacht wird, kann ich nicht erklären.“ „Nein, Ihr Vorschlag würde ja die lange geübte Praxis infrage stellen.“ Und am allerbesten, da treibt es mir Schaum vor den Mund: „Nein, das wird nicht geändert, weil wir das schon immer so gemacht haben.“

Was ist passiert? Anfangs wird uns mit viel Elan und unermüdlicher Energie positiv unterstützend signalisiert, dass du, um ein Ziel zu erreichen, einmal mehr aufstehen musst, als du hinfällst. Wow! Eine wirklich großartige, ja einzigartig wertvolle Haltung, die wir vermittelt bekommen. Worauf wir dann vertrauen und weswegen wir uns diese Praxis zu eigen machen. Damit feiern wir Erfolge, bis uns Schritt für Schritt klargemacht wird, dass das bitteschön in den gewünschten Grenzen zu erfolgen hat. Ja, bis wir ständig auf die Einhaltung der gesellschaftlichen Rahmenbedingungen hingewiesen werden. Bitte mach das, aber nur bis da und dahin.

Ausgestattet mit einer unglaublichen Energie zur Zielerreichung, wurde dir anschließend wieder beigebracht, dass andere die Rahmenbedingungen für deinen Erfolg setzen.

Du solltest dir das noch mal durch den Kopf gehen lassen. Ausgestattet mit einer unglaublich kraftvollen Energie des Nichtaufgebens, damit du deine Ziele erreichen kannst, wurde dir anschließend wieder beigebracht, dass nicht du entscheiden darfst, was du damit alles erreichen kannst, sondern andere die Rahmenbedingungen für deinen Erfolg setzen. Selbstverständlich, und das betone ich ausdrücklich, kritisiere ich nicht die Einhaltung von Umgangsweisen zur Rücksichtnahme auf andere. Natürlich ist es erforderlich, das Zusammenleben so zu gestalten, dass Grenzen erreicht werden, wenn wir anderen schaden. Das hat aber in den wenigsten Fällen mit dem Erreichen deiner persönlichen Ziele zu tun. Wer oder was sollte dich daran hindern, deine persönlichen und beruflichen Ziele zu verwirklichen? Du trägst die Erfolgsformel doch in dir: Stehe einmal mehr auf, als du hinfällst.

Wenn du also auf dem Weg zur Führungsfunktion bist, gib nicht auf. Stell dich den Stolperfallen, die dir in den Weg gelegt werden, und mach weiter. Lerne aus jeder einzelnen Situation. Nimm sie als Erfahrung, steh wieder auf und geh weiter. Wer soll dich auf diesem Weg denn aufhalten, wenn du es geschafft hast, Laufen zu lernen, obwohl du immer wieder hingefallen bist? Du hast vielleicht mit einigen Stürzen Fahrradfahren gelernt, weil du einmal mehr versucht als aufgegeben hast. Du bist ein Gewinner. Je nach Lebenserfahrung hast du schon mehr oder weniger Erfolge gefeiert, aber bist du im Job schon dort angekommen, wo du wirklich hinmöchtest? Oder steckst du vielleicht gerade in einem System, was dir nicht liegt, und wolltest eigentlich schon immer selbstständig oder gar Unternehmer sein? DANN STEH ENDLICH AUF!

Bist du schon Führungskraft, dann solltest du dir die beschriebene Veränderung in deinem Leben, also von der Motivation des „Einmal-mehr-Aufstehens“ zur konditionierten Einschränkung „aber bitte nur bis dahin“ immer mal wieder vor Augen führen und die Frage stellen, welche Menschen du in deinem Team haben möchtest und welche Ergebnisse beziehungsweise Erfolge ihr gemeinsam erreichen wollt.

Was, glaubst du, passiert, wenn du diese veränderte Konditionierung, also die mit der Einschränkung, beibehältst und den Teammitgliedern mal mehr und mal weniger deutlich sagst und beibringst, dass sie aber bitte nicht zu sehr hinterfragen sollen etc.? Klar hast du es dann einfacher. Die sind dann gefühlt nicht so anstrengend. Du kannst es dir in deinem Stuhl bequem machen und dich in der Komfortnische, die du gefunden hast, wie in einem Schlammloch richtig suhlen. Höchstwahrscheinlich hast du unbewusst die Teammitglieder schon nach dieser Haltung ausgewählt. Na prima, dann ergänzt ihr euch ja super im Begrenzen, nach Möglichkeit nicht auffallen – im „Das haben wir schon immer so gemacht"-Modus. Wenn du damit glücklich bist … die Frage ist aber, ob es wirklich alle deiner Mitarbeitenden auch sind. Denn wenn nicht und sie zur gleich beschriebenen zweiten Kategorie gehören, werden sie bald gehen und in deine Komfortzone kommt plötzlich Bewegung. Oder gehörst du zu den hinterhältigen Chefs, die mit allen, wirklich allen Mitteln (wie beispielsweise schlechte Bewertungen) versuchen, solche Veränderungen zu verhindern? Zu den wahrhaften Menschenhassern, die anderen das Leben aus Prinzip schwer machen wollen? Dann bist du eventuell Führungskraft geworden, obwohl du es gar nicht wolltest und die Aufgabe dich nicht erfüllt oder für dich wahnsinnig anstrengend ist. Dann solltest du dir konsequenterweise eingestehen, dass das nicht dein Ziel war, für das du immer wieder aufgestanden bist.

Du kannst es dir in deinem Stuhl bequem machen und dich in der Komfortnische, wie in einem Schlammloch suhlen. Wenn du damit glücklich bist …

Als wahrer Leader oder wahre Leaderin hast du die Erfolgsformel des „Einmal-mehr-Aufstehens" verinnerlicht, und zwar nicht nur für dich selbst, sondern gerade für dein

Team. Alleine aufgrund des demografischen Wandels werden die Ansprüche an Führungskräfte weiter wachsen. Und dazu gehört die Frage, ob ich an meinem Arbeitsplatz „gesehen“ werde, ob ich an die Hand genommen, ob mir vertraut wird und ob ich dazu motiviert werde, einmal mehr aufzustehen, als hinzufallen.

Denn wenn das so ist, wenn du als Führungskraft Spielraum gewährst, wenn es Kolleginnen und Kollegen im Team gibt, die genauso ticken, wenn das Team merkt, dass es Dinge ausprobieren, Vorschläge machen darf, die ernst genommen werden – dann, ja dann haben die Mitarbeitenden die Motivation, immer wieder aufzustehen und ihre Ideen einzubringen. Im besten Fall reichst du noch die Hand, wenn jemand gestürzt ist, und unterstützt beim Wiederaufstehen.

Und was glaubst du, was in der Umgebung passieren wird? Du wirst auf dem Flur angesprochen: „Hey, wie machst du das, dass deine Leute immer so motiviert arbeiten? Und wie kommt es, dass in deinem Team oft als Erstes neue Ideen entdeckt oder umgesetzt werden?“

„Wie machst du das, dass deine Leute immer so motiviert arbeiten?“

Irgendwann spricht sich der Erfolg herum, deine Führungskraft wird aufmerksam und erkennt das Potenzial. Im besten Falle dringen solche Nachrichten auch zur Geschäftsführung durch, sodass sich eines Tages ein Termin in deinem Kalender zu einem persönlichen Gespräch findet.

Was ist wieder geschehen? Indem du deine Mitarbeitenden groß werden lassen, ihnen Raum zur Entfaltung gegeben und nicht du die Grenzen für die Zielerreichung definiert hast, haben sie dafür gesorgt, dass dein Name in Verbindung mit den erreichten Erfolgen gebracht wird und du zu einem Gespräch über deine Perspektiven mit der Geschäftsleitung eingeladen wurdest.

Und das alles mit Mitteln, die seit deiner Kindheit in dir stecken. Mit einer Sichtweise, die ganz einfach lautet: „Steh einmal mehr auf, als du hinfällst."

Kontrolle und Überwachung

Als du auf diesem wunderschönen Planeten angekommen bist und dein Körper deine Seele empfangen hat, warst du auf Hilfe und Unterstützung angewiesen, wie zu keiner späteren Zeit mehr. Wichtig war in diesem Zusammenhang, dass du vor Gefahren, die du keineswegs abschätzen konntest gewarnt oder gar bewahrt wurdest. Dazu war eine Aufmerksamkeit, in bestimmten Phasen eine Kontrolle über das, was du gerade tust und entdeckst, sehr wichtig. Einerseits lernen wir Menschen durch gemachte Erfahrungen. Wenn also ein Ereignis eintritt, was nicht dem gewünschten Ergebnis entspricht, leiten wir daraus Folgen für unser künftiges Handeln ab. Dabei handelt es sich oft um schmerzhafte Erfahrungen. Klassische Beispiele, die höchstwahrscheinlich auch dir in irgendeiner Form widerfahren sind, sind im frühen Stadium das Anfassen einer heißen Herdplatte oder der Unterseite des Bügeleisens sowie das Einklemmen eines Fingers in einer Schublade, einer Schrank- oder auch einer Zimmertür. Weißt du noch? Autsch! Insofern waren Kontrolle und Überwachung hilfreich, ja auch nötig. Wer weiß, was du sonst noch so alles angestellt hättest ☺.

Im Kleinkindalter dehnte sich das langsam auf Aktivitäten aus, die zu unerwünschten beziehungsweise unerfreulichen

Ergebnissen für deine Eltern führten. Die achteten irgendwann darauf, dass du deine Spielsachen nach dem Spielen auch wieder schön in die dafür vorgesehene Schublade geräumt hast, oder wachten mit Argusaugen darüber, dass du anderen Kindern auf dem Spielplatz nicht die Förmchen weggenommen hast, denn das bedeutete möglicherweise Stress mit anderen Eltern, wenn du zu rabiat warst. Gleiches galt für den Umgang im Kindergarten. Manchmal wurden Regeln eingeführt, dass du eine bestimmte Zeit die einzige Schaukel nutzen durftest, denn dann waren auch mal andere Kinder dran. Ebenso wurde beim Verteilen der Mahlzeiten darauf geachtet, dass alle Kinder möglichst gleichbehandelt wurden. Eines hatten all diese Kontroll- oder Überwachungssituationen gemeinsam: Sie dienten dazu, dir meist liebevoll verständlich zu machen, dass es Gefahren gibt und auch, dir die Eingliederung in eine soziale Gemeinschaft zu erleichtern.

> ***Eines hatten diese Kontrollsituationen gemeinsam: Sie dienten dir dazu, meist liebevoll, verständlich zu machen, dass es Gefahren gibt.***

Grundlegend änderte sich die Zielsetzung von Kontrolle und Überwachung zum Zeitpunkt des Schulbeginns, wie übrigens sehr viele der Aspekte, die zu Beginn sinnvoll und auch zum geistigen Wachstum eingesetzt wurden. Spätestens mit dem Beginn des sogenannten Ernst des Lebens (der ja häufiger im Leben beginnt: Schule, Ausbildung, Beruf) verändern sich Anwendung und Zielsetzung sukzessive.

In der Schule sind zunächst einmal zahlreiche Kontrollen mit den Hausaufgaben verbunden. Ich kann mich noch gut erinnern, wie in den ersten Klassen an manchen Tagen alle

Schülerinnen und Schüler mit den Heften, in denen die Hausaufgaben stehen sollten, in einer langen Schlange unserer Klasse vor dem Lehrerpult anstanden und die Lehrerin tatsächlich alle zumindest überflog, um diejenigen, die schon damals zu faul waren oder wirklich mal Aufgaben vergessen hatten, zu maßregeln. Wie hast du diese Zeit in Erinnerung? Hier wurde die Überwachung also nicht mehr nur für dein persönliches Lernen und deine Erfahrungen eingesetzt, sondern auch um das im System gewünschte Verhalten herbeizuführen. Anders betrachtet, wurde aus Kontrolle zur eigenen Sicherheit zunehmend Überwachung im Sinne des Systems.

Als Teenie und Jugendliche, also bereits zu Beginn dieser für alle Eltern wirklich aufreibenden Phase, spielten bei unseren Eltern auch wieder Sorgen eine große Rolle. Einher mit dem Vertrauensvorschuss, wenn du alleine langsam länger raus durftest, gingen immer auch innere Gedanken, ob du dich denn mit den „richtigen“ Freundinnen und Freunden triffst, dass du gut wieder zu Hause ankommst und die Rahmenregeln zum Alkohol-, Zigaretten- oder sonstigem Konsum einhältst. Eine ganz schwierige Phase des Loslassens für unsere Eltern, während wir als Jugendliche uns doch für unverwundbar hielten, oder nicht? Hast du dir ernsthaft in dem Alter Gedanken gemacht, dass etwas nicht klappen könnte? Vielleicht bist du sogar gegen aus deiner Sicht unsägliche Umstände auf die Straße demonstrieren gegangen, um etwas zu bewegen: für Klimaschutz, gegen die Atomkraft (schon in den 80er-Jahren für Ältere unter uns), für bessere Lebensbedingungen, ein anderes Schulsystem und so weiter. Du hattest also diese Kraft und Gewissheit in dir, dass du etwas tun musst und ein erfolgreiches Ergebnis erzielen kannst und möchtest.

Zum Start in dein Berufsleben rückte zunächst der fürsorgliche Kontrollaspekt wieder in den Vordergrund. In deiner Ausbildung kümmerte sich hoffentlich ein Ausbilder respektvoll um dich, mit dem Ziel, dir das notwendige Wissen zu vermitteln, aber schon auch die erforderlichen soft skills zu entwickeln, die in diesem Unternehmen oder Betrieb erwünscht waren. Um das zu dokumentieren, wurden Bewertungen oder Beurteilungen dokumentiert und wissensbezogen durch Arbeiten oder Prüfungen deine Kenntnisse abgefragt. Alles zu deinem Besten, um zu dokumentieren, dass du geeignet bist, im Anschluss weiter dort zu arbeiten und später Aufgaben eigenverantwortlich zu übernehmen.

Höchstwahrscheinlich gab es da schon an der ein oder anderen Stelle ein inneres Auflehnen bei dir, wenn dir Entscheidungen, Bewertungen und Beurteilungen nicht gefallen haben. Was hast du dann gemacht? Die Unzufriedenheit angesprochen oder doch lieber nichts gesagt, womit die innere Stimme, bloß nicht negativ aufzufallen, um den Ausbildungsplatz nicht zu gefährden, wieder gewonnen hatte. Kamst du dir kontrolliert im Sinne von überwacht vor oder hattest du das gute Gefühl, dass du Vertrauen genießt und eine stichprobenartige Kontrolle wirklich nur sporadisch zur Absicherung durchgeführt wurde?

Denn spätestens jetzt, beim Übertritt in ein reguläres Arbeitsverhältnis, wirkt das empfundene Gefühl nach und beeinflusst den künftigen Umgang mit Führungskräften, als Führungskraft mit Mitarbeitenden, oder kann auch dazu führen, dass du zu dem Ergebnis gekommen bist, dass ein fremdbestimmtes Arbeiten nicht deinen Vorstellungen entspricht, sondern du ein Mensch bist, der selbstbestimmt als eigener Gründer und Unternehmer arbeiten möchte. Gegebenenfalls, um zu einem späteren Zeitpunkt selbst Mitarbeitende zu haben, die logischerweise eigene Erfahrungen mitbringen, eigene Erwartungen an die Rollen haben und dir gegenüber diese mehr oder weniger deutlich zum Ausdruck bringen. Deshalb lohnt es sich enorm und ist es so wichtig, diesen Schritt, also den in ein festes Arbeitsverhältnis oder die Funktion als Führungskraft, genauso wie die Rolle als Unternehmer, genau zu betrachten und die Schlussfolgerungen zu ziehen, die mit den jeweiligen Haltungen verbunden sein können.

Deshalb lohnt es sich enorm und ist so wichtig, diesen Schritt genau zu betrachten und die Schlussfolgerungen daraus zu ziehen.

Beginnen wir wieder aus dem Blickwinkel des Beschäftigten, Angestellten, Beamten, also dem Mitarbeiterblick. Letzten Endes trägt deine Führungskraft die Verantwortung für ein Ergebnis, welches ihr im Team erarbeitet habt oder du eben alleine erstellt hast. Da die Verantwortung nicht bei dir selbst liegt, ist eine standardisierte Kontrolle (Vier-Augen-Prinzip) sicher hilfreich. Auch du bist Mensch und dir können Fehler unterlaufen und wenn zwei auf das Ergebnis schauen, ist die Wahrscheinlichkeit, dass es den Erwartungen entspricht und fehlerfrei ist, sicher größer. Wie aber würdest du dich fühlen, wenn du den Eindruck hast, dass du regelrecht überwacht wirst (und dafür reicht schon dein ganz subjektives Gefühl)? Wenn also eine handschriftliche Notiz, die für einen anderen Bereich bestimmt ist, noch korrigiert wird. Wenn du dein entworfenes Schreiben zum x-ten Mal mit Anmerkungen und Verbesserungswünschen zurückbekommst, sodass sich im Extremfall der siebte Versuch schon wieder dem zweiten verdächtig ähnelt.

Sag jetzt nicht, dass es so etwas nicht gibt – das habe ich selbst bei einem Kollegen erlebt. Kommst du dir in einem solchen Kontrollwahn nicht fehl am Platz vor und würdest am liebsten schreiend davonrennen?

Ich kann zumindest von mir behaupten, dass ich viel lieber mit dem Gefühl arbeite, dass mir meine Führungskraft vertraut. Selbstverständlich soll sie in einem solchen Fall das Ergebnis durchsehen und, ja, ich wäre sogar für jeden einzelnen Hinweis zu einem Fehler, der mir unterlaufen ist, sehr dankbar. Dann kann ich nämlich wieder etwas lernen und weiß, worauf ich beim nächsten Mal achten muss.

Aber das Arbeiten, wenn eine Führungskraft ihren Überwachungszwang auslebt, ist kaum erträglich. Das Klima wird von Unsicherheit geprägt. Wenn Unsicherheit im Raum ist, passieren wie in einer sich selbst erfüllenden Prophezeiung unweigerlich Fehler, die eher vermeidbar gewesen wären. Die Krönung einer solchen Einstellung wäre die Bevorzugung von Teamkollegen, die viele Fehler im Team entdecken und sich damit vor dem Chef brüsten. Du denkst, das kommt nicht so häufig vor? Wenn der Mut, die Verzweiflung und das Leiden groß genug wären, würden viel mehr dieser Möchtegernchefs, die unter Kontrollzwang leiden, auffliegen.

Das Arbeiten, wenn eine Führungskraft ihren Überwachungszwang auslebt, ist kaum zu ertragen.

Aus deiner Kindheit, deinem Aufwachsen weißt du, wie sich beide Seiten, Kontrolle und Überwachung, anfühlen. Nun bist du oder kommst du in die Rolle als Führungskraft. Wie gehst du nun mit diesem Bewusstsein um?

Bitte gewähre unbedingt das größtmögliche Vertrauen, bis du einen echten sachlichen Grund hast, dies anzuzweifeln.

Gib deinen Mitarbeitenden die Sicherheit, dass du da bist, die Ergebnisse zu verantworten hast und deshalb auch durchlesen musst. Und wenn es wirklich Grund zu Beanstandungen gibt, nimm dir die Zeit der jeweiligen Person oder wenn es von grundlegender Bedeutung ist, deinem Team zu erklären, warum Korrekturen erforderlich sind. Mach dein Vorgehen transparent, nachvollziehbar für die Betroffenen. Dadurch lernen sie – und sie werden es dir danken, indem sie aufmerksamer werden. Sie verstehen die Arbeitszusammenhänge mit anderen Bereichen oder den Kunden besser. Und vor allem: Du schenkst ihnen das Vertrauen, dass sie Fehler machen dürfen und damit ohne Angst arbeiten können.

Gib deinen Mitarbeitenden die Sicherheit, dass du da bist, die Verantwortung trägst und nimm dir die Zeit Korrekturen zu begründen.

Du bist von Kind an gesegnet mit dem Wissen, wie Vertrauen und die Instrumente in deiner Hand funktionieren. Du hast eigene Erfahrungen gesammelt, wie mit dir in puncto Vertrauen umgegangen wurde. Also nimm deine Verantwortung wahr und wende dieses Bewusstsein für alle Menschen in deiner Umgebung und insbesondere für deine Mitarbeitenden an. Schenke ihnen Vertrauen ohne eine Erwartung deinerseits und du wirst beschenkt werden.

3 Liebe – ein Geschenk

Möglicherweise ist dies einer der Zustände, der am wenigsten bewusste Beachtung findet und auch deshalb ganz häufig und sehr präsent auf schönen Karten, Kalendersprüchen oder auf Gegenständen zu finden ist. Wir kommen auf diese Welt und sie ist einfach da, die Liebe. Wenn der Blick der Eltern auf uns winzige Geschöpfe fällt, ist da dieses Glänzen in den Augen. Ein Ausdruck voller Gefühl über dieses Wunder – ein Ausdruck voller Liebe. Sie wird uns einfach geschenkt. Sie ist eben einfach da.

Ganz eng mit dem Vertrauen verknüpft, bekräftigt dieses Bewusstsein unsere Zuversicht, unser Gefühl des Vertrauens, unsere Gewissheit, dass wir unmittelbar mit den uns begleitenden Menschen über etwas verbunden sind, was sich manchmal nur schwer verbal ausdrücken lässt.

Du denkst jetzt vielleicht noch mehr als bei anderen Kapiteln: „Moment mal, was hat das mit dem Thema Führung zu tun?“ Für mich bedeutet es eine ehrliche Wahrnehmung und Wertschätzung der Menschen – ohne Bewertung, Beurteilung und Verurteilung. Auf den nächsten Seiten werde ich dich anhand von Beschreibungen zur Antwort führen. Denn dieses Gefühl ist eines der Stärksten und damit Antreiber, Motivator oder Bremser und schlimmstenfalls Verhinderer, eben auch im beruflichen Kontext. Gerade deshalb stellt sich die Frage, was Liebe bei den uns anvertrauten, Menschen, unabhängig, ob persönlich oder im Job, auslöst. Aufgrund

Für mich bedeutet Liebe in Zusammenhang mit Führung eine ehrliche Wahrnehmung und Wertschätzung der Menschen – ohne Bewertung, Beurteilung oder Verurteilung.

der exorbitanten Stärke der Auswirkung kann sie geradezu ein Turbo mit Initialzündung für positive Entwicklungen sein.

In jedem Fall wirst du in der Mehrzahl einen signifikanten Unterschied feststellen, wenn du eine liebevolle Grundhaltung gegenüber deinen Teammitgliedern an den Tag legst, als wenn du gleichgültig oder gar gefühllos agieren würdest. Im Übrigen ist es auch für dich interessant zu beobachten, welches deiner Teammitglieder mit einer derartigen Grundeinstellung gesegnet ist und wie sich diese möglicherweise im Team schon ausgewirkt hat oder es immer noch tut.

Anstrengungsfrei

Als Kinder sind wir dann am glücklichsten, wenn wir nicht das Gefühl haben, uns anstrengen zu müssen, um von unseren Eltern geliebt zu werden.

Mit dem sicheren Band des Vertrauens und der Verbundenheit zu unseren Eltern sind wir zur Welt gekommen. Wir lieben unsere Eltern und sind bereit, alles zu tun, um ebenfalls geliebt zu werden, damit wir uns weiterhin auf den Schutz und die Fürsorge der Eltern verlassen können. Die Liebe liegt also in der Natur des Menschen. Erinnere dich, schließe meinetwegen kurz die Augen, wie du gefühlt hast, wie es dir ergangen ist, in den Momenten, in denen sich alles selbstverständlich und leicht angefühlt hat. Bestimmt hast du ganz bestimmte Kindheitserinnerungen oder Bilder im Kopf, die genau dieses völlig anstrengungsfreie Vorhandensein von Liebe widerspiegeln.

Meist sind es die frühen Jahre in unserem Dasein, aus denen wir solche Erinnerungen hervorholen können. In denen wir nichts tun mussten und einfach nur aufgrund unserer Anwesenheit einen Schwall von Glückshormonen in unseren Eltern, vielleicht sogar in weiteren Familienmitgliedern, ausgelöst, Blicke, Umarmungen oder anderes zurückerhalten haben. Es ist die Zeit, in der wir am meisten auf Schutz, Unterstützung, Hilfe und Betreuung angewiesen sind. In der nicht gefragt wird, was du dafür tun kannst oder sollst, um dieses Gefühl zu erhalten, weil du eben noch nicht die Fähigkeiten entwickelt hast, die später dazu führen werden, dass du bestimmte Handlungen vornimmst, um mehr von dieser Liebe zu bekommen, oder wenn du das Gefühl hattest, dass die Menge und Intensität geringer wird, dass zumindest wieder das zu Beginn vorhandene Level erreicht wird.

Mit fortschreitender Entwicklung ändert sich nämlich der Umgang mit uns und unsere Wahrnehmung. Ob Eltern mit zunehmender Entwicklung denken, dass eine stetige Wiederholung dieser anstrengungsfrei erhaltenen Liebe nicht mehr in gleichem Maß erforderlich ist oder ob es eine von der Natur vorgesehene Entwicklung zur Stärkung der Persönlichkeit/Selbstständigkeit ist, lässt sich nicht wirklich beantworten. Es ist aber Fakt, dass in der Regel eine Reduzierung einsetzt.

Mit fortschreitender Entwicklung ändert sich der Umgang mit uns und unserer Wahrnehmung.

Unsererseits führt diese Entwicklung nun dazu, dass wir uns beginnen anzustrengen. Dass wir etwas für den Erhalt dieses angstfreien Gefühls tun müssen. Das bedeutet nicht, dass Eltern dann weniger lieben, aber das Ursprungsgefühl kehrt eben nicht mehr so häufig automatisch zurück. In den verschiedenen Lebensphasen wenden wir dann, je nach Entwicklungsgrad, vielfältige Strategien an (ganz schön clever, oder?), um uns zurückzuholen, was aus unserer Sicht nicht mehr ausreichend vorhanden ist.

Als Kleinkind gibt es dazu noch einem bunten Strauß an Möglichkeiten. Quasi jede neue Fähigkeit (dazu reicht ein Wort, eine Farbe, eine Zahl, eine im Gesamtkontext wirkliche Kleinigkeit) führt dazu, dass du überschwänglich gefeiert wirst oder eben jener Blick, dieser Gesichtsausdruck, manchmal verbunden mit einer Umarmung oder einem verbalen Lob, den du dir so sehr gewünscht hast, dir geschenkt wird. Du lernst, selbst zu trinken und zu essen – Liebesausschüttung. Du fängst an zu laufen – Liebesausschüttung. Du schaffst es, dein Dreirad selbst zu fahren, ohne dass sich ein Elternteil bücken und dich anschieben muss – Liebesausschüttung … und so weiter.

Zu dem Zeitpunkt, zu dem du dein Umfeld wechselst in eine Betreuung anderer Menschen, also Kindergarten oder früher schon in die Krabbelstube, ändert sich die Situation schlagartig. Du bist bestimmt sehr freundlich, ja, vielleicht liebevoll empfangen worden, aber als Erstes musstest du damit zurechtkommen, dass, wenn du ähnliche Gefühlsregungen wie zu Hause erhalten wolltest, du darum kämpfen, heißt, etwas dafür tun musstest. Also hast du Dinge ausprobiert, bis du genau die Triggerpunkte deiner Betreuungsperson entdeckt hast, die zumindest annähernd dieses Gefühl hervorriefen. Dennoch war es eben in der Regel nur annähernd und nicht wie zu Hause. Doch zumindest kam das Lächeln, ein Lob, manchmal auch eine Umarmung oder ein Streichen über deinen Kopf.

Nahtlos setzte sich dieses Szenario in den weiteren Stationen fort, stets einhergehend mit einem kleinen Qualitätsverlust im Vergleich zur vorherigen Station. In der Schule konntest du schon kaum noch mit neuen Fähigkeiten punkten.

Hier wurdest du für dein angepasstes Verhalten, deine störungsfreie Unterrichtsteilnahme oder eben deine pflichtgemäß erledigten Hausaufgaben „geliebt".

Die Steigerung entwickelt sich dann Richtung Schulabschluss oder in Wettbewerben, innerhalb oder außerhalb der schulischen Laufbahn. Bundesjugendspiele, Lesewettbewerbe oder eben vergleichbare Teilnahmen, die bei Sportevents, von Unternehmen ebenso wie in der Unterhaltungsindustrie angeboten werden. Fortan wird es zunehmend wichtiger, sich anzustrengen. Denn wie heißt es so schön: Der zweite Platz ist der erste Verlierer. Und werden Verlierer geliebt? Dabei sein ist alles, wie bei den Olympischen Spielen, ist doch wirklich oft nur ein Motto. Ein Feigenblatt, hinter dem sich Anstrengung, manchmal über gesunde Maße hinaus verbirgt, um im Mittelpunkt zu stehen, von den Menschen geliebt zu werden. Kein schönes Gefühl, in der Breite darauf konditioniert zu werden, oder?

Es wird zunehmend wichtiger sich anzustrengen. Denn der zweite Platz ist der erste Verlierer – und Verlierer werden nun mal nicht geliebt.

Möglicherweise hast du auch mal eine echte Anerkennung erfahren, trotz geringerer Anstrengung. Schätze dich glücklich, wenn es tatsächlich ein ehrliches Feedback im Sinne von, es war schön, dass du dabei warst, erhalten hast. Nimm dir ein paar Minuten und überlege, ob und wenn ja, bei welcher Gelegenheit du diese Rückmeldung bekommen hast. Von wem? Gegebenenfalls eine Situation und ein Mensch, die dir bis heute in Erinnerung geblieben sind, sodass dich ein angenehmes Gefühl streift, wenn du daran zurückdenkst.

Du spürst mit Sicherheit den Unterschied zu den vielen Situationen, wo sich niemand wirklich um dich gekümmert hat, weil deine Anstrengung eben nicht den Anforderungen oder Erwartungen entsprochen hat. Wie fühlt sich das an? Würdest du dir nicht mehr solcher Gelegenheiten wünschen, in denen dir unabhängig von deiner Anstrengung, schlicht für deine Existenz, eine positive, warmherzige Aussage entgegengebracht wird? Da du nun schon den Unterschied bemerkt hast, fällt es dir leichter, dich in andere Menschen in vergleichbaren Situationen hineinzuversetzen. Auch die anderen wünschen sich möglichst viele solcher Momente, weil doch die meisten von uns gegenteilige Erfahrungen gemacht haben.

An dieser Stelle wird es mit Blick auf das berufliche Umfeld und die Kultur im Führungsverhalten spannend. Denn auch im Rahmen der Ausbildung musstest du dich anstrengen, um geliebt zu werden. Und im Anschluss geht es nahtlos weiter, um gute Zeugnisse, Beurteilungen oder einen besseren Job zu bekommen.

In welcher Form können wir diese Erkenntnis im Führungsverhalten anwenden? Im Grunde genommen sind wir meist in der Lage, feinfühlig wahrzunehmen, wie unsere Mitarbeitenden, wie eine Führungskraft oder überhaupt andere Menschen ticken. Dann wäre es doch naheliegend, eine innere Haltung zu entwickeln oder an den Tag zu legen, die über den allerseits vorausgesetzten Respekt hinausgeht. In welcher der Rollen du gerade auch bist: Sei zunächst einmal unvoreingenommen. Begegne dem nach Millisekunden gewonnenen ersten äußeren Eindruck mal mit Skepsis. Sag dir innerlich: „Schön, dass du wieder da bist, mein Bewertungsschema, und mir schon eine vorgefertigte Meinung präsentierst. Ich akzeptiere, dass du da bist, möchte aber die Person erst einmal kennenlernen und setze mir eine eigene Meinung aus vielen Puzzleteilen zusammen."

Verhalte dich respektvoll. Jeder Mensch verdient es, als Gewinner respektiert zu werden. Schließlich sind wir alle aus einem Wettrennen in Richtung Gebärmutter als Sieger entstanden. Aus diesem Blickwinkel verdienen wir Menschen eine liebevolle Haltung, ohne dass wir uns ständig neu anstrengen müssen.

„Schön, dass du wieder das bist, mein Bewertungsschema, und mir schon eine vorgefertigte Meinung präsentierst."

Steh anderen Meinungen, Prägungen, Kulturen, Sprachen, ja, allen möglichen dir bekannten und unbekannten Merkmalen offen gegenüber. Frage dich, welche Geschenke dir dein Gegenüber mitbringt. Schließlich kannst du heute noch gar nicht einschätzen, wohin dich sein Wissen, seine Kenntnisse und Erfahrungen einmal führen werden. Stell dir vor, ihr beginnt in Kürze ein Projekt, wo es zwingend erforderlich ist, in einer dir nicht gegebenen Sprache zu sprechen oder in einer Kultur zu denken, mit der du bis dahin keine Berührungspunkte hattest. Du wirst als echter Leader gefeiert werden, wenn du dieser Person im Team im Rahmen dieses Projektes eine Position gibst, in der sie maßgeblich zum Erfolg beitragen und auch glänzen kann.

Akzeptiere die Besonderheiten und versuche, sie für dein Team zu nutzen. Oft gibt es Menschen, die auf der einen Seite vielleicht weniger gerne sozial interagieren, aber andererseits unschlagbar in der Nutzung ihres Gedächtnisses sind. Für die also Zahlenkolonnen, Statistiken, Zahlen, Daten und Fakten ein wahres Paradies sind. Nutze solche besonderen Fähigkeiten für dein Team.

Es gibt noch mehr Beispiele dieser Art, die eine ganz konkrete Einstellung nicht nur als wünschenswert, sondern als Voraussetzung erfordern. Damit bringst du, egal, ob als Teammitglied oder als Führungskraft, den Menschen um dich herum schlichtweg Liebe entgegen. Gepaart mit ein paar aufmunternden Worten, ab und zu einer kleinen Geste, wird daraus die Wahrnehmung, dass die Menschen in deinem Umfeld für ihr Dasein Liebe von dir erhalten, ohne sich anstrengen zu müssen. Du wirst davon profitieren, im Umgang mit dir, denn schließlich bekommst du zurück, was du säst: in der Zusammenarbeit, weil dieses spürbare Geschenk allen ein kleines Stück ihrer Kindheit wiedergibt und damit ein Gefühl des angenommen werdens. Darüber hinaus gedeiht der Spaß in der Zusammenarbeit und der Nährboden für ein echtes Team ist bestellt. Schließlich wird auch durch die Erreichung der Arbeitsergebnisse wiederum die Möglichkeit eröffnet, dass der Vorstand, deine unmittelbare Führungskraft und/oder andere Menschen im Unternehmen auf dich aufmerksam werden, weil du diese Möglichkeiten zulässt.

Mach andere Menschen glücklich. Denn das, was du anderen schenkst, wird auf irgendeine Weise wieder zu dir zurückkehren.

Nicht zuletzt wird sich diese Umgangsweise herumsprechen. Das fördert die Bewerberlage, wenn ein neues Teammitglied gesucht wird, ebenso wie es eine vorschnelle Abwanderung aus deinem Bereich verhindert. Mach andere Menschen glücklich – du wirst merken, dass das auch positive Auswirkungen auf dein Glücksgefühl hat. Denn das, was du anderen schenkst, wird auf irgendeine Weise wieder zu dir zurückkehren.

Bedingungslos und erwartungsvoll

Von einer anderen Seite betrachtet, geht es nicht nur um die Frage der eigenen Anstrengung im Umgang mit der Liebe, sondern ganz besonders auch um die Betrachtung hinsichtlich von Erwartungen oder Bedingungen anderer im Gegenzug. Die Frage danach, ob wir also im Erleben „nur" darauf gepolt werden, dass eine Anstrengung unsererseits zu mehr gutem Gefühl führt oder ob gar Erwartungen und Bedingungen an uns gerichtet werden, lässt sich vermutlich relativ einfach beantworten. Wäre keine dieser beiden Einstellungen an uns gerichtet, wäre es in den meisten Fällen überhaupt nicht notwendig, Anstrengungen zu unternehmen, denn dann wäre die bedingungslose und erwartungsfreie Liebe schon vorhanden und wir erhielten alleine aufgrund unserer Existenz mehr als ausreichend davon entgegengebracht.

Was aber macht es mit uns Menschen, insbesondere von Kindesbeinen an, wenn daran Bedingungen geknüpft sind beziehungsweise mehr oder weniger hohe Erwartungen an uns gerichtet werden? Gerald Hüther hat einmal gesagt, dass Kinder, die nicht bedingungslos geliebt werden, ein Problem haben. Aufgrund solchen Verhaltens kann das Band zwischen Kind und Eltern verbunden mit einem so großen Schmerzempfinden reißen, dass dies bei einer CT-Untersuchung noch im Gehirn eines Erwachsenen nachweisbar ist. Als natürliche Reaktion darauf wird der Versuch beschrieben, diesen Schmerz loszuwerden. Damit gehen die Leichtigkeit und Unbeschwertheit, die uns als Kinder ausmacht, verloren.

Das hört im Leben ja nie auf! Es geht später im Kindergarten, in der Schule, im Beruf doch ständig so weiter. Im Endeffekt führt dieses Verhalten dazu, dass Betroffene stets von der Meinung, Haltung bis hin zum Wohlwollen anderer abhängig sind. Es fällt uns dadurch sehr schwer loszulassen und führt uns in einen andauernden Anspannungs- und Anstrengungsmodus, der keine Pausen kennt. Eine Verschlimmerung durch die übermäßige Nutzung von sozialen Medien ist doch dann kein Wunder mehr, weil wir dort 24/7 Bestätigung für unser Verhalten bekommen können, oder anders gesagt: Wir erhalten bei bestimmtem Verhalten Likes und positive Kommentare auf Knopfdruck.

Gehen wir noch mal zu einem Beispiel mit Schulnoten, weil wir das alle gut kennen. Du bist also mit einer Note in der Arbeit nach Hause gekommen und hast erlebt, dass deine Eltern unglücklich, unzufrieden oder enttäuscht waren. In diesem Moment hast du gespürt, dass etwas falsch gelaufen ist. Indem du dich beim nächsten Mal der Erwartung gebeugt und mehr getan, im Ergebnis eine bessere Note mitgebracht hast, waren deine Eltern zufriedener, glücklicher oder haben dich sogar gelobt. Die scheinbare Lösung deines Problems war also gefunden und hat dir die gewünschte Zuneigung eingebracht. Im Grunde wusstest du spätestens zu diesem Zeitpunkt, dass du dich ein Leben lang wirst anstrengen und die Bedingungen wie Erwartungen anderer erfüllen müssen. Du wusstest, dass es nicht richtig sein kann, all das tun zu müssen, um die Liebe zu erfahren, nach der jeder Mensch sich sehnt. Aber zur Befriedigung deines Bedürfnisses blieb dir gar nichts anderes übrig als so zu Handeln.

Im Grunde wusstest du, dass du dich ein Leben lang anstrengen und die Bedingungen anderer erfüllen musst.

Nun verhältst du dich die weiteren Jahre erwartungskonform. Das Handeln wiederholt sich – die Ergebnisse und Reaktionen auch. Irgendwann zwischen 13 und 19 flackert die Flamme des Widerstands noch mal auf. Wahrscheinlich hast du dich gegen die Konventionen, diese Rahmenbedingungen, aufgelehnt, wolltest anders sein, hast möglicherweise versucht auszubrechen, hast durch die bewusste Veränderung deines Äußeren auf diese Missstände aufmerksam machen wollen. Dabei ging es natürlich auch um deine persönliche Abgrenzung, um deine persönliche Freiheit. Wenn du aber mal zurückblickst und dir die Frage stellst, ob es dir nicht auch darum ging, dass du einfach so, wie du bist, geliebt und respektiert wirst, kommst du wahrscheinlich zu einer mehr oder weniger deutlichen Bestätigung dieser Fragestellung.

Als du deinen Schulabschluss und womöglich auch deinen Führerschein in der Tasche hattest, entstand für eine kurze Zeit wieder der Eindruck der Unverwundbarkeit. Gedanken, dass es egal ist, was andere von mir erwarten, ich kann ja jetzt tun und lassen, was ich will, hattest du bestimmt auch. Oder du plantest, dich ins Auto zu setzen und einfach darauf loszufahren, weil du wissensdurstig und erfahrungshungrig nach anderen Eindrücken warst. Frage dich, ob dahinter nicht auch ein Stück weit die Suche nach dem Gefühl stand, was dir bedingungslos angeboten wird.

Mit dem Eintritt in deine Ausbildung und dein Berufsleben waren die Erwartungen und Bedingungen natürlich alle präsent. Ohne ansprechende Leistung keine guten Noten, ohne bestandenen Prüfungsabschluss keine Übernahme im Job, ohne entsprechende Klausurergebnisse kein Studienabschluss etc. . Im Aufgabenbereich deines beruflichen Umfeldes gibt es ohne bestimmte Leistungen keine Anerkennung (wenn es sie denn überhaupt gibt), ohne die Ziel- oder Ergebniserreichung keine Prämie, ohne gute oder sehr gute Beurteilung und Zeugnisse keine Beförderung, ohne dies nicht das … setze diese Aufzählung einfach so fort, wie sie auf deine augenblickliche Situation passt.

Was passiert denn mit uns Menschen, mal losgelöst von der Kindheit, wenn wir uns so angepasst in diesem Bedingungs- und Erwartungsgeflecht bewegen? Eine Folge davon kann sein, dass wir immer mehr leisten und immer mehr erreichen wollen, um immer mehr Zuneigung und Liebe zu erfahren. Denn es geht ja darum, uns Bedeutung zu verschaffen. Im Beruf kannst du solche Muster bei Menschen erkennen, die ausschließlich in ihrem eigenen Interesse alles daransetzen, viel Geld zu verdienen, hohe Positionen zu erreichen, um möglichst viel Macht und Einfluss auf andere ausüben zu können. Verstehe mich nicht falsch: Es ist gut, wenn du viel Geld verdienst, es ist super, wenn du eine hohe Position erreicht hast oder erreichen möchtest. Aber es ist eben nicht gut, wenn du das aus dem Antrieb heraus anstrebst, dass du deswegen geliebt wirst, und es ist auch nicht gut, wenn du diese Ziele verfolgst, ohne die Menschen zu beachten und mitwachsen zu lassen, die dich begleiten oder dir gar eine Treppenstufe hoch helfen.

Wenn du selbst das Gefühl hast, nicht gesehen zu werden, dann wünschst du dir umso mehr, dass andere dir zeigen, dass du noch da bist. Dieser Wunsch ist nachvollziehbar und er lässt sich auch realisieren. Aber nicht, wenn du als Klugscheißer, Möchtegern, Alleskönner oder Besserwisser auf diesem wunderschönen Planeten herumläufst. Nicht, wenn dir Menschen auf den ersten Blick entgegenkommen, während sich ihr Inneres schon abgewandt hat und auf der Flucht ist. Und erst recht nicht, wenn du glaubst, dass andere für dein Wohlgefühl auch noch leiden müssen.

Wie also kann das mit der Liebe im Job funktionieren? Möglich, dass es für dich erst einmal wenig nachvollziehbar klingt: indem du deinen Teammitgliedern, Kolleginnen und Kollegen, deiner Führungskraft und all denen, die um dich herum arbeiten mit den Attributen, die wir schon im Unterkapitel „Anstrengungsfrei" besprochen haben, nämlich unvoreingenommen, respektvoll, offen und mit großer Akzeptanz für den jeweiligen Menschen begegnest. Und zusätzlich versuchst du dich an einen Moment unbeschwerter Liebe in deinem Leben zurückzuerinnern und strahlst genau dieses Gefühl aus. Alleine durch deine Ausstrahlung, verursacht durch eine Erfahrung, die du schon vor Jahrzehnten in deinem Leben gemacht hast, werden andere registrieren, dass du ihnen wohlwollend gegenübertrittst.

> ***Wenn deine innere Haltung davon geprägt ist, dass jeder Mensch unglaublich wertvoll ist, wirst du vielleicht sogar als liebevoll empfunden.***

Du musst keine free hugs verteilen. Du musst keine Herzchen malen oder in E-Mails packen. Du musst natürlich keine großen Worte finden, um dieses Gefühl deutlich zu machen und auch bei deinem Gegenüber zu erzeugen. Wenn deine innere Haltung davon geprägt ist, dass zwar jeder seine Aufgabe zu erfüllen hat, all diese Menschen, die um dich arbeiten, jeder auf seine eigene Art und Weise aber unglaublich wertvoll sind, dann wird dein Auftreten als empathisch, wertschätzend, ja, vielleicht sogar als liebevoll empfunden.

Mach diese innere Haltung nicht von deinen Erwartungen abhängig. Gehe nicht mit Bedingungen in den Umgang mit deinem Team. So nach dem Motto, wenn die nicht so und so sind und das und das Ergebnis liefern, dann mag ich sie nicht. Denk daran, ein Arbeitsergebnis ist eine Sache und hat nichts mit deiner persönlichen Befindlichkeit zu tun. Mach dich frei vom Schubladendenken und steig auf deine Art und Weise in die berufliche Beziehung ein. Du machst dich besonders, indem du anders führst als andere. Und du wirst wieder ernten. Wenn du einen Funken Liebe in deinen Umgang packst, wirst du diesen auch zurückerhalten. Erwarte ihn nicht – lass ihn kommen. Schau, was du benötigst, um diese innere Haltung hinzubekommen. Wahrscheinlich eine ganze Menge Mut. Wenn du Bedenken hast, übe oder lass dir helfen. Es gibt genügend Coaches, die dich auch in diese Richtung begleiten können. Wenn du es wirklich möchtest. Denn nichts ist unehrlicher, als sich das als Fassade aufzubauen.

Erwarte nicht, Liebe zurück zu erhalten, lass sie einfach kommen, wenn es soweit ist.

Davor möchte ich dich auch ausdrücklich warnen! Solltest du einer dieser arroganten Klugscheißer sein, die davon ausgehen, dass sie alles können, alles besser können oder alles vortäuschen können, kann ich dir versichern, dass du den Aufprall auf den knallharten Boden der Realität noch nicht gehört hast, der erklingen wird, wenn dich jemand entlarvt. Das solltest du dir ersparen.

Prüfe, ob es deiner Haltung entspricht, Menschen liebevoll zu begegnen. Ist das nicht der Fall, hast du eventuell etwas auf deinem Weg erlebt, was tiefer in dir steckt, als du dachtest. Dann kümmere dich bitte erst um dich selbst. Denn wenn du dich nicht selbst liebst, kannst du auch andere nicht lieben.

Wenn du aber bereit bist, deine liebevolle oder wohlwollende Haltung nicht direkt an Bedingungen zu knüpfen, wenn du in deinen beruflichen Kontext ein bisschen Liebe und Wertschätzung einbringst, wenn die anderen das Gefühl bekommen, mein Chef ist auch ein Mensch und er behandelt mich menschlich – dann hast du vieles richtig gemacht. Daraus wird wiederum das Feedback an dich entstehen. Auch dieser Aspekt hilft dir, die Zusammenarbeit zu fördern, deinen Mitarbeitenden den Ausstieg aus dem „Wenn-Dann-Hamsterrad" zu ermöglichen und damit ein ganz anderes Klima aufzubauen, als viele das in ihrem Job kennen.

Chefposten oder Leadership

Dieses Geschenk, was uns mitgegeben wurde, ohne dass es nötig wäre, uns dafür anzustrengen oder den Erwartungen und Bedingungen anderer zu genügen, kann das Zünglein an der Waage zwischen einer Position als Chef oder Vorgesetzter beziehungsweise einer echten Führungskraft oder gar einem Leader sein.

Nähern wir uns doch dem Unterschied mal ganz technisch per Definition der beiden Begriffe. Ein Chef wird als verantwortlicher Leiter eines Betriebes, einer Dienststelle definiert. Das kann je nach Hierarchieebene auch eine Abteilungs-, Sachgebiets-, Team-, Referats-, Ressort-, Instituts- oder sonstige Leitungsfunktion bedeuten. Oft wird der Begriff des Vorgesetzten in dieser Definition gleich mitverwendet. Für das Wort Vorgesetzter schreiben die Wörterbücher in der Regel Definitionen wie: „Eine Person, die anderen in ihrer beruflichen Stellung übergeordnet und damit berechtigt ist, Anweisungen zu geben." Anders formuliert handelt es sich um eine natürliche Person, die innerhalb einer Organisation oder Organisationseinheit mit der Befugnis betraut wurde, Weisungen an nachgeordnetes Personal zu erteilen. In die gleiche Richtung geht die Formulierung: „Einem Vorgesetzten steht die Befugnis zu, im Rahmen des Direktionsrechts mittels mündlicher oder schriftlicher Weisungen Aufgabenträgern ausführender Tätigkeiten vorzuschreiben, welche Handlungen sie vorzunehmen und welche sie zu unterlassen haben."

Mal ehrlich: Möchtest du so definiert werden? Findest du das, was du dir als Mitarbeiter wünschen würdest, in diesen Beschreibungen? Willst du wirklich mittels mündlicher oder schriftlicher Weisungen vorgeschrieben bekommen, was du zu tun oder zu lassen hast? Bist du ein Aufgabenträger? Oder läuft dir bei derart althergebrachten Definitionen, zugegebenermaßen auch mit althergebrachten Begriffen, nicht ein kalter Schauer über den Rücken? Denkst du wirklich, dass sich Mitarbeitende so etwas als ihre direkt zugeordnete Ansprechperson wünschen? Was empfindest du, was fühlst du bei diesen Definitionen und Beschreibungen? Registriere bitte mal deine ganz spontane innere Reaktion auf diese Wortwahl.

Wechseln wir zu den beiden anderen Begriffen. Führungskraft wird oft als Person definiert, die mit Aufgaben der Personalführung betraut ist. Manchmal heißt es lapidar, es handelt sich um eine Person, die in leitender Stellung tätig ist. Führungskräfte sind Personen, die die Verantwortung für die Festlegung und Umsetzung von Zielen in messbare Ergebnisse übernehmen, heißt es weiter. Hinzu kommt, dass der

Begriff Führungskraft nicht als Rechtsbegriff dem Arbeitsrecht entstammt, sondern ursprünglich aus der Organisationstheorie kommt. Interessant, oder? Und weiter geht´s …

Als Leadership werden die nicht einheitlich definierten menschen-, verhaltens-, eigenschafts- interaktions- und/oder motivationsorientierten Aufgaben des Managements bezeichnet. Wobei auf die Person des Leaders bezogen zu finden ist, dass diese ein Mensch ist, die ihre Visionen mit anderen Personen teilt, sie dafür begeistern und dazu motivieren kann, ein gemeinsam bestimmtes Ziel zu verfolgen. Es geht also nicht nur um eine klassische Richtungsvorgabe, sondern um ein Zusammenspiel aus verschiedenen Charaktereigenschaften, gewissem Charisma und situativem Verhalten, welches seitens des Leaders seinem Team vermittelt wird. Aha!

Ein Leader teilt seine Vision mit anderen und kann sie dafür begeistern und motivieren, dieses gemeinsame Ziel zu verfolgen.

Jetzt stelle ich dir die gleichen Fragen noch mal und du bist wieder bitte ehrlich zu dir selbst: Findest du dich vielleicht eher in dieser Art von Definition wieder? Findest du das, was du dir als Mitarbeiter wünschen würdest, in diesen Beschreibungen? Möchtest du eine Vision vermittelt bekommen, an der du mitarbeiten darfst? Willst du begeistert und motiviert werden, um dieses Ziel gemeinsam mit einem charismatischen Leader, der auch noch Verantwortung für sein Tun und Handeln übernimmt, und einem Team zu erreichen? Oder lieber doch zurück zur Anweisung, dem kleinen Rahmen, der manchem vielleicht mehr Sicherheit und Planbarkeit bietet? Was, denkst du, würden sich deine Mitarbeitenden wünschen? Was empfindest du, was fühlst du bei der Wortwahl zu diesen beiden Begriffen? Registriere bitte wieder deine ganz spontane innere Reaktion auf diese Wortwahl und dann vergleiche das mal mit dem, was du vor wenigen Minuten empfunden hast. Vergleiche mit der vorherigen Reaktion und höre auf deine innere Stimme, wo sie sich angenommen fühlt.

Genug der Definitionen, dieses Buch soll ja nicht zur Fachsimpelei werden. Dennoch wurde dir bestimmt deutlich, worin der Unterschied zwischen den Begriffen und damit auch oft genug dem Denken und Handeln der betroffenen Personen liegt. Dazu, ein echter Leader zu sein, eine echte Führungskraft, gehören viele Faktoren, von denen wir uns die zu Beginn unseres Lebens vorhandenen in diesem Buch anschauen.

Aus meiner Erfahrung ist einer der markanten Unterschiede, mit welcher Grundeinstellung ich als Führungsperson antrete. Handele ich im definitorischen Sinne als Vorgesetzter und lasse die wesentlichen Emotionen außen vor oder begebe ich mich in eine motivierend-charismatische Rolle, in der Emotionen nicht nur eine Rolle spielen, sondern erwünscht sind. Wenn du diese Entscheidung getroffen hast und zu dem Ergebnis kommst, dass Emotionen eine Rolle in deinem Team spielen dürfen, dann macht dies einen himmelweiten Unterschied zu den Teams von Vorgesetzten oder Chefs aus. Dann trägst du diesen Funken der anstrengungsfreien, bedingungslosen und erwartungsseparierten Liebe in dir. Dann wirst du auf die dir anvertrauten Menschen unvoreingenommen, offen, respektvoll und mit einem hohen Maß

Handelst du als Vorgesetzter oder motivierend-charismatisch und damit als Leader? Du hast die Wahl.

an individueller Akzeptanz zugehen. Du rückst den Menschen in den Mittelpunkt, ohne das Ziel aus den Augen zu verlieren. Du begeisterst ihn, nimmst ihn mit auf deine Reise, signalisierst ihm, dass du ihm Zeit widmest und zuhörst, wenn er neue Ideen und Gedanken hat oder auch mal einen Fehler macht. Im Grunde deines Herzens wirst du ihm immer versuchen, eine liebevolle Grundhaltung entgegenzubringen, weil es deiner Grundüberzeugung entspricht, dass du mit dem Bewusstsein der Erlebnisse aus deiner Kindheit weißt, wie sich das anfühlt.

Infolgedessen wirst du erleben, wie sich dein Einbringen positiv auf dich auswirkt. Wie sich die Menschen dir gegenüber verhalten. Dass du plötzlich auf deinen Führungsstil angesprochen und gefragt wirst, wie du das nur machst, dass alle bei dir bleiben, statt den Job wechseln zu wollen – und dass irgendwann die Frage auftaucht, ob man dir nicht doch eine höhere Position im Unternehmen anvertrauen sollte. Denn wenn du es jetzt hinbekommst, ist das doch eine Stufe höher ein Kinderspiel für dich.

4 Freude – Motivation ohne Anreize

Du kannst dir vorstellen, dass eine Aufgabe, die du mit Freude erledigst, ein völlig anderes Gefühl in dir auslöst als eine Aufgabe, die du widerwillig oder zumindest „nur“, weil sie erledigt werden muss, anpackst.

Auch dieses Bewusstsein ist uns ganz natürlich von Geburt an gegeben. Wie sonst kämst du darauf, ohne Grund deine Eltern anzulächeln. In deinem bisherigen Leben findest du hoffentlich zahllose Beispiele und Momente der Freude, wenn du dich zurückerinnerst. Es ist ein Gefühl, das du dir selbst schenken kannst, ohne Zutun anderer. Dieses Bewusstsein beeinflusst zudem so viele andere Faktoren. Und letztlich ist doch der Punkt, wenn sie ohnehin in uns steckt, diese wundervolle Freude, dass wir uns dann auch bewusst dafür entscheiden können, voller Freude zu sein.

Wenn die Freude schon in uns steckt, kannst du dich auch bewusst dafür entscheiden, voller Freude zu sein.

Jedem Menschen ist es unterschiedlich gegeben, Freude zu empfinden. Innerlich, mit einem Schmunzeln, durch ein einfaches Glücksgefühl, lauthals lachend und somit nach außen wirkend bis hin zu ansteckendem herzhaften Lachen, womit wir andere in unseren Bann ziehen und dafür sorgen können, dass die Wolken an deren Himmel sich wie von selbst wieder verziehen. Wir empfinden die Freude auch aus den unterschiedlichsten Anlässen. Während du vielleicht schon bei Sonnenschein, blühenden Pflanzen oder Kleinigkeiten innerlich voller Freude bist, benötigen andere Menschen einen eher konkreten Anlass auf sich selbst bezogen. Also beispielsweise das Erreichen eines Zieles oder ein Kompliment, um die gleiche Intensität der Freude zu empfinden.

Egal, wie wir es auch ausleben, empfinden, wie wir auf die Eindrücke unserer Umwelt und ja, gerade auch auf die in der Arbeitswelt reagieren, wir tragen sie alle in uns. Manches wird dir jetzt schon mit Blick auf das Thema „Führung" in den Sinn kommen und anderes wie Schuppen von den Augen fallen, wenn du es liest. Bei wieder anderen Gedanken wirst du persönlich dich weniger angesprochen fühlen, weil es nicht deinem unmittelbaren Empfinden von Freude entspricht. Ich freue mich, wenn du Freude an diesem Buch hast. Danke für dieses Geschenk.

Das Strahlen in den Augen

Dein erstes Glück, deine erste Freude hast du wohl nach all den Strapazen der Geburt, all den anstrengenden Dingen zu Beginn, als du geschlüpft bist, empfunden, als du auf dem Bauch, der Brust, dem Arm oder wo auch immer, eingekuschelt in eine Decke oder auf der blanken Haut deiner Mutter gelegen hast. Daran wirst du dich kaum erinnern können. Ein erster Blick, das Wiedererkennen der Stimme, der vertraute Geruch, die Umgebung später in deinem Bett, in der Wohnung oder dem Haus, in dem du aufgewachsen bist – all das waren Momente deines Glücks. Du musstest nichts dafür tun. Sie waren einfach da und haben in deinem Kopf etwas ausgelöst, was dich so fasziniert hat, dass du am liebsten dauerhaft solche Momente erlebt hättest und auch heute noch erleben würdest.

Für deine Umgebung war das ganz am Anfang kaum wahrnehmbar. Schon nach den ersten ein oder zwei Wochen warst du in der Lage ein Lächeln in dein Gesicht zu zaubern und hast damit eine unglaublich emotionale Reaktion bei deinen Eltern ausgelöst. Deren Freude über deine Anwesenheit, die Gänsehaut, die du mit deinem Lächeln voller Freude bei ihnen erzeugt hast, werden sie niemals vergessen haben. An den Moment, das erste Mal angelächelt zu werden, können sich viele erinnern, als wäre es gestern erst gewesen.

Neben der Änderung deiner Gesichtszüge und insbesondere während des Aufwachsens sind es unsere Augen, die diese Freude am deutlichsten transportieren. Wenn in deinen Augen dieses Strahlen erscheint, wenn aus dem Nichts oder wegen einer konkreten Situation sich das Gesicht entspannt, vielleicht ein kleines oder auch größeres Lächeln über dein Gesicht huscht, in diesem Moment fangen deine Augen an zu strahlen. Sie funkeln wie Wunderkerzen, tragen einen unverwechselbaren Glanz nach außen und signalisieren jedem, der es sieht, ohne dass nachgefragt werden muss – hey, nur dass du Bescheid weißt, ich bin gerade aus tiefstem Herzen glücklich und voller Freude. Sie laden uns quasi ein, wenn wir es zulassen und mögen, mit glücklich zu sein. Möglicherweise empfindest du gar eine gewisse Aufforderung zum Mitmachen, dich anzuschließen und einfach zu beschließen, glücklich zu sein.

Wenn sich dein Gesicht entspannt und ein Lächeln über dein Gesicht huscht – in diesem Moment fangen deine Augen an zu strahlen.

Als kleines Kind löste ganz oft ein sogenanntes „erstes Mal“ dieses Strahlen in deinen Augen bei dir aus. Ein erstes kleines Ziel, welches du erreicht hast, zum Beispiel dein erstes Wort. Einfach, weil du etwas das erste Mal geschafft hast. Eine neue Rassel oder ein kleines Spielzeug und damit meine ich wirklich eine Sache und nicht die heute vielfach üblichen Überhäufungen von Geschenken, die ganz schnell zu einer Reaktion der Gleichgültigkeit führen. Eine Sache – eine Kleinigkeit. Es kamen Erlebnisse beim Essen, den Dingen, die dir besonders gut schmeckten (nein, nicht schon wieder Spinat!). Menschen in deinem erweiterten Umfeld zu treffen, Geschwister, Großeltern, Onkel, Tanten, Cousins und Cousinen und wen es da nicht alles noch gab. Und jedes Mal begannen deine Scheinwerfer zu leuchten wie Bunsenbrenner.

Auch wenn du stolz auf dich warst, hast du dein inneres Glück nach außen transportiert. Der erste Tag im Kindergarten mit deiner neuen Kindergartentasche. Der erste Schultag, mit Ranzen und Schultüte. Die erste Zahl, die du lesen und schreiben konntest, der erste Buchstabe. Wenn du Hindernisse überwunden hast, die schier übermächtig waren. Plötzlich alleine Roller oder Fahrrad fahren zu können. Ein Gerät, zum Beispiel den Mixer beim Plätzchenbacken, alleine bedienen zu dürfen. Mithelfen beim Weihnachtsbaumschmücken oder die Faschings- beziehungsweise Osterdekoration aufzuhängen. Und ganz besonders hat dein Geburtstag noch das Brennen in dir entfacht.

Wenn du stolz auf dich warst, hast du auch dein inneres Glück nach außen transportiert.

Vielleicht hast du in deiner Kindheit eine kleine Hütte im Wald mit Freunden gebaut, bist einen Baum hochgeklettert, den du nie dachtest, erklimmen zu können, oder, oder, oder …

Als jedoch die Anforderungen immer mehr wurden, als du dir nicht mehr selbst zugestanden hast, dieses Gefühl zu haben, änderte sich die Haltung. Sei es, weil du plötzlich andere Herausforderungen zu meistern hattest oder auch, weil du dem nachgekommen bist, was andere von dir erwartet haben. Vielleicht einfach nicht den Mut hattest, klar zu zeigen, was dir Freude bereitet und dir genau diese zu bewahren, indem du die Dinge tust, die dir guttun. Erinnere dich: Welche Momente der puren Freude sind in deinem Kopf und ab wann wurde es für dich schwieriger, so zu fühlen?

Oder ist es für dich immer noch so leicht wie damals? Wann hast du in deinem späteren Leben das Strahlen in deinen Augen gespürt und versprüht? Als du deinen Schulabschluss in der Tasche hattest, mit Sicherheit bei deiner ersten Umarmung und dem ersten Kuss mit deiner Freundin, deinem Freund oder deiner heutigen Partnerin oder deinem Partner. Höchstwahrscheinlich war die Aushändigung deines Führerscheins ein solcher Moment, das erste eigene Auto zu haben, der Abschluss deiner Prüfung am Ende der Ausbildung oder des Studiums. Besondere Erfolgsmomente im Sport, eine bestimmte Reise oder Momente davon, das Gefühl, sich in der Fremde zu Hause zu fühlen, und ganz klar auch die erste eigene Bude, auch wenn sie noch so klein war.

Wie sieht das bei dir aktuell im Job aus? Strahlst du schon oder arbeitest du noch? Brennst du für deine Aufgaben, für die Menschen, die mit dir die Ziele erreichen sollen und wollen? Erfüllt dich deine Tätigkeit so sehr, dass du dich richtig freust, morgens auf die Arbeit, in dein Geschäft oder wohin immer du möchtest zu gehen?

Viele von uns sind in einer Zeit geboren, in der es hieß: „Hauptsache, du findest eine Arbeit." Das wandelt sich aktuell in großem Stil, da die geburtenstarken Jahrgänge zunehmend in den Ruhestand gehen. Damit steigen die Möglichkeiten, das Angebot für den Einzelnen wird vielfältiger. Vielleicht hast du aber auch in einem Unternehmen angefangen, weil es deine Eltern vorgeschlagen haben, obwohl das überhaupt nicht deinem persönlichen Wunsch entsprach.

Oder du gehörst zu denen, die gerne mal die Tätigkeit und das Unternehmen wechseln – sei es, um den eigenen Horizont zu erweitern oder einer unbefriedigenden Situation zu entkommen. Und schließlich gibt es diejenigen unter uns, die mit ihrer Wahl, an der Stelle, an der sie jetzt gerade sind, und in dem Unternehmen, was sie selbst ausgewählt oder auch aufgebaut haben, total mit sich und ihrem Job im Reinen sind und von innen heraus strahlen, weil sie ihre Berufung zu ihrem Beruf gemacht haben. Und genauso, wie eingangs des Kapitels geschrieben, wirken diese inneren Einstellungen im Handeln, in der Mimik und Gestik, im Glanz der Augen oder eben einer gewissen Mattigkeit, im persönlichen Umgang miteinander, in der Motivation, die gestellten Herausforderungen zu bewältigen und in der Fähigkeit, andere zu begeistern oder eben nicht, nach außen auf alle Mitmenschen.

Das führt bezogen auf das Thema „Führung“, oder bleiben wir gerne bei „Leadership“, dazu, dass es einen eklatanten Unterschied ausmacht, wie viel und wie oft du Freude versprühst, die anderen ansteckst und damit auch ein echter Leader bist.

Stell dir deinen Chef vor als bestenfalls gleichgültig, ansonsten eher unzufrieden, bisweilen etwas mürrisch oder traurig, mit von der Erdanziehungskraft bedrohten Mundwinkeln, matten Augen und einer Verbalisierung, die oft in eine langatmige, unmotivierte, im schlimmsten Fall sogar häufig negative Antwort mündet. Sätze wie „das wird doch sowieso nichts, wir machen bestimmt wieder wie immer die meisten Fehler, ich habe noch sechs Jahre, neun Monate und zwölf Tage bis zum Ruhestand“ kennzeichnen solche Vorgesetzten. Das hat weder mit Charisma noch mit Verantwortungsübernahme zu tun. Dich zu motivieren, dass du dich seiner Richtung anschließt, wird ihm auf diese Art und Weise nicht gelingen. Am besten überlegst du, ob du noch dortbleiben möchtest oder nicht besser die Abteilung oder gar das Unternehmen wechselst. Das ist ja nicht auszuhalten! Wechseln wir die Perspektive schnell wieder.

Du kommst morgens in dein Office. Du hast eine Kleinigkeit mitgebracht. Deine Führungskraft war heute schon früh da und hat den Kaffee aufgesetzt. Als ihr euch das erste Mal an diesem Morgen begegnet, schallt dir ein gut gelauntes „guten Morgen“ entgegen und direkt im Anschluss wirst du gefragt, wie es dir heute Morgen geht, weil ja in zwei Stunden der gemeinsame und wichtige Termin ansteht. Nachdem alle eingetroffen sind, geht ihr am Meeting-Point noch einmal alle Inhalte für später durch. An zwei Punkten klemmt es. Dein Leader sagt: „Kein Problem, lasst uns mal für ein paar Minuten unterbrechen, wir treffen uns gleich wieder, vielleicht hat jemand eine Idee oder wir entwickeln hier gemeinsam noch eine.“ Ein Teammitglied kommt mit strahlenden Augen zurück, stellt seinen Vorschlag vor und erhält als Rückmeldung vom Chef: „Super, können alle den Vorschlag nachvollziehen und mitgehen?“ Dann gibt es Applaus für die Person und noch ein paar richtig motivierende, aber auch beruhigende Worte des Leaders. Alle gehen motiviert, positiv gestimmt und voller Elan in das Meeting. Im Ergebnis stimmt die Geschäftsführung dem Vorschlag zu, alle strahlen und gehen voller Glücksgefühle zurück. Gemeinsam wird kurz der Erfolg betrachtet und der Chef sagt: „Deshalb arbeite ich so gerne hier mit euch. Die Aufgabe ist meine Berufung und ihr seid einfach ein tolles Team!“ Dabei strahlen seine Augen, er wirkt total euphorisiert und ruht in sich selbst. Du merkst, das ist seine Leidenschaft und die ist total ansteckend. Perspektivisch möchtest du in diesem Unternehmen definitiv bleiben und Führungskraft werden.

Na, hat dir das Lesen dieses Abschnitts Spaß gemacht? Dann sorge dafür, dass du etwas tust, wofür ein Feuer in dir brennt. Etwas, dass deine Freude für andere zum Vorschein bringt. Eine Aufgabe, die dafür sorgt, dass dein Umfeld die Kerzen in deinen Augen sieht und nach einer gewissen Zeit erkennen kann, dass das nicht nur deine Kerzen sind, sondern sogar deren eigene, die sich in deinen Augen spiegeln. Hör auf, eine Tätigkeit auszuüben, die dir „nur“ den Lebensunterhalt sichert. Versuche, wirklich zu arbeiten, um zu leben, und nicht zu leben, um zu arbeiten. Es hört sich vielleicht einfach an, aber ich muss dir auch ehrlich sagen, dass das nicht mit einem Fingerschnipsen geht, sondern dass du dich dafür auf deinen Weg machen musst.

Erinnere dich unterstützend gerne immer wieder mal an deine Augenblicke voller Freude in deiner Kindheit beziehungsweise deinem bisherigen Leben. Fühle die Freude und setze dir das Ziel, dieses Bewusstsein in deinem Arbeitsumfeld zu erreichen, indem du die Rahmenbedingungen für andere so gestaltest, dass sie ebenso Strahlen können wie du.

Lass deine Augen strahlen und zünde andere damit an. Zeige ihnen ganz unbewusst, dass du für das Strahlen in ihren Augen stehst. Lass sie erahnen, dass sie bei dir ihr Glück, ihre wahre innere Freude finden. Deine Freude wird sich dadurch vermehren. Sie wird noch stärker, als sie schon ist –

und spätestens wenn das Strahlen deiner Augen deinen Arbeitsplatz heller macht als andere, wird man dich wieder fragen, wie du das hinbekommst. Du musst nur auf die Freude deiner Kindheit blicken – sie steckt immer noch in dir.

Ein bisschen Geduld

Nun ist das mit der Freude so, wie mit jedem schönen Gefühl oder Bewusstseinszustand. Wir hätten gerne mehr davon und das möglichst schnell. Das lässt sich zunächst am besten aus der Elternperspektive beobachten. Du hast als süßer kleiner Fratz gerade dein erstes Lächeln voller Freude verschenkt, die Begeisterung bei deinem Gegenüber kennt keine Grenzen. Leider waren aber nicht alle relevanten Personen anwesend, weshalb kurz darauf ein wahrer Hype einsetzt, um dich wieder und wieder zum Lächeln zu bringen. Was hat man nicht alles mit dir angestellt, um all den vermeintlich noch wichtigen Menschen zu zeigen, wie du dich freust, wenn du sie siehst oder wenn sie dir die Wange streicheln und damit den Lachmuskel zu aktivieren versuchen. Du hattest bisweilen deinen Spaß, denn wenn du fröhlich warst, war deine Umgebung auch fröhlich. Das ging so lange gut, bis sie dir damit gehörig auf den Wecker gingen, denn es gab Momente, da wolltest du einfach nicht lächeln oder fröhlich sein.

Und schwupps, sind wir wieder bei den Erwartungen der anderen.

Auch in der Phase des Aufwachsens, insbesondere bis zum sechsten Lebensjahr, wurdest du immer und immer wieder aufgefordert, Dinge, die du ein erstes Mal erreicht hast, zur

Freude anderer zu wiederholen. Irgendwann hast du wahrscheinlich mal Widerstand geleistet, weil dir einfach nicht danach war. Und schwupps, sind wir wieder bei den Erwartungen der anderen. Oder du hast als kleines Kind eine für dich wirklich, wirklich wichtige Sache geschafft und dich innerlich von Herzen gefreut, sodass deine Augen zu leuchten begannen, doch dein Umfeld hat nicht so reagiert, wie du es gerne gehabt hättest, und dir die gewünschte Belohnung in Form von eigener Freude entgegengebracht.

Manchmal, meist noch ein wenig später, beispielsweise im Grundschulalter, hast du auch immer mal mitbekommen, dass keiner Zeit hatte, um sich für deine Errungenschaft zu interessieren. Du seist ja schon groß und überhaupt ist im Beruf gerade so viel zu tun und es muss noch so viel erledigt werden, von dem man gar nicht wisse, wie man es erledigen solle. Da musstest du langsam lernen, dass sich nicht immer jeder Mensch über das Erreichen deines Zieles freut – zumindest so freut wie du dich selbst.

An diese Stelle gehört ein Einschub zu einem ganz besonderen Thema, welches es zumindest in meiner Kindheit und Jugend nicht gab. Natürlich gab es auch bei mir Situationen, in denen das Echo nicht so ausfiel, wie ich es mir vielleicht ausgemalt habe. Dennoch muss ich ganz klar sagen, dass die Aufmerksamkeit ganz oft vorhanden war. Das hatte sicher den Grund eines gewissen Interesses an dem, was ich und mein Bruder so anstellten. Allerdings, und das ist eine, wie ich finde, bittere Erkenntnis unserer Entwick-

Die übermäßige Ablenkung und Beeinflussung durch technische Spielereien wie Smartphones etc. ist eine bittere Erkenntnis unserer Entwicklung.

lung, gab es definitiv keine übermäßige Ablenkung, Beeinflussung oder Beeinträchtigung der Aufmerksamkeit durch technische Spielereien wie Tablets oder Smartphones.

Es ist wohl kaum messbar, wie viel Beachtung uns allen gegenseitig durch die Nutzung dieser sicher auch nützlichen Errungenschaften entgeht. Unter dem Strich kommt ja noch die mediale Entwicklung der multiplen Expansion von Fernsehkanälen und sogar einer privaten Videothek mittels TV-Stick für zu Hause hinzu. Nicht nur, dass Kinder viel zu oft und viel zu lange mit und vor solchen Geräten geparkt werden. Nein, die eigene Nutzung von uns als Erwachsenen führt doch dazu, dass Lebenszeit verloren geht, während der wir uns ansonsten um unsere Kinder oder Mitmenschen kümmern könnten. Ich möchte nicht pauschal verurteilend wirken. Wenn wir uns alle dennoch einmal selbst ehrlich ins Gesicht blicken und versuchen zu überschlagen, wie viel Zeit am Tag wir gerade wieder vor diesen Geräten verbracht haben, zu welchen Zeiten wir das getan haben und wie oft wir ein solches Gerät in die Hand genommen haben, obwohl wir gerade mit unserer Aufmerksamkeit bei einem anderen Menschen waren oder hätten sein sollen … dann dürfte den meisten unter uns auch bewusst werden, dass wir zahlreiche Chancen zum Erleben gegenseitiger Freude verpasst haben und uns stattdessen durch pure Ablenkung der Unterhaltungsindustrie beziehungsweise der technischen Errungenschaften um Chancen beraubt haben, die aufgrund der währenddessen verflossenen Zeit nicht mehr zurückkehren.

Zeit, die wir vor elektronischen Geräten verbringen, kehrt nicht mehr für Gespräche mit Mitmenschen zurück.

Wenn du diese Beschreibung für dich als zutreffend ansiehst, fang an, die ein oder andere App zu löschen, dir feste Zeiten zuzuordnen, und fang an, die frei gewordene Zeit wieder für die wichtigen Menschen, also auch für dich, zu verwenden!

Noch völlig offen ist, wie die zurzeit aufwachsenden Kinder und Jugendlichen die Auswirkungen ihrer eigenen exorbitanten Nutzung zu spüren bekommen werden. Das ist aber ein anderes Thema. Zurück zur Freude.

Du hast also mehr oder weniger freiwillig gelernt, dass die pure und reine Freude nicht mal eben auf Knopfdruck abgerufen werden kann. Genauso hast du erfahren müssen, dass es Unterschiede in dem gibt, wofür du diese Freude empfindest, und dem wie Mitmenschen mit ihrer Sicht darauf reagieren gibt. Und letztlich hast du in vielen kleinen, manchmal auch herausfordernden Momenten erlebt, dass du selbst mit dir sorgsam und geduldig umgehen musstest, da die Zielerreichung länger gedauert hat als geplant. Wenn du also etwas in Gang gebracht hattest, an dessen Ende du die reine Freude empfinden konntest, dann konnte der Weg dahin manchmal lang und steinig sein, oder etwa nicht?

Das Erleben von Freude durch Zielerreichung ist für deine Führungstätigkeit von enormer Bedeutung.

Sowohl das Erleben dieser Art der Freude als auch die Erfahrungen rund um dieses Thema sind für deine Führungstätigkeit von enormer Bedeutung.

Zum einen gilt das, was als Kind galt, natürlich auch in deiner heutigen Situation. Dein innerer Wunsch nach Freude und Glück ist definitiv noch genauso vorhanden. Vielleicht ein wenig tiefer vergraben, aber er ist da. Für deinen Umgang mit deinem Team und mit dir selbst gilt es, daraus einige

Punkte abzuleiten, die für das Erzielen von Freude von großer Wichtigkeit sind: Geh geduldig mit dir selbst um! Erwarte nicht ständig, diese Freude zu empfinden. Sei dir bewusst, dass du für bestimmte Ergebnisse auch einen bestimmten Einsatz bringen musst – und sei es ein zeitlicher Einsatz, der über deine ursprüngliche Kalkulation hinausgeht. Verströme nicht eine ungeduldige innere Unruhe, die deine Umgebung sehr wohl und sehr empfindsam registrieren kann. Noch schlimmer wäre, wenn du aus innerer Unzufriedenheit wegen deiner eigenen Ungeduld auf dein Team unwirsch und mit großem Druck einzuwirken beginnst, in der Hoffnung, dass sich die Zeitschiene beschleunigen lässt, damit du deine Freude empfindest. Nicht nur würde dein Team möglicherweise rebellieren oder nach mehrmaliger Wiederholung gar vor Abgängen von Mitarbeitenden stehen. Vielmehr noch haben wir ja gelernt, dass das Glücksempfinden des einen nicht zwingend das Glücksempfinden der anderen Personen ist. Du darfst also auf kein Verständnis hoffen. Du bist alleine mit deinem Wunsch. Lass also andere nicht dafür die Verantwortung übernehmen, dass du deine Erwartungen an deinen Moment der Freude hast, sondern übe dich in Geduld. Dein sehnsüchtig erwarteter Moment wird kommen. Manchmal je weniger du daran denkst …

Gib anderen nicht die Verantwortung für deine Erwartungen an manchmal auch unerfüllte freudige Momente.

Jetzt zur guten Nachricht: Du wirst umso eher solche Momente erleben, je mehr du für die anderen tust, um ihnen zu solchen Augenblicken der Freude zu verhelfen. Sei aufmerksam und registriere, wem in deinem Team bestimmte Kleinigkeiten wichtig sind. Hör genau zu, wenn mit dir oder untereinander gesprochen wird (nein, natürlich nicht im Sinne von lauschen, sondern ganz offen), welche Kleinigkeiten mal gelobt oder auch mal kritisiert werden. Dann reagiere! Wie?

Na, jetzt werde aber mal selbst kreativ. Wäre es nicht schön, wenn es für das gemeinsame Meeting etwas Wasser, vielleicht einen Kaffee oder auch mal ein paar Plätzchen gibt. Viele interne Meetings laufen mittlerweile ohne solche Annehmlichkeiten oder man muss sich die gewünschte Versorgung selbst mitbringen. Wie wäre es völlig unvermittelt mal mit einem kleinen bunten Blumenstrauß für die Kollegin am Empfang, die nämlich einen superanstrengenden Job hat?

Oder einfach ein paar lobende Worte in Richtung derer, die sich seit Tagen darum bemühen, eine wirklich unschöne Aufgabe zu lösen. Was kostet schon ein Post-it mit einem „Danke“ für eine freiwillig übernommene Aufgabe oder geleistete Überstunde. Eine Besprechung lässt sich mit einem bunten „Herzlich willkommen“ auf einer Flipchart beginnen.

Dazu gibt es sicher auch Ratgeber und Tipps, welche Möglichkeiten es gibt, den Alltag zu verschönern oder zu versüßen. Wähle dabei die Zeiträume mit Bedacht. Wenn reihum etwas fürs Meeting mitgebracht wird, kann es schnell verpflichtend wirken. Verfahre so, wie du es für angemessen hältst. Bleibt es bei deinen Aufmerksamkeiten und Freude spendenden Aktionen, dann setze sie nicht ständig und schon gar nicht regelmäßig berechnend ein. Dann verlieren sie ihre Wirkung und werden selbstverständlich. Schau dich zur Inspiration auch in den Meetings um, in die du gehst. Auch dort findest du bestimmt ab und an eine kreative Idee, die du ausprobieren kannst.

Für all deine Ideen, für alle Kleinigkeiten, gilt: Nicht die Brechstange ist das Mittel der Wahl. Sei also geduldig mit den Menschen um dich herum, lass ihnen Zeit, sich auf deine Spontaneitäten einzustellen, und erkenne, wem das guttut und wer sich eher ein bisschen zurückzieht.

Eines ist aus meiner Sicht noch wichtig: Versuch bitte, mit diesen Kleinigkeiten möglichst alle irgendwie zu erreichen. Die Stimmung kann ganz schnell kippen, wenn plötzlich diskutiert wird, wer wie oft bedacht wurde. Außerdem beugst du mit einer Maßnahme für alle auch den schnell aufkommenden Gerüchten, ob du seit Längerem einen Lieblingskollegen oder eine Lieblingskollegin hast, vor. Deshalb sind die Möglichkeiten, von denen das gesamte Team etwas hat, die gewinnbringendsten.

Genieße das Strahlen, wenn du eines bemerkst, denn das ist dein Werk. Zumindest die innere Anerkennung ist dir gewiss, manche äußern sich vielleicht dir gegenüber und wieder andere schreiben eventuell ein kleines „Dankeschön“ per Mail. Verbuche diese Feedbacks auf der Habenseite, auf deinem Seelenkonto im Plus. Sieh sie als Kleinigkeiten und lass dir die Freude darüber anmerken. Das darfst du auch ruhig mal aussprechen, dass du dich darüber freust, dass deine Bemühung anerkannt wird. Und schon gebt ihr euch ein gegenseitiges Gefühl der Freude.

Verbuche solches Feedback auf der Habenseite, im Plus deines Seelenkontos.

Du wirst nach einiger Zeit feststellen, dass es gar nicht so schwer ist und die Atmosphäre sich in einem sehr positiven Rahmen hält oder, sich im Falle einer neuen Gewohnheit, sogar verbessert.

Dabei wünsche ich dir und deinem Team ganz viel Freude!

Leidenschaft als Führungskraft

Wie fühlt sich dein Job, deine Tätigkeit, deine Aufgabe zurzeit an? Stehst du morgens voller Elan und Motivation auf, freust dich darauf, in dein Büro oder deine Werkstatt oder was auch immer zu gehen, und kannst es kaum abwarten, mit den tollen Menschen, die dich dort begleiten, jeden Tag aufs Neue Dinge zu bewegen, sozusagen die Welt aus den Angeln zu heben? Oder würdest du dir am liebsten die Decke über den Kopf ziehen, noch besser den Wecker gar nicht erst stellen, weil du schon wieder Bilder im Kopf von den Katastrophen hast, die du für den heutigen Arbeitstag befürchtest? Ganz abgesehen davon, dass die eine Kollegin eine ganz fürchterlich Empfindliche ist, der neue Kollege ständig mit seinem alten Job und der vorherigen Firma prahlt und dein ehemals bester Buddy seit Wochen an deinem Stuhl sägt und es sich so anfühlt, als hätte er es schon geschafft. In deiner Brust zieht sich alles zusammen und deine innere Stimme brüllt dich schon an, was das soll, dass du nach wie vor jeden Tag in diesen Sauladen gehst!

Wenn Letzteres der Fall ist, hilft möglicherweise nur noch ein Jobwechsel. Alternative wäre aber, so zu werden wie die Person in der ersten Schilderung – wenn du es wirklich willst, weil der Job dir im Grunde Spaß macht. Das kann gelingen, ist natürlich ein anstrengenderer Weg, als wenn du, schon bevor du Leader wirst, mit einer offenen Art, einem wachen Blick und vor allem mit ganz viel Spaß an deine Aufgabe herangehst.

Es ist deine bewusste Entscheidung, wie du mit deiner geschenkten Zeit umgehst.

Es ist eine bewusste Entscheidung von jedem Einzelnen von uns, wie wir mit unserer geschenkten Zeit umgehen. Ein

Ansatz, wenn du gerade nicht so begeistert bist, könnte doch sein, dass du dir morgens selbst sagst: „Wenn ich schon aus diesem gemütlichen Bett aufstehen muss, dann mit einem Lächeln auf den Lippen, weil mir ein neuer Tag geschenkt wurde." Dazu ein oder zwei kleine feste Morgenrituale, auf die du dich wirklich freust, ob das eine Tasse Kaffee in Ruhe ist oder einfach die Unterhaltung mit deinem Partner. Oft sind es die einfachen Dinge und Situationen, die du nur bewusster wahrnehmen solltest, um voller Freude in den Tag zu starten.

Der Unterschied für dich und deine Umwelt, deine Mitmenschen, deine Kolleginnen, dein Team ist gravierend, wenn deine Grundhaltung von Freude und Zuversicht geprägt ist. Schon wenn du einen Raum betrittst, ist ein erster Eindruck oft entscheidend – ob du mit hängenden Schultern und eher gelangweiltem Blick ins Meeting kommst oder freundlich lächelst, eine Ausstrahlung hast, die Spaß an deiner Aufgabe signalisiert und alle anderen deine Motivation spüren lässt.

Als Führungskraft oder Leader bist du Vorbild. Du gehst mit deiner Haltung, deiner Einstellung voran. Daran orientieren sich andere und adaptieren in gewisser Weise ein Stück deiner Realität. Nicht nur wenn es um die zu erzielenden Ergebnisse geht, ist das von großer Bedeutung. Gerade und alleine schon für deine Führungsaufgabe solltest du brennen im positiven Sinne. Weiter vorne war in Begriffsdefinitionen von einer charismatischen Person die Rede, die andere begeistert und motiviert. Das kann nur mit einer Einstellung der inneren

Als Führungskraft oder Leader bist du Vorbild und gehst mit deiner Haltung, deiner Einstellung voran.

Freude gelingen. Du bist der Leuchtturm, an dem sich die umherschippernden Boote orientieren. Der Ruhepol und Fels in der Brandung, der anzeigt, in welche Richtung es geht, dass die Aufgaben mit Engagement zu bewältigen sind, und in schwierigen Gewässern das Zeichen setzt, dass am Ende alles gut wird. Und das wird es, wenn deine Einstellung auch dementsprechend optimistisch ist.

Natürlich wird es Tage geben, an denen dir diese Haltung schwerer fällt als an anderen. Dann helfen vielleicht Überlegungen, was denn schlimmstenfalls oder bestenfalls passieren könnte. Selbstverständlich gibt es auch Momente im Leben, beispielsweise wenn eine traurige Nachricht zu verkraften ist, in denen die Freude nahezu verschwunden scheint. Dann wiederum wirst du von anderen Personen wieder aufgefangen und auf den optimistischen Pfad zurückgeführt, weil die von dir gesäte Grundhaltung dazu geführt hat, dass die anderen dir diese Kraft wieder zurückgeben können.

Über eins solltest du dir dabei ohnehin im Klaren sein: Jede Medaille hat zwei Seiten. Bevor du einen Erfolg feierst, musst du in der Regel eine Leistung erbringen. Bevor ein Regenbogen zu sehen ist, muss es regnen oder geregnet haben. Wenn die Sonne am hellsten scheint, hast du immer deinen Schatten bei dir. Es gibt zahllose Bespiele, dass das Leben eben genauso funktioniert und nicht nur aus einer Hälfte besteht. Das gibt Sicherheit. Du kannst also davon ausgehen, wenn es gerade schattig, regnerisch oder wenn es im Leben, in der Familie und genauso im Job mal nicht rund läuft, dass es bald wieder besser wird. Es ist nur eine Frage der Zeit und des

Über eins solltest du dir ohnehin im Klaren sein: Jede Medaille hat zwei Seiten.

Gedankens, ob und, wenn ja, was du selbst dazu beitragen kannst.

Deine Leidenschaft für Führung schafft demnach kein Leiden für andere, sondern führt allen vor Augen, dass diese Aufgabe genau das ist, was du immer erreichen wolltest. Es soll sich anfühlen wie die Erfüllung eines Herzenswunsches. Hältst du einen Vortrag, eine Präsentation, lass die Teilnehmenden deine Begeisterung, deinen Enthusiasmus spüren. Da darf ruhig auch ein gewisses Temperament drin liegen. Dass die Zuhörer an deiner Begeisterung teilhaben können, spricht absolut für dich.

Führst du Einzelgespräche mit Mitarbeitenden, kommt es natürlich immer auf das Thema an, wie weit du in der Emotionalität gehen darfst oder solltest. Verwechsle nicht die innere Freude mit dem Spaß um des Vergnügens willen. Das wird ganz schnell bemerkt, wenn du nur scheinbar fröhlich und freudig engagiert bist und wenn die Tür zu ist, marschierst du in den Keller zum Lachen. Im Gegensatz zum Optimismus, dem wir uns im nächsten Kapitel widmen, geht es bei der Freude um den aktuellen Moment. Also wo bin ich gerade, wie geht es mir und was in diesem Augenblick bereitet mir Freude? Manchmal ist es vielleicht die Anstrengung im Wissen, in Kürze wieder einen Haken an die Aufgabe machen zu können und das Strahlen in die Augen zu bekommen, ein echt schwieriges Thema oder Projekt erledigt zu haben.

Hältst du einen Vortrag, lass die Teilnehmenden deine Begeisterung, deinen Enthusiasmus spüren.

Nimm dir doch auch im Büro eine gezielte, ganz kurze Auszeit von ein oder zwei Minuten und denke an deine Kindheit zurück. Wo sind die Ansatzpunkte, die dafür gesorgt haben, dass du dieses wohlige Freudegefühl in dir spüren durftest? Schließ ganz kurz die Augen und tauche für einen Moment in dieses Gefühl ein. Herrlich … schlag die Augen wieder auf und denke darüber nach, welcher deiner nächsten Schritte dich zu genau diesem Gefühl führen könnte. Wenn die Gänsehaut am Körper für einen kurzen Moment kommt, überlege schnell, was für einen vergleichbaren Moment in deiner jetzigen Aufgabe genau dieses Erleben neu entflammen könnte.

Ein nicht zu vernachlässigender Aspekt ist, dass du deine Freude, deinen Spaß an der Arbeit in die Rahmenbedingungen einbetten solltest. Das heißt, dass viele Menschen zwar Leadership schätzen, aber nicht in einem völlig prozesslosen Raum. Denn wenn du schon zulässt, dass mit Freude gearbeitet wird, dass durch gegenseitiges Vertrauen und das liebevolle Grundgefühl Ergebnisse kreativ erzielt werden können, dann sollte auch allen bewusst sein, auf welchem Weg die Ergebnisse dann umgesetzt werden können, also wie der Ablauf des Prozesses der unmittelbaren Anwendung der Arbeitsergebnisse funktioniert. Dadurch ist nicht nur der Moment der inneren Freude über ein erreichtes Ziel gewonnen, sondern auch die Aussicht auf mindestens einen weiteren Moment nach der Implementierung vorhanden. Und was treibt mehr an als ein Moment der puren Freude, wenn es um die eigene Motivation geht?

Getreu der sicher nicht von der Hand zu weisenden Annahme, dass sich diese Glücksgefühle auch wieder aufbrauchen, ist darüber hinaus eine regelmäßige Investition in die Zukunft, damit auch dort Freude gedeihen kann, unerlässlich. Nimm das Gefühl bei vollem Bewusstsein wahr und denke in diesem Moment darüber nach, was du an andere in

Führe mit Leidenschaft, die Freude macht. Jeden einzelnen Tag aufs Neue!

deinem Umfeld weitergeben kannst. Sieh es als Investition, es wird zu dir zurückkommen. Zeige, dass du voller Fröhlichkeit steckst, auch und gerade in den Momenten, wo es anderen schwerer fällt. Stehe als Führungskraft oder als Mitarbeitende für Heiterkeit und Frohsinn. Dadurch wird das Arbeiten, aber auch das Leben leichter. Genieße dein Glück und teile es mit anderen, sodass diese Menschen teilhaben können und genauso oft wie du dieses Ursprungsgefühl erleben, ja mehr noch, zu einem Teil ihrer selbst machen. Denk immer auch daran, dass es schon eine pure Freude ist, jeden einzelnen Tag auf dieser herrlichen Erde verbringen zu dürfen. Freue dich über deine Gesundheit, darüber, dass morgens die Augen aufgehen, dass du zwei gesunde Beine hast, dass du ein Team führen darfst. Klar hat gestern vielleicht etwas nicht geklappt, aber scheint nicht heute schon wieder die Sonne? Führe mit Leidenschaft, die Freude macht. Jeden einzelnen Tag aufs Neue. Erwecke die Gabe des Träumens wieder zum Leben und träume richtig groß, dass dir der Atem stockt – es bleibt unter uns, versprochen!

5 Optimismus – Eine Frage der Einstellung

Auf den ersten Blick sind Freude und Optimismus ganz eng miteinander verbunden. Bei näherem Hinsehen gibt es aber einen wesentlichen Unterschied: die zeitliche Relevanz. Während die Freude ganz akut den jetzigen Zeitpunkt betrifft, es sei denn, es handelt sich um pure Vorfreude oder eine Erinnerung, richtet sich Optimismus grundsätzlich eher in die Zukunft. Aber blicken wir auch dazu erst einmal zurück.

Wenn du nicht optimistisch auf die Welt gekommen wärst, wie hättest du all das erreichen können? Was auf dem Weg ins Berufsleben daraus geworden ist, steht auf einem anderen Blatt. Du kannst dir sicher vorstellen, dass neben der Freude ein großes Maß an Vorfreude und eine optimistische Grundhaltung die Ereignisse beeinflussen, die auf dich, auf uns alle, zukommen. Es macht definitiv einen Unterschied, ob du im Sinne einer selbsterfüllenden Prophezeiung pessimistisch oder optimistisch durch das Leben spazierst. Es wird dir auch nicht egal sein, ob du mit düsteren Gedanken das Schlimmste oder zumindest kein gutes Ergebnis erwartest. Ob du erwartungsfroh, positiv gestimmt über das bist, was da so kommen mag oder sogar sehr zuversichtlich, dass genau das eintritt, was du dir erhofft und erwartet hast, deine Haltung bestimmt. Wie viel Stress und Druck ersparst du dir damit? Wie viel leichter fällt es dir und deiner Umgebung, die Ungewissheit auszuhalten, denn in deinen Augen ist es kaum eine. Wie viel erwartungsfroher ist deine Ausstrahlung, da du ja in Erwartung eines positiven Ereignisses bist.

Wirf deine Zweifel über Bord, mach die Leinen los und ergreife das Steuer!

Wirf deine Zweifel über Bord, mach die Leinen los und ergreife das Steuer – werde Führungskraft, wenn du es noch nicht bist! Das wird schon gut gehen, wenn du bereit bist, in dich zu investieren. Natürlich musst du für dein Ziel auch etwas tun, aber wenn du dir selbst bewusst bist, dass es das ist, was du möchtest, dann leg los und lass dich nicht bremsen.

Mit welcher Einstellung wurde wohl Amerika entdeckt? Wie hat Einstein seine Formel gefunden? Wie ist es möglich, dass Außenseiter im Sport immer wieder für Überraschungen sorgen? Und welche Grundeinstellung wählst du ab heute?

Das Glas ist voll

Es gibt den schönen Satz: „Das Einfachste war für mich, eine große Summe Geld zu verdienen. Das Schwierigste war, daran zu glauben, dass ich es tatsächlich kann."

Als Newcomer kennst du den Unterschied zwischen einem vollen, einem halb vollen und einem leeren Glas nicht. Du beobachtest am Anfang nur. In den Monaten danach und sogar in den Anfangsjahren wirst du auf jeden Fall permanent motiviert, angefeuert und bestärkt darin, dass du das, was du erlernen willst oder sollst, auch schaffst. Ich kenne zumindest niemanden, der voller Pessimismus und Resignation den Gedanken hatte: Mein Kind wird das Laufen nicht erlernen. Dafür ist es einfach nicht geeignet. Gerade wenn du mal mit dir selbst gehadert hast, dein Optimismus an Grenzen

Das Einfachste war, viel Geld zu verdienen. Das Schwierigste war, daran zu glauben, dass ich es wirklich kann.

stieß, waren deine Eltern da und haben dir wieder eine optimistische Haltung vermittelt und dich unterstützt.

Irgendwann, nach ein paar Jahren, in denen du zu einem „gestandenen" Kind geworden bist, gab es keine Frage mehr nach der Sichtweise. Für dich war das Glas stets voll, etwas anderes kam gar nicht infrage. Du kanntest kein Zögern, du zweifeltest nicht an dem, was möglich ist, und wenn du ausgebremst wurdest, hast du so lange nach dem „Warum" gefragt, bis deine Umwelt entnervt aufgab und du ans Ziel kamst oder ohne Antwort stehen bliebst. Das Ganze gelang dir, ohne dass dir jemand erklärt hätte, wie Optimismus geht und schon gar nicht, wo der Unterschied zwischen optimistischer und pessimistischer Einstellung liegt. Du hattest diese innere Gewissheit, diese unerschütterliche Einstellung, dass sich die Dinge für dich positiv entwickeln. Anfangs der Schulzeit nach deinem Berufswunsch gefragt, kam wie aus der Pistole geschossen „Feuerwehrmann" oder „Prinzessin". Du hast dich nicht damit beschäftigt, ob es möglich ist, wie das geht, geschweige denn die Frage gestellt, ob es diese Berufe überhaupt gibt. Nein, das, was du aus Erzählungen gehört hast, was dir vorgelesen wurde, was du aus irgendwelchen Radio-, Fernseh- oder sonstigen Übertragungen aufgeschnappt hast, war gesetzt und damit erreichbar. Für dich war alles möglich und deine Zuversicht kannte keine Grenzen.

Für dich war alles möglich und deine Zuversicht kannte keine Grenzen!

Je älter du wurdest, umso eher beschlichen dich erste Zweifel. Zudem hast du Erfahrungen gemacht, die deine Einstellung entweder realistischer werden ließen oder sie sogar getrübt haben. Freunde, die dir sagten, „das geht doch nicht" oder „das gibt es nicht", nahmen nach und nach Einfluss auf dich. Die meisten von uns adaptieren dann gewisse Meinungen, fügen sich in die Welt, deren Rahmen plötzlich kleiner wird, sollen Verständnis aufbringen, dass es nicht immer nur das gewünschte Ergebnis geben wird. Einige hinterfragen dann, warum es nicht geht, bringen unkonventionelle Ideen und Vorschläge ein, um auch damit wieder vor der Meinung der anderen zu kapitulieren. Vielleicht gehörst du zu den Hinterfragenden und hast dich in der Zeit zwischen 12 und 17 sogar irgendwann in deine Welt zurückgezogen. Dann ist dir bestimmt das Etikett des Tagträumers verpasst worden. Möglicherweise hast du dich in Fantasiewelten von Büchern und Texten geflüchtet, hast vielleicht sogar eigene Gedichte oder Texte geschrieben. Alles ganz heimlich, damit niemand davon erfährt beziehungsweise du nicht auch noch diese kleine heile Welt zerstört bekommst. Denn dort konntest du dir weiter ausmalen, dass alles erreichbar ist, dass Helden und Heldinnen geboren werden, dass mit der unerschütterlichen, optimistischen Einstellung eben keine wirklichen Grenzen gesetzt sind.

Solltest du deine unerschütterliche Haltung nach außen getragen haben, magst du manchmal sogar als Spinner oder Narr angesehen worden sein. Nur diejenigen unter uns, die in diesem Alter schon so stark sind, dass für sie die Meinung anderer überhaupt keine Rolle mehr spielt, schaffen es, durchzuhalten, sich ihre Einstellung zum Leben in allen Bereichen zu erhalten und unerschütterlich ihren Weg zu gehen. Die meisten fallen jedoch in die Schranken, in die sie verwiesen werden. „Sieh die Dinge doch mal realistisch. Du kannst doch nicht den ganzen Tag mit dieser rosaroten Brille durch die Weltgeschichte spazieren.“ Solche oder ähnliche Aussagen dürften dir auf diesem Weg begegnet sein. Dabei geht es gar nicht darum, alles rosarot zu sehen, sondern darum, sich trotz des Bewusstseins, dass das Leben manchmal anders verläuft als geplant oder gewünscht, du dir selbst die Grundhaltung einer positiven Sichtweise nicht vernebeln lässt, sondern an dich glaubst und dem Lauf der Dinge vertraust.

Klar hattest du mutmaßlich zum Beispiel ein Plakat deiner Familie, wenn du Abi geschrieben hast, um dir Unterstützung zu signalisieren. Bestimmt hattest du Anrufe deiner Verwandtschaft, die dir die Daumen drückten, dass du im Vorstellungsgespräch erfolgreich bist. Höchstwahrscheinlich haben auch alle mitgefiebert bei deiner Führerscheinprüfung oder der Abschlussprüfung deiner Ausbildung oder deines Studienabschlusses. Das waren unterstützende Momente und keine Bestärkungen deiner inneren Einstellung. Da du nun aber schon mal von Grund auf über diese positive Einstellung verfügt hast, kamen manche, die dieses Thema nicht losgelassen hat, mit entsprechender Literatur in Berührung, haben sich fortgebildet oder durch positive Erfahrungen wieder auf den Pfad des Optimismus führen lassen.

Nun stehst du also vor der Entscheidung, Führungskraft zu werden, und hast die Wahl: Wirst du ein realistischer, stets abwägender und pessimistisch-vorsichtiger Vorgesetzter oder lässt du deine optimistische Grundhaltung zu, vermittelst diese und lebst sie konsequent vor, damit Mitarbeitende daran wachsen können? Es ist an einer Weggabelung immer die gleiche Frage: Was möchtest du selbst erleben? Versetze dich in die Situation des Teams und fühle, welche Richtung in diesem Moment die Richtige ist. An ganz bestimmten Weggabelungen kann es passieren, dass du zu der Erkenntnis kommst, noch mal eine kleine Extrarunde drehen zu müssen.

So what? Dann ist es so, das hat noch immer dazu beigetragen, dass der Lerneffekt groß war.

Du bist schon in einer Führungsposition? Super, welches Feedback bekommst du, wie deine innere Einstellung ist? Positiv optimistisch, verbindlich und entscheidungsfreudig oder eher zaudernd, entscheidungsschwach und eher negativ pessimistisch? Du kannst dir dazu auch sehr gut Rückmeldungen abholen, wenn du deinem Bauch noch nicht genug Vertrauen schenken kannst, um diese Frage zu beantworten. Sprich mit den Menschen. Im schlimmsten Fall bekommst du eine kritische Rückmeldung, dann weißt du aber, woran du arbeiten kannst. Ganz ähnlich wie bei der Freude am Führen, der Freude am Job oder der Freude über die Aufgaben, die du gerade hast, ist deine Haltung spürbar durch deine Ausstrahlung. Kleine Gesten verraten dich. Die meisten Gedanken, die du aussprichst, lassen schnell erkennen, wessen Geistes Kind du bist.

Schlimmstenfalls bekommst du eine kritische Rückmeldung. Dann weißt Du wenigstens woran du arbeiten kannst.

Stell dir vor, wie entspannt die Situation ist, wenn du als Leader mit einem Lächeln vorangehst. Wenn du deutlich aussprichst, dass du dir zu 100%, nicht zu 99%, zu 100% sicher bist, dass ihr als Team diese Leistung erbringen könnt, ja erbringen werdet. Male dir aus, welche Kraft du damit entfaltest. Egal, ob ein Teammitglied gerade mehr oder weniger optimistisch ist, du spürst förmlich den Ruck, der durch dein Team geht. Die, die ohnehin zuversichtlich und mutig gestimmt sind, reißen die skeptischen und die realistischen Zeitgenossen mit. Auf diesem Weg kommt eine erstaunliche Dynamik auf, die alle mit ganzem Herzen, eben zu 100%, an eurem Projekt arbeiten lässt.

Es gibt natürlich Abhängigkeiten. Momente, in denen ihr von anderen Aufgabenbereichen im Unternehmen abhängig seid. Da läuft es vielleicht nicht so gut. Es kann Rahmenbedingungen geben, die eine Aufgabe schwieriger oder auch leichter erscheinen lassen. Deshalb ist es enorm wertvoll, wenn du im Vorfeld diesen Rahmen schon sondiert hast. Im Ergebnis hilft es dir nicht, wider besseres Wissen deine Energie, deinen Optimismus zu versprühen. Deshalb ist die rosarote Brille auch ein schlechtes Beispiel, denn sie ignoriert alle Rahmenbedingungen.

Wenn du den Rahmen aber kennst, rennst du nicht blindlings darauf los. Es geht an dieser Stelle vielmehr darum, diese Grundhaltung zu haben und sich auf die gesuchte Lösung oder das gewünschte Ergebnis zu fokussieren. Das macht den Unterschied aus zu sogenannten Berufsoptimisten, die ohne inhaltliches Wissen das Glas als voll ansehen und dir das Blaue vom Himmel erzählen.

> ***Es geht darum diese Grundhaltung zu haben und dich auf das gewünschte Ergebnis zu fokussieren. Das macht den Unterschied aus.***

Du kennst aber den Rahmen. Du kennst auch Dinge, die nicht so schön aussehen. Gerade weil du diesen Vorsprung hast und deinem Team auch an bestimmten Punkten signalisieren kannst, hier wird der Weg steiniger oder wir haben gerade Kopfsteinpflaster, wird dir deine optimistische Einstellung abgenommen. Weil du sie trotz dieser Kenntnisse hast und weil du dein Team auf das, was da kommt, vorbereiten kannst. Sie werden gerade deswegen erkennen, dass du dich auf die Lösung und nicht auf die Probleme fokussierst. Räume den Spielraum ein, auf diesem Weg auch umkehren zu dürfen, Abzweigungen zu überprüfen und im

Zweifel auch noch mal von vorne zu beginnen. Durch die Erfahrungen lernt ihr alle und überholt die Bauchgrummler, die ständigen Pessimisten, die nur auf das Problem schauen, mühelos.

Ich weiß, das ist manchmal gnadenlos schwer. Denn die Zweifler stehen an vielen Ecken deiner Gehirnwindungen. Manche gönnen dir ja auch deinen Erfolg oder den Erfolg deines Teams nicht. Auch diese Heckenschützen musst du aushalten und deinen Leuten immer wieder deutlich machen, dass ihr nur auf euch schaut und weder weichgespülte „hätte, könnte, müsste mal"-Kollegen noch die „ich habe es doch gleich gewusst"-Fraktion und schon gar nicht die „ihr werdet schon sehen, was ihr davon habt"-Gruppe euch von eurem Weg abbringen kann. Mehr noch, dass du derjenige oder diejenige bist, der oder die vorneweg läuft, den Prellbock spielt und diese Problemsucher abfängt, deine unerschütterliche Einstellung nicht verlierst, was da auch kommen mag, sodass dein Team in aller Ruhe weiterarbeiten und zum Ergebnis kommen kann.

Durch Erfahrungen lernst du und überholst die ständigen Pessimisten, die nur auf das Problem schauen, mühelos.

Sei der kontinuierlich optimistische Leader – dann ist dein Glas immer voll!

Erfahrung und Neuanfang

Als kleines Kind hatte ich ein Trinkgefäß, was mancherorts als „Wippedippe" bezeichnet wird. Das war ähnlich konzipiert wie die sogenannten Stehaufmännchen. Bei der Herstellung wird im Boden des Gegenstandes, der halbrund ist, ein Schwerpunkt mittels des Materials gesetzt. Dadurch kann die Tasse oder das Spielzeug nicht umkippen. Es schwankt und kann mit dem oberen Rand bis auf den Boden gedrückt werden; wie von Geisterhand richtet sich das Männchen wieder auf beziehungsweise wippt die Tasse voller Elan wieder zurück. So oder so ähnlich lässt sich unser Leben durchaus auch beschreiben. Zumindest, wenn die innere Einstellung stimmt.

Wie alle in diesem Buch beschriebenen Bewusstseinszustände ist auch dieser erst einmal einfach da. Einfaches Beispiel ist an der Stelle zum wiederholten Mal das Laufen lernen. Du machst eine Erfahrung, indem du auf die Knie oder auch mal noch unglücklicher fällst, und stehst immer wieder auf, probierst und probierst, bis du letztlich auf deinen wackeligen Beinen stehst, die durch stetes Üben und trainieren immer stabiler werden. Dein unverständliches Babygebrabbel mit Gurgelgeräuschen, Jauchzen und Geschrei mündet irgendwann in ein erstes Wort. Egal, wann oder was es ist, du bist nur durch ständige Erfahrung im Hören und durch Ausprobieren, also das Brabbeln, so weit gekommen, dass es irgendwann geklappt hat.

Erinnerst du dich an Schrammen an Händen und blutende Knie, als du Roller oder Fahrrad fahren gelernt hast. Ja, selbst viel später, als du das alles schon konntest, bist du vielleicht mal gestürzt und hast die Erfahrung eines Fahr- oder Steuerungsfehlers gemacht. Egal, was passiert ist – du hast immer wieder von Neuem angefangen. Selbst Schmerzen haben dich nicht von neuen Versuchen abhalten können. Balancieren – kein

Egal, was passiert ist – du hast immer wieder von Neuem angefangen.

Problem. Von immer mehr Treppenstufen springen – Kinderspiel. Auf Bäume klettern, auch wenn du nicht wusstest, ob und wie du wieder runterkommst – liebend gerne. Türme bauen oder Sandburgen, von der Schaukel oder dem Klettergerüst springen, Pflanzen anfassen, auch wenn eine Brennnessel darunter war – du hast dich durch nichts und niemanden in deinem Optimismus erschüttern lassen.

Während des Aufwachsens hieß es dann immer wieder, dass der Ernst des Lebens beginnt, und du hast dich gefragt, was das sein soll. Du bist einfach in den Kindergarten und die Schule gegangen und hast gelernt und gearbeitet, so gut du es eben konntest. Fragte man dich, was du mal werden willst, entsprachen die Antworten deinen damaligen Spielgewohnheiten, weil einfach alles noch so weit weg war und du dir darüber in der Grundschule sicher keine „erwachsenen" Gedanken gemacht hast. Wenn du eine Fünf oder Sechs in der Klassenarbeit mit nach Hause gebracht hast, hast du trotzdem weiter gelernt, weil du einfach davon überzeugt warst, dass du die Versetzung, den Abschluss oder eben einfach die nächste Arbeit gut hinbekommst.

Später hattest du Liebeskummer und wahrscheinlich beim ersten Mal gedacht, dass dieser dich umbringt, weil es so schlimm war, oder zumindest dir geschworen, dass du so etwas nie wieder machst. Und? Du hast deine Erfahrung gemacht und trotzdem irgendwann den Neuanfang gewagt. Denkbar ist, dass du durch die Führerscheinprüfung gefallen bist. Hast du deshalb auf deinen Führerschein verzichtet oder es noch mal versucht? Wie viele Zeitungs- oder Online-Inserate musstest du lesen, wie viele Telefonate führen, bis du deinen ersten Mietvertrag abschließen konntest? Für ganz viele: Wie viele Lottoscheine hast du schon abgegeben und tust es trotz regelmäßigen Defizits beim Spieleinsatz weiter?

Wahrscheinlich ließe sich eine beinahe endlos lange Liste erstellen mit all den Dingen, die wir tun, obwohl wir schon mal eine oder mehrere negative Erfahrungen gemacht haben. Das Muster ist: Hinfallen, aufstehen, Krönchen richten, weitermachen. So einfach geht das. Was nicht heißt, dass du nicht auch mal einen Moment innehalten oder liegen bleiben darfst. Wichtig ist, dass du mit dem Gesicht nach oben liegst, denn dann kannst du immer noch den Himmel oder die Sterne sehen. Aufstehen kannst du sowieso. Entscheidend ist, dass du einmal mehr aufstehst, als du hinfällst. So einfach lässt sich das zusammenfassen. Das erreichen zwar viele, aber bei Weitem nicht alle. Denn auch du kennst bestimmt Menschen, die sich in ihre missliche Situation ergeben und nicht die Kraft finden, wieder aufzustehen. Reich ihnen die Hand und hilf ihnen hoch, damit dich auch jemand unterstützt, wenn du Hilfe brauchst.

Das Muster ist: Hinfallen, aufstehen, Krönchen richten, weitermachen. So einfach geht das.

Daraus ergeben sich fast zwangsläufig die Schlüsse, die du als (angehende) Führungskraft ziehen solltest. Wenn doch ohnehin diese Grundeinstellung in dir steckt, prüfe einfach, wer deine Hand braucht, weil er oder sie nicht mehr von alleine diese innere Einstellung auf die Straße bringt. Schau dich um und höre genau zu, was dir andere Menschen erzählen. Aus ihren Worten kannst du direkt oder zwischen den Zeilen entnehmen, welche Haltung sie mitbringen. Manche haben sich eine regelrechte Gewohnheit daraus gemacht, zuerst die Zweifel in den Raum zu stellen. Diese Personen sind natürlich wesentlich schwerer wieder von ihrer Gewohnheit abzubringen, aber auch das kann gelingen. Nicht nur durch dich als Positivbeispiel, sondern auch in dem er oder sie bereit ist, die negativen Gewohnheiten durch positivere Gewohnheiten zu ersetzen. Ein Streichen der zweifelhaften und eher pessimistischen Einstellung wird eher nicht gelingen. Aber ein Austausch gegen eine neue, optimistische Gewohnheit sollte nach 30 bis 60 Tagen zu erreichen sein.

Es gibt allerdings einen weiteren wichtigen Punkt in diesem Zusammenhang, und das ist die gelebte Fehlerkultur in deinem Team. Oft genug finden wir in Unternehmen formulierte Leitlinien, wie mit diversen Dingen umzugehen ist. Ein Leitbild, Compliance-Leitlinien, einen Führungskodex, oder so ähnlich werden diese niedergeschriebenen und rahmengebenden Sätze gerne genannt. Blickst du aber in das Unternehmen (wenn du dort arbeitest), stellst du nach wenigen Wochen oder Monaten fest, dass diese Formulierungen ja ganz gut klingen, aber nicht wirklich gelebt werden. Mal liegen sie in der Schublade, bei manchen sind sie vielleicht an der Wand aufgehängt. Das ist fatal!

Wenn du einen kultivierten Umgang mit Fehlern haben möchtest, musst du ihn vorleben. Dann sollten Fehler erlaubt sein und keine rabiaten Konsequenzen nach sich ziehen. Das sind die Erfahrungen, die dich, die das gesamte Team und letztlich das Unternehmen weiterbringen. Sie sind dringend nötig, um daraus lernen zu können. Wenn du als Leader dieses Versprechen eingehst und schließlich im Falle eines Falles nicht einhältst, verlierst du das Vertrauen, Teammitglieder bleiben liegen, statt aufzustehen. Damit ist kein Neustart mehr möglich oder erst mit ganz viel Energie noch mal hinzubekommen. Mach es dir nicht so schwer.

Wenn du einen kultivierten Umgang mit Fehlern haben möchtest, musst du ihn vorleben.

Bestärke alle darin, dass Fehler Erfahrungen sind und Weiterentwicklung bedeuten. Erzähle Geschichten aus deiner beruflichen Karriere, als du Erfahrungen gemacht hast, die sich für dich nicht schön angefühlt haben, die aber nach einiger Zeit dafür gesorgt haben, dass es signifikant vorwärtsging. Ich bin mir sicher, du hast einige solcher Beispiele in deinem Erfahrungsschatz, von denen die anderen profitieren könnten. Wenn du selbst damit zu kämpfen hast, dass deine Führungskraft ein Zauderer, Zögerer oder Ähnliches ist, kannst du trotzdem als Optimist mit gutem Beispiel vorangehen. Vielleicht braucht dein Chef an dieser Stelle Unterstützung. Möglicherweise ist er sogar dankbar dafür. Probiere es aus, denn nichts ist schlimmer, als nichts zu tun und sehenden Auges in eine katastrophale Lage zu geraten.

Bestärke andere darin, dass Fehler Erfahrungen sind und Weiterentwicklung bedeuten.

Es ist irgendwann nicht mehr so wichtig, wer was wann getan und was gegebenenfalls verursacht hat. Wichtig ist, dass Dinge angepackt werden. Stell dir vor, all die vertanen Chancen versammeln sich in deiner Gemäldegalerie des Lebens und rufen dir zu, dass du sie hättest nutzen können und kein anderer in diesem Moment. Aber du hast es nicht getan – und deshalb werden sie am Ende auf den reichsten Plätzen der Welt verkümmern: auf unseren Friedhöfen. Denn dort liegen die meisten nicht genutzten Chancen vergraben.

Was wäre, wenn dazu gerade die Chance für deine berufliche oder persönliche Weiterentwicklung gehören würde? Was, wenn der Schlüssel für euer Teamproblem zu Grabe getragen werden muss, weil sich keiner getraut hat, es auszusprechen? Wem würdest du die Verantwortung geben können für einen Neuanfang, den du nicht gewagt hast? Einzig und allein dir selbst, du musst damit zurechtkommen.

Keine Ahnung, wie viele Versuche Erfinder großer Errungenschaften benötigt haben, bis der Prototyp fertig und nutzbar war. Ich weiß auch nicht, wie viele Versuche Sportler im Training absolvieren, bis sie endlich eine Leistung nach ihren Vorstellungen oder eine Qualifikation für einen Wettkampf schaffen. Du solltest dir überlegen, dass es manchmal sinnvoller ist, mit einem 70-prozentigen Entwurf an den Start zu gehen und den Rest im Laufe des Prozesses quasi durch „learning by doing“ herauszufinden und zu integrieren. Das hat zudem den Riesenvorteil, dass dein Team schneller ist als andere. Während andere ihre nahezu 100% passende Version ein halbes Jahr später an den Start bringen, entwickelt ihr gerade die Version 2.0 und seid schon wieder einen Schritt voraus, weil die abgestellten Fehler euch nach vorne katapultieren: Klingt gut oder?

Erkenne und vermittle den überaus wichtigen Zusammenhang von Erfahrung und Neuanfang an dein Team. Implementiere den positiven Grundgedanken, gekoppelt mit einer echten und gelebten Fehlerkultur. Unterstütze, wenn beim Neuanfang Unterstützung benötigt wird, mental wie ressourcenbezogen. Bringe den Geist und die Haltung unseres Kindesalters ein. Gewinne durch Erfahrung und mach dir die unerschütterliche Grundeinstellung der positiven Erfahrungsumwandlung zu Nutzen.

Implementiere positive Grundgedanken, gekoppelt mit einer echten Fehlerkultur und unterstütze, wo es nötig ist.

„Ja, aber …“

Neu und unerfahren auf der wunderschönen Erde heißt es nachmachen, abschauen und ausprobieren. Alles ohne Einschränkung, ohne hinterfragen – einfach machen. Siehst du, wie sich deine Eltern verhalten, machst du es genauso. Hörst du, wie sie reden, sprichst du ihnen nach. Bemerkst du, dass sie die Schuhe ausziehen, wenn sie nach Hause kommen, wirst du es ihnen gleichtun. Du schaust dir ab, wie das Besteck gehalten wird, dass du das Glas erst kippst, wenn es schon an deinen Lippen ist und so weiter und so weiter. Gerade beim Sprechen führt das manchmal zu unfreiwillig komischen Situationen, die deine Eltern vielleicht gar nicht so lustig fanden. Zum Beispiel, wenn du deinen neuen Wortschatz gegenüber den Nachbarn ausprobierst, aus dem Kindergarten die Rückmeldung kommt, dass du seit Neuestem laut rülpst statt leise aufstößt oder wenn du lauthals im Supermarkt mit voller Überzeugung fragst, für was diese Packung mit den leuchtenden Gummis ist, die Papa neulich gekauft hat. Auf jeden Fall ist die Welt zu dieser Zeit noch einfach. Keine Zweifel, ob du das jetzt sagen darfst oder nicht, plagen dich.

Mit der Kita und erst recht mit Beginn der Schule wird es komplizierter. Plötzlich wird dir beigebracht, dass zwischen „ja“ und „nein“ noch Dutzende Nuancen liegen. In Farbe ausgedrückt wird die Welt jetzt bunt oder zumindest zwischen schwarz und weiß grau, in den unterschiedlichsten Abstufungen. Verwirrend ist es insbesondere, wenn du eine Antwort im Sinne von „ja“ erhältst, die unmittelbar noch weitere Erklärungen enthält und im Extremfall mit einem „aber“ ergänzt wird. Du denkst dir: „Was denn nun?“ Du kannst dir meist erst mal keinen Reim darauf machen, bis sich diese Methode immer und immer wieder wiederholt. Ja, du bekommst Gummibärchen, aber nicht so viele. Ja, du darfst spielen gehen, aber ärgere die anderen Kinder nicht. Ja, Papa riecht heute ein bisschen komisch, weil er gestern in der Kneipe war, aber er ist ja schon erwachsen. Ja, Mama geht dir das Spielzeug für den Sandkasten kaufen, aber erst morgen. Ja, das Mädchen hat ein Eis bekommen, aber weil du nicht brav warst, bekommst du keins. Erinnerst du dich?

In der Schule werden die Antworten immer komplexer. Da gibt es sogar noch eine Wahrscheinlichkeitsrechnung und in der Rechtschreibung kannst du die Wörter heute so oder so schreiben. Chemische Reaktionen, biologische Annahmen und klimatische Abhängigkeiten sind das eine, die ausufernden politischen Diskussionen oder Meinungsverschiedenheiten in Religion und Ethik noch mal ein ganz anderes Kaliber. So lernst du im Grunde genommen, alles zu verpacken und politisch zu reden. Dadurch relativierst du alles, was du sagst sofort wieder und dein Gegenüber steht manchmal wie ein Fragezeichen da. Du redest viel, sagst aber wenig. Du teilst eine Meinung mit, lässt dich aber nicht festnageln. Diese Praxis perfektionierst du, je länger und intensiver du diese Schule durchläufst. Das ist Konditionierung.

Du redest viel, sagst aber wenig. Du teilst eine Meinung mit, lässt dich aber nicht festnageln.

Irgendwann fällt es dir möglicherweise auf, manchmal wirst du darauf angesprochen, schlimmstenfalls erhältst du ein Feedback, ob du dich denn nicht positionieren kannst, was als Führungskraft oder eine die es werden möchte, kein positives Feedback ist. Dann heißt es, schleunigst etwas dagegen zu tun.

Für deine Aufgaben im Job muss ich differenzieren, zwischen Non-Profit-Organisationen im öffentlichen Bereich und wirtschaftlich denkenden und handelnden Unternehmen. Fangen wir mit den Unternehmen an.

Hier ist das Anforderungsprofil in der Stellenausschreibung in der Regel so gemeint, wie es geschrieben ist. Wenn die Rede von Entscheidungsfreude ist, von Durchsetzungsvermögen und Positionierung, dann kannst du davon ausgehen, dass genau das gewünscht ist. Im Idealfall stellst du dich schon für das Vorstellungsgespräch darauf ein und falls es sogar zu einem Assessment-Center (AC) kommt, wird man genau diese Eigenschaften von dir erwarten, möchte sie sehen und erleben. Dass das Ganze nicht rüpelhaft, sondern höflich, aber bestimmt rüberkommen soll, versteht sich von selbst. Ist eine Diskussion zu führen, nimm einen Standpunkt ein und vertritt ihn auch mit deinen Argumenten. Zeig dich anderen gegenüber offen und versuche, deren Argumentation mit deiner zu entkräften. Mit anderen Worten: Präsentiere dich so wie gefordert, stelle klar, dass du als Führungskraft geeignet bist, ohne überheblich zu wirken, und achte auf dein Auftreten.

Die kompliziertere Welt ist die der Non-Profit-Organisationen. Oft möchte man dort genauso wirken oder Instrumente umsetzen, die in Unternehmen an der Tagesordnung sind oder zum Erfolg geführt haben. Doch mit der öffentlichen Steuerung durch Politikerinnen und Politiker gehen zeitlich befristet bestimmte Erwartungen einher. Meist kommen die Personen eher als Führungskräfte infrage, die eine größtmögliche Flexibilität im Denken und in ihrer Darstellung haben. Denn du darfst nicht vergessen, dass das Denken in Wahlperioden stattfindet. Du hast also vier Möglichkeiten:

1. Du folgst den Worten in der Ausschreibung, präsentierst dich analog dem Beispiel des Unternehmens und bist positioniert, argumentierst standfest, kannst dich durchsetzen, vertrittst deine Meinung gegen andere und bist im positiven Sinne ein Leader.
2. Du adaptierst bereits im Vorfeld die Art und Weise, wie politisch argumentiert wird. Positionierst dich zunächst, um dich später der Meinung eines anderen anzuschließen, wenn es opportun erscheint. Du reagierst sehr sensibel auf die im Verfahren positiv goutierten Aussagen und richtest deine weiteren Antworten danach aus.
3. Du verfährst nach Möglichkeit eins und entwickelst dich im Job nach Möglichkeit zwei oder
4. genau umgekehrt wie unter Variante 3.

Dabei solltest du jedoch die Folgen bedenken, die du am besten immer durch folgende beide Fragen für dich im Vorfeld zu beantworten versuchst: „Was kann im schlimmsten Fall passieren und was kann im besten Fall passieren?“

Bei allen Varianten ist der „worst case“ wohl, dass du eine Absage erhältst und die Führungsposition anderweitig vergeben wird und die beste Option, dass man sich für dich entscheidet. Bei der Variante 1 wird es im Nachgang darauf ankommen, ob die Vorgaben in der Organisation auch gelebt werden, dir Rückendeckung zugestanden wird, wenn du auf Widerstände triffst, die Versprechen gegenüber dir und den Bediensteten im Allgemeinen eingehalten werden. Kommst du schon aus dieser Organisation, hast du dir hoffentlich vorher ein Bild davon gemacht.

Kommst du aus einem anderen Umfeld, kann es sein, dass du nach einigen Monaten oder noch in der Probezeit wieder die Flucht ergreifst, was für dich mit deiner Haltung ja kein Problem ist. Das gilt analog für Variante 2, je nachdem, aus welchem kulturellen Umfeld du einsteigst beziehungsweise aufsteigst.

Die beiden Varianten drei und vier gehen mit höherem Risiko einher. Erstens, weil du ein guter Schauspieler sein musst, um diese Rollen konsequent durchzuhalten. Zweitens, weil du in keiner Weise einschätzen kannst, wie dein Umfeld, deine Mitarbeitenden, aber auch deine Führungskraft darauf reagiert. Da kann es ganz schnell passieren, dass du dich gehörig ins Fettnäpfchen setzt und schauen musst, wie du dort wieder herauskommst. Dazu kommt die Frage, welcher Typ du bist oder sein möchtest. Denn ein langfristiges Verstellen wird nicht den positiven Effekt auf dein Umfeld haben wie eine von Herzen gelebte Einstellung.

Es stellt sich natürlich die Frage, ob es nicht auch anders geht. Ich möchte dich dazu ermutigen, die Spielereien zu lassen. Sei du selbst und kein angepasster „Ja, aber“-Typ. Stell von Anfang an klar, wofür du stehst, was dich ausmacht und worauf sich dein Umfeld verlassen kann, aber auch einstellen muss. Natürlich kannst du damit auf die Nase fallen. Aber wir haben doch besprochen, dass es lediglich wichtig ist, einmal mehr wieder aufzustehen und nach Möglichkeit auf den Rücken zu fallen. Unsere Gesellschaft leidet doch sowieso schon unter den Millionen, die nicht wissen, was sie wirklich wollen. Es braucht Menschen wie dich, die ihren Worten Taten folgen lassen. Menschen, bei denen das, was sie sagen, zu dem, was sie ausstrahlen, und zu der Art, wie sie handeln, passt.

Stell von Anfang an klar, wofür du stehst, was dich ausmacht und worauf sich dein Umfeld verlassen kann, aber auch einstellen muss.

Bringe dein positives Mindset, welches ein Leben lang in dir steckt, dazu, dir vorzustellen, welchen Erfolg du mit dieser Einstellung haben wirst. Hebe dich wohltuend von der „Ja, aber"-Mentalität ab und stehe für das, was du tust. Und wenn es am Ende dafür ist, dass du nicht herumgeschubst wirst, dass du zeigst, dass andere mit dir so nicht umgehen können. Was kann schlimmstenfalls passieren? Du suchst dir einen neuen Job und bist plötzlich in einem Umfeld, in dem genau diese Qualitäten gewünscht sind, oder du stellst fest, dass du doch gut ankommst. Ist das schlimm?

Aus meiner Sicht ist die „Ja, aber"-Mentalität eine der schlimmsten Kulturkrankheiten, die unsere Gesellschaft je hervorgebracht hat. Bloß nicht Gefahr laufen, auf Widerstand oder andere Meinungen zu treffen, denn dann werde ich ja weniger gemocht. Damit sind wir dann wieder beim Bedürfnis nach Liebe. Ich hoffe, du hast erkannt, wie engmaschig all diese Faktoren zusammenhängen. Mach dich frei von deinen Zweifeln. Beerdige sie.

Die „Ja, aber" – Mentalität ist eine der schlimmsten Kulturkrankheiten, unserer Gesellschaft.

Du bist die positive Führungskraft, die auch für ihre eigene Einstellung eintritt. Wie sonst sollte dein Team erfahren und spüren, dass du es aufrichtig und ehrlich meinst? Du geht mit bestem Beispiel voran, weil du fest davon überzeugt bist, dass du genau das richtig machst. Und wenn andere anders darüber denken, dann ist das in Ordnung. Lass dich nicht beunruhigen. Lass dich auch nicht davon abbringen, wenn sich mal jemand von dir zurückzieht. Mit bestem

Mach dich frei von deinen Zweifeln. Beerdige sie!

Wissen und Gewissen folgst du deinem Weg, der gekennzeichnet ist durch eine positive Grundhaltung. Auf dem du sicher und ohne „aber“ vorangehst, um anderen zu zeigen, wie diese Haltung funktioniert. Schau dich bei Gelegenheit mal um. Ich könnte mir vorstellen, dass du einige Follower hast – nicht in sozialen Medien. Nein, das hier ist the real life.

6 Mut – Es kann nur einen geben

Wenn du schon voller Freude, unbeschreiblich optimistisch auf die Welt kommst, dann verfügst du auch über den erforderlichen Mut, um die Dinge anzupacken, die dir wichtig sind. Niemals hast du vor lauter Angst gedacht, das mit dem Laufen ist nichts für mich, ich habe so viel Angst. Das lasse ich lieber. Bestimmt kennst du die Geschichte von den Jungs, die auf einem gefrorenen Weiher spielen, bis das Eis unter einem der beiden nachgibt und er einbricht. Was hat der zweite Junge gemacht? Kein Mensch in der Nähe, keiner, der helfen konnte. Es blieb ihm also nichts anderes übrig, als sich umzuschauen, einen schweren Ast auf das Eis zu schleifen und so lange auf das Eis einzuschlagen, bis ein größeres Loch entstand. Danach schob er den Ast über das Loch, sodass sein Freund ihn greifen konnte. Später sagte ein Erwachsener zu einem älteren Mann, wie es nur möglich sei, dass ein so schmächtiges Kind solche Kräfte entwickelt. Der Mann überlegte nicht lange und antwortete: „Weil keiner hier war, der ihm gesagt hat, dass er es nicht schaffen kann!“

Wie er das schaffen konnte?

Weil niemand in der Nähe war, der gesagt hat, dass er es nicht kann.

Manchmal fühlst du diese Kraft in dir. Du spürst, dass dich nichts und niemand aufhalten kann. Du besitzt den grenzenlosen Mut, dein Ziel so intensiv zu verfolgen, weil du es unbedingt erreichen willst. Keine Zweifel, kein Zaudern, keine Warum- oder Weshalb-Fragen. Du machst einfach. Natürlich ist es ein schmaler Grat zwischen Selbstüberschätzung und dem notwendigen Maß an Mut, welches es in der jeweiligen Situation einfach benötigt wird. Aber ohne den Mut wirst du stehen bleiben. Du wirst in deiner Komfortzone verharren und weißt nicht einmal, ob du in der Lage wärst, dein Ziel zu erreichen. Wie heißt es so schön: „Erst wenn du es ausprobiert hast, wirst du wissen, wozu du wirklich fähig bist!"

Das gilt insbesondere auch für die Entscheidung, eine Führungsposition einzunehmen oder lieber ohne Verantwortung irgendeine Sacharbeit zu verrichten. Verstehe mich nicht falsch, auch diese hat ihre Berechtigung. Wenn du dich bewusst dafür entschieden hast und die Verantwortung trägst, ist das völlig in Ordnung. Komm aber nicht an den Punkt, an dem du dir „hätte ich nur" sagst.

Achtung, jetzt komme ich!

Wen gibt es für ein Kind Wichtigeres als sich selbst? Niemanden. Das ist keine bewertende Feststellung, sondern die Realität. In dem Moment, in dem du die körperlichen Prozesse des Aufwachsens durchläufst, stehst du im Mittelpunkt deiner Aufmerksamkeit. Du möchtest geliebt werden. Du möchtest kleine, mittlere und große Ziele erreichen. Du willst beweisen, dass du alles schaffst. Mit dieser Einstellung bringst du von Beginn an den Mut auf, deinen Weg zu gehen. Vielleicht erinnerst du dich an deinen ersten Sprung vom Ein-Meter-Brett. Du warst vorsichtig und hast eventuell einen Anlauf mehr benötigt. Aber du hast den Mut aufgebracht, dich aus dieser damals unglaublichen Höhe mutig ins Wasser zu stürzen. Der erste Hügel oder Berg, den du mit deinem Fahrrad hinuntergesaust bist. Auch wenn du kurz

Luft holen musstest – du hast es getan. In dir steckte die Motivation, es der Welt zu zeigen, wer da auf sie losgelassen wurde. Der erste Tag im Kindergarten – hat Mut gekostet!

Du kennst dein Leben am besten und die Momente, die dir bei Schilderung dieser Beispiele in dein Gedächtnis kommen. Wie fühlt sich das heute an? Immer noch überwältigend? Wahrscheinlich gibt es auch Momente, über die du heute schmunzeln kannst, weil der Highlander in dir erst hervorgeholt werden musste, bevor du losgelegt hast.

Schon früh greifen aber auch bei dieser Eigenschaft die Mechanismen der Beeinflussung von außen. Je früher dir ständig gesagt wurde, dass du vorsichtig sein sollst, umso schneller setzten die Hemmungen ein, wirklich mutig zu sein. Selbstverständlich ist es wichtig, in manchen Dingen eine gewisse Vorsicht an den Tag zu legen. Es kommt aber darauf an, wie diese dir vermittelt wurde. Wenn du liebevoll an die Hand genommen wurdest, dir erklärt wurde, warum etwas gefährlich sein und wie sich das auswirken kann, ist das sicher ein anderer Effekt, als wenn dir Angst vor gewissen Dingen gemacht wurde. Bei der nachvollziehbaren und liebevollen Variante bleibt dein gegebener Mut nämlich erhalten, während die eingetrichterte Angst verheerende Auswirkungen auf dein späteres Leben hat.

Es gibt genügend leise Menschen, die mutig genug sind, sich den Herausforderungen zu stellen.

Diese Auswirkungen haben aber nichts damit zu tun, ob du ein Lautsprecher oder eher zurückhaltend in deiner verbalen Selbstdarstellung bist. Es gibt genügend leise Menschen, die mutig genug sind, sich den Herausforderungen zu stellen. Wir neigen dazu, diese beiden Komponenten gleichzusetzen, was nicht zielführend ist. Deutlicher wird es aber an einigen

Beispielen. Hast du bei einer fehlerhaft ausgerechneten Bepunktung in einer Klassenarbeit den Lehrer darauf aufmerksam gemacht und die Punkte korrigieren lassen oder es stillschweigend akzeptiert, weil er möglicherweise in der Situation, in der ihn ein Schüler kritisiert, harsch und unfreundlich reagieren könnte? Hast du dazu gestanden, wenn beim Fußballspielen eine Scheibe zu Bruch gegangen ist, oder bist du klammheimlich verschwunden? Ich weiß noch ganz genau, wie es sich anfühlte, als ich alleine vor der Tür des Schulhausmeisters stand. Den Fußball, dessen Leder schon sehr abgewetzt war unter dem Arm, schlug mein Herz bis zum Hals. Wahrscheinlich war ich rot im Gesicht, als die Tür aufging und der etwas mürrische Mann fragte, was ich wolle. Als ich ihm sagte, was geschehen war, wurde er noch ein bisschen finsterer, sagte aber dann, dass er es gut fand, dass ich Bescheid gesagt habe, und ich möge doch jetzt meine Eltern informieren, damit die Versicherung das regeln könne. Ich bin beinahe gerannt, weil ich heilfroh war, dass ich es hinter mir hatte, auch wenn die Beichte bei den Eltern noch bevorstand.

Solche Situationen erfordern genauso viel Mut wie die Ziele, die wir uns für ein positives Leben stecken. Es erfordert Mut, einen Menschen anzusprechen, den du sympathisch findest und mit dem du gerne mehr Zeit verbringen möchtest. Es erfordert Mut, sich Prüfungssituationen, wie dem Führerschein, in Studium oder Beruf oder letztlich einer Bewerbung im Rahmen von Auswahlverfahren zu stellen. Es braucht ganz viel Mut, zu erkennen, dass du auf ein falsches Pferd gesetzt hast und entscheiden musst, ob du das Pferd nun wechselst. Das kann dir im Übrigen bei der Partnerwahl genauso passieren wie im Job. Stell dir vor, du bist etliche Jahre in einer Firma und stellst fest, dass die Entwicklung für dich nichts Positives mehr mit sich bringt. Oder du steckst seit Jahrzehnten in einem System als Angestellter, obwohl dein innerster Wunsch schon lange die Selbstständigkeit ist – nur MUT!

Nun stehst du also an dem Punkt, für dich zu entscheiden, Führungskraft zu werden, und weißt nicht, wie du dich entscheiden sollst. In Erinnerung an das vorherige Kapitel: „Was kann schlimmstenfalls passieren?“ und „Was kann bestenfalls passieren?“. Prüfe dich selbst, ob es dein innerster Wunsch ist, Verantwortung für Menschen im Sinne eines echten Leaderships zu übernehmen. Tue nichts halbherzig oder weil andere es dir sagen. Damit fliegst du auf. Das fällt dir täglich vor die Füße. Wenn du für dich zu der Entscheidung kommst, dass du den Schritt nicht gehen möchtest, dann ist es ok, wenn du die alleinige Verantwortung dafür übernimmst. Wenn du dir im Klaren bist, was das für die nächste Zeit bedeutet und niemand anderem eine Schuld zuweist. Das ist die Voraussetzung.

Wenn du schwankst, denke daran, dass der notwendige Mut seit Kindesbeinen in dir steckt. Du verfügst über alle Ressourcen, die es benötigt, um diesen Schritt zu gehen. Sei ehrlich zu dir selbst und gestehe dir ein, dass du vielleicht noch Unterstützung benötigst. Schau dich um, wo du diese herbekommen kannst. Durch Schulungen, durch ein Mentoring-Programm, durch bestimmte Trainings. Es gibt unzählige Möglichkeiten. Du kannst im Übrigen für dich entscheiden:

1. Ich ergreife die Chance
2. Ich möchte Leader werden, aber es passt für mich (zum Beispiel aus privaten Gründen) im Moment noch nicht. Dann setze dir ein zeitliches Ziel, wann du Führung übernehmen willst. Das gibt dir unglaubliche Kraft, es auch zu erreichen.

3. Ich möchte keine Personalführung übernehmen

Aber bitte entscheide dich niemals für eine vierte Variante, die ganz viele Menschen bei jedweden Entscheidungen, die benötigt werden, anwenden: Ich weiß nicht, mal sehen! Du kommst damit keinen Schritt weiter und die Zeit deines Lebens verrinnt. Du triffst gar keine Entscheidung kannst nicht wachsen, machst keine Erfahrung und übernimmst nicht die Verantwortung für dich selbst. In der Konsequenz werden andere deine Führungskraft und steuern deine Abläufe. Du bekommst also eine Richtung vorgegeben, statt selbst zu entscheiden. Das Leben führt dich – statt umgekehrt!

Bitte entscheide dich niemals für die Variante: Ich weiß nicht, mal sehen!

Du hast dich entschieden, Leader zu werden. Großartig! Du wirst ausprobieren dürfen, wie es ist, Verantwortung für Menschen zu übernehmen und für das einzustehen, was in deinem Team passiert. Sauge so viel wie möglich auf. Finde einen Mentor, eine Mentorin, die dich an die Hand nehmen. Schau dir bei anderen Führungskräften deren Handeln an und prüfe, was du gegebenenfalls in deine Aktion integrieren kannst und wovon du lieber die Finger lassen möchtest. Besuche Schulungen und Seminare, so oft und so viele wie möglich. Geh auf Tagungen und Kongresse und knüpfe ein möglichst großes Netzwerk mit Menschen, die schon da sind, wo du vielleicht noch hinmöchtest, die zumindest aber auf deiner Stufe stehen.

Logisch wirst du in Situationen kommen, wo selbst du nicht weiter weißt. Dann hol dir Hilfe aus deinem Netzwerk oder von anderen Führungskräften. Nutze dein jährliches Gespräch mit deiner Führungskraft oder dem Vorstand, um

Ziele zu vereinbaren und Feedback zu bekommen. Höre zwischen den Zeilen, was deine Mitarbeitenden über dich und den Arbeitsbereich sagen. Und vergiss nicht – habe Spaß und Freude, sei stets positiv gestimmt und starte mit Liebe und Vertrauen in deine Aufgabe, gegenüber deinem Team und dem Unternehmen!

Seit einiger Zeit bist du Führungskraft, im Grunde glücklich mit deinem Team und deinen Aufgaben, aber manchmal fehlt so ein Kick, der eure oder deine Arbeit wieder eine Stufe weiterbringt. Erst einmal herzlichen Glückwunsch, dass du den Mut hattest und dort bist, wo andere ein Leben lang unbedingt oder gerade nicht hinwollen. Jetzt benötigst du wieder großen Mut. Abläufe fahren sich ein und werden zur Gewohnheit. Nach einer anfangs aufregenden Zeit hat sich vielleicht eine gewisse Routine eingestellt. Die Wochen verlaufen ähnlich und das Gehirn gewöhnt sich an diese Abläufe. HALLO WACH! AUFWACHEN!

Wo ist dein Mut geblieben, Dinge zu verändern? Wo deine Begeisterungsfähigkeit zu hinterfragen, bis du antworten bekommst? Wo ist dein Highlander? Raus damit. Packe die Routine bei den Hörnern und probiere Neues aus. Egal, ob du in irgendeinem Artikel über eine mögliche andere Variante deiner Meetings gelesen hast. Egal, ob ein Mitarbeiter einen Vorschlag macht, der auf den ersten Blick völlig absurd erscheint. Egal, ob du von einem Seminar zurückkehrst und geflasht von einem Vortrag bist, von dem du denkst, dass er auf deinen Bereich nicht umsetzbar erscheint. HALLO! JEMAND ZU HAUSE?

Setz dich sofort hin und schaue, wie du zumindest eine kleine Veränderung ausprobieren kannst. Was soll passieren? Du denkst, man wird dir den Kopf abreißen, wenn es nicht funktioniert? Du überlegst, was wohl die anderen Führungskräfte im Haus dazu sagen? Scheiß drauf! Glaubst du, du hast ewig Zeit? Zur Not macht es halt ein anderer! Du verfügst über alle Kerneigenschaften, die wichtig sind, um diesen Versuch zu starten. Und wenn er nicht funktioniert? Dann ändere es wieder! Du hast es doch in der Hand – niemand anderes.

Habe den Mut, den Rahmen so zu gestalten, wie er nach deiner Auffassung sein sollte und es die vom Unternehmen gesetzten Rahmenbedingungen zulassen – und manchmal auch darüber hinaus. Nur weil etwas schon immer so gemacht wurde, heißt es nicht, dass es noch zeitgemäß ist. Die meisten Rahmenbedingungen stammen aus einer Zeit, als sich noch Vinylscheiben oder Shellackplatten auf Grammophontellern drehten, das Benzin noch 80 Pfennig kostete und sich die Leute aufgeregt haben, dass sich Jugendliche Haare färben und Kutten (Jeansjacken mit Aufnähern) tragen. Und wo sitzen die zum Teil heute? In Vorstandsetagen und auf Chefposten.

Scheiß drauf! Glaubst du, du hast ewig Zeit? Zur Not macht es halt ein anderer!

Nächstes Level bitte!

Als Kind hast du sicherlich das Streben nach mehr verspürt. Meist in der Form, dass das Erlernte, wenn es einmal automatisiert und abgespeichert war, keine große Aufgabe mehr war und damit auch kein neues Erfolgserlebnis beschert hat. Infolgedessen hast du dir jeweils etwas Neues ausgesucht. Häufig eine Stufe über dem bisher erreichten. Konntest du einigermaßen sichergehen, bist du gelaufen und später gerannt. Teilweise hast du dich in Wettbewerben gemessen, um ein vorzeigbares erfolgreiches Ergebnis zu erzielen. Wenn du in einem Verein Sport getrieben hast, egal, ob Schwimmen, eine Mannschaftssportart oder Ähnliches, hast du Ehrgeiz entwickelt, wolltest zu den „Großen“ gehören und möglichst gewinnen oder in der Siegermannschaft sein. Diese Entwicklung hat dich stets auf ein neues Level, eine neue Stufe deiner Fähigkeiten gehoben.

Das beste Gefühl hast du erzielt, wenn diese Motivation aus dir heraus, also intrinsisch, gewirkt hat. Leider gibt es in unserer heutigen Gesellschaft gar nicht mal so selten das Phänomen, dass Eltern ihre unerfüllt gebliebenen Wünsche und Träume in diesem Bereich auf ihre Kinder übertragen. Dann entsteht zum einen eine ungute Drucksituation, die nicht selten dazu führt, dass Kinder, wenn sie älter werden, rebellieren oder ihre Entscheidungen als junge Erwachsene selbst treffen können, diese Hobbys aufgeben, weil ihnen einfach der Spaß an der Kindheit genommen wurde. Zum anderen sind mit körperlichen Überforderungen gelegentlich körperliche Beschwerden verbunden, weil die kleinen oder wachsenden Körper vielleicht nicht mit der Belastung, die oft eine Überlastung ist, zurechtkommen.

Das beste Gefühl erzielst du, wenn die Motivation aus dir heraus, also intrinsisch, wirkt.

Ich hoffe für dich, dass du mit Freude deine nächsten Levels erreicht hast und ereichst. Es gibt ja auch Mal- oder Lesewettbewerbe und andere schöne Gelegenheiten, dein Können zu beweisen. Genauso wie im Sport verhält es sich manchmal beim Erlernen von Musikinstrumenten. Das ist ebenfalls ein tolles Hobby, wenn du es als innigen Wunsch von dir aus geäußert oder auch auf Vorschlag angenommen hast. Die Welt der sozialen Medien, in der eben das Präsentieren eine große Rolle spielt, verführt zu sehr dazu, mit den (erzwungenen) Talenten früh nach außen zu gehen, um Bewunderung zu ernten.

Die Jugend und manchmal auch mehr deiner Lebenszeit ist heute geprägt von Unterhaltungsgeräten. Nicht nur das Smartphone, sondern auch die Spielekonsolen sind weit verbreitet und ziehen Kinder, Jugendliche und Erwachsene in ihren Bann. Je nach Genre ist es selbstverständlich, nach höheren Levels zu streben. Besser zu werden, mehr oder höhere Belohnungen zu kassieren oder in einer Community zu den besten Spielern zu zählen. Ich möchte an dieser Stelle gar nicht den Sinn dieser Geräte bewerten. Die meisten sind sich sicher bewusst, dass zu viel von etwas, so auch vor dem Monitor zu sitzen, eher schädlich ist. Für andere ist es die Erfüllung ihrer Vorstellungen. Mir geht es in diesem Zusammenhang lediglich darum, darauf aufmerksam zu machen, dass eben auch in diesem Bereich das Erreichen höherer Levels Alltag ist und nicht hinterfragt wird. So sind wir ständig darauf aus, uns zu verbessern, zu optimieren und diese Entwicklung auch nach außen darzustellen.

So sind wir ständig darauf aus, uns zu verbessern, zu optimieren und diese Entwicklung nach außen darzustellen.

Bei den Schulabschlüssen ist diesbezüglich eine umstrittene Entwicklung zu verzeichnen. Weit verbreitet ist die Haltung, dass Kinder Abitur zu schaffen haben, weil sie sonst keine oder nur schlechte Chancen auf dem Arbeitsmarkt hätten. Das mag für das Erreichen bestimmter Studiengänge oder auch den Zugang zu bestimmten Berufen zutreffen.

Dennoch ist seit einiger Zeit zu erkennen, dass in den handwerklichen Berufen zahlreiche junge Menschen benötigt werden und eine Monokultur Richtung Abitur und Studium keiner Gesellschaft guttut. Dazu kommt, dass in unserem Bildungssystem eine Vielfalt der Entwicklungsmöglichkeiten erreicht ist, die jedem eine adäquate Form des Weges anbietet. Selbst während der Ausübung eines Berufs bieten sich zahlreiche Möglichkeiten. Darüber hinaus gilt einfach, dass wir Menschen alle unterschiedlich in unseren Neigungen und Ausprägungen sind, die sich im Lauf der Zeit entwickelt haben. Neben den ausgeprägten Lerntypen gibt es genauso die manuell oder technisch Begabten, die Praktiker, denen es leichter fällt, anzupacken und per Hand auszuprobieren, als zu lernen. Ob im manuellen, im geistigen, im theoretischen oder in einem der zahlreichen weiteren Bereiche ist es der einigende, mal mehr oder weniger ausgeprägte Wunsch, weiterzukommen.

Irgendwann, oft in einer Phase, in der die Komfortzone so bequem geworden ist, dass das Verlassen nahezu körperliche Symptome hervorruft, lässt dieses Streben bei vielen Menschen nach. „Warum soll ich mir die Verantwortung auch noch aufbürden? Mir geht es doch gut, weshalb soll ich mir die Mühe jetzt auch noch machen?“ Solche und ähnliche Antworten erhalten wir dann auf Fragen, woran eine Bewerbung oder ein zusätzlicher Erwerb von Qualifikationen für eine Führungsposition scheitert.

Im Grunde sind folgende grundlegende Entscheidungen irgendwann im Leben zu treffen:

1. Bist du im Arbeits-, Angestellten- oder Beamtenverhältnis, also bei einem Arbeitgeber beschäftigt, und möchtest das bleiben oder triffst du bewusst die Entscheidung, dich unabhängig und selbstständig zu machen?
2. Bleibst du im Angestellten-/Beschäftigtenverhältnis, dann solltest du an einem gewissen Punkt entscheiden, ob du Führungskraft werden willst oder ob das überhaupt nichts für dich ist.

Egal, wie du diese Entscheidungen für dich beantwortest, triff sie mit ganzem Herzen und voller Überzeugung. Denn es ist letzten Endes deine Verantwortung, wie du dein berufliches Leben gestalten möchtest. Das ist das Einzige, was zählt. Entscheide dich bewusst.

Alle, die ihren Weg in eine Führungsposition gegangen sind beziehungsweise sich bewusst dafür entschieden haben, dass sie eine dementsprechende Funktion übernehmen wollen, gehen den Weg auf ein neues Level. Wenn du diese Aufgabe übernimmst, dann gehe den Schritt voller Mut und Zuversicht. Denke dir, dass es wie die Erreichung eines neuen Levels ist; und möglicherweise bietet sich in ein paar Jahren wieder eine neue Stufe an. Sieh den Schritt als Challenge an, der du dich im Wettkampf (Auswahlverfahren) mit anderen gestellt hast oder stellen wirst. Betrachte die Situation aus einem Blickwinkel, den du in Kinderzeiten hattest, wenn du in deinem Hobby aufsteigen, dich verbessern wolltest. Jetzt kommt direkt der Einwand, im Beruf sei das etwas ganz anderes. Na ja, du kannst es so sehen und nahezu verbissen

Egal, welche Entscheidungen du triffst, triff sie mit ganzem Herzen und voller Überzeugung. Entscheide dich bewusst.

daran arbeiten oder du nimmst es lockerer. Respekt vor der Aufgabe solltest du aber haben!

Bist du schon in einer Führungsposition, kann es für dich darum gehen bald ein weiteres Level zu erreichen, indem du eine Beförderung, Gehaltserhöhung oder eine höhere Position bei einem anderen Unternehmen oder Betrieb anstrebst. Wenn das dein Herzenswunsch ist, dein Ziel, für welches du brennst, dann los. Bereite dich entsprechend vor, suche Informationen über Aufgabe oder Unternehmen, tue alles zu 100%, damit du erfolgreich sein kannst.

Eventuell bist du aber auf deiner Stufe bewusst glücklich und zufrieden oder bist in einer Position, auf der du das für dich höchste Level erreicht hast. Dann erst einmal herzlichen Glückwunsch! Du hast es tatsächlich geschafft!

An dieser Stelle ist die Komfortzonen-Gefahr größer. Manche denken, was soll mir schon passieren, ich habe alles erreicht, was ich wollte oder was mir möglich war. Ich kenne den Betrieb von der Pike auf und weiß, wie alles funktioniert. Ich bin schon so lange dabei, da kann mir keiner mehr etwas vormachen. AUTSCH!

Wenn du so denkst, bist du schon auf dem absteigenden Ast angekommen. Unsere heutige Welt verändert sich so rasant, dass der Begriff vom „lebenslangen Lernen“ eine viel größere Bedeutung hat als jemals zuvor. Ständig verändern sich Prozesse und Abläufe. Kurzfristig kommen neue Aufgaben hinzu. Manchmal ist kurzfristig ein Softwarewechsel nötig. Oder, oder, oder …

Der für mich bedeutendste Punkt, den ich dir in diesem Zusammenhang aber mitgeben möchte, ist: Erreiche doch einfach dein persönliches nächstes Level. Eigne dir Wissen an, um deine persönliche Entwicklung voranzutreiben. Besuche weiter Schulungen und Veranstaltungen, um im Gespräch zu bleiben oder dein Netzwerk beständig zu erweitern. Du weißt doch heute nicht, ob du dich morgen in einer Konkurrenzsituation mal verkaufen musst. Und selbst wenn nicht, suche mal nach dem Antrieb in dir, den du von Kindesbeinen an hattest. Du wolltest doch immer weiterkommen, neue Dinge lernen und deine Fähigkeiten verbessern, um auf dich stolz zu sein. Du hattest doch die Motivation, den Willen und den Mut, der Beste zu sein, der du werden kannst. Vergleiche dich nicht mit den anderen, sondern verbessere deine Version von dir. Oder hast du schon aufgegeben?

Letzten Endes ist es besser, wenn du vorbereitet bist, auch wenn sich erst mal keine Gelegenheit ergibt, als wenn deine Traumchance kommt und du definitiv gar nicht vorbereitet bist. Nimm deinen Mut in beide Hände und suche nach Themen, die dich noch interessieren, selbst wenn es etwas komplett Neues ist. Viele fangen irgendwann an, noch mal eine völlig unbekannte Thematik zu lernen. Habe den Anspruch an dich selbst, nicht auf einem Level stehen zu bleiben, was du schon seit Jahren kennst und deshalb erfolgreich abgeschlossen hast. Zeige dich auf dem Spielfeld der Unperfekten, die bereit sind, mehr zu tun.

Es ist besser vorbereitet zu sein und keine Gelegenheit zu bekommen, als eine Gelegenheit zu bekommen und nicht vorbereitet zu sein!

Ist das leicht? Nein. Erfordert das Mut? Definitiv. Aber wer soll dich denn aufhalten, wenn das alles in dir steckt und du lediglich den Müllberg, der sich in all den Jahren davor angesammelt hat, mal beiseite räumen oder, besser noch, entrümpeln musst? Merkst du selbst, wie viel noch in dir steckt?

Also, ran an den Speck, das nächste Level wartet!

Urangst in der Organisation

An diesem Punkt ist es nicht erforderlich, noch mal auf die Entwicklung in der Kindheit, Jugend oder im weiteren Leben einzugehen. Mit den Inhalten der Kapitel bis hierhin hast du genügend Hintergrundinformationen und hoffentlich auch eigene Inspiration erlebter Situationen, um diesen Kern der Problemlagen in vielen Organisationen, zu erkennen, zu verstehen und es künftig anders zu machen.

Gehen wir noch ein paar Jahre weiter zurück – in unsere Steinzeit. Wir knien gerade vor einem großen und gewaltigen Busch, unter dem wir die leckersten Bären seit Langem gefunden haben, und pflücken diese, um für die Familie Nahrung zu besorgen. Eine Beere, dann noch eine Beere – eine Beere nach der anderen wandert in unser Körbchen. Um auch wirklich alle Beeren zu erwischen, müssen wir ein Stück in den Busch krabbeln, denn die ganz tief unter dem Busch sehen noch leckerer aus. Als wir so beim Pflücken sind, hören wir plötzlich ein Geräusch! Da scheint sich etwas tief im Inneren des Gewächses aufzuhalten. Jetzt hört es sich fast wie Atemstöße an – es könnte aber auch der Wind sein. Was ist zu tun?

Richtig – wir müssen eine Entscheidung treffen! Folgen wir dem Antrieb, die Früchte zu ernten, um damit ein unvergessliches Mahl in Menge und Geschmack mit nach Hause nehmen zu können? Oder ignorieren wir das, was vielleicht auch nur eine Einbildung war, und sprechen uns Mut zu, so lange sich keine klaren Anzeichen für ein gefährliches Tier ergeben? Gehen wir das Risiko ein, wegen ein paar Beeren, möglicherweise von einem wilden Tier angefallen zu werden? Damals nützte auch die Frage nach dem Worst Case nichts, der war schon klar! Oder aber folgen wir der in uns langsam und immer stärker aufkommenden Vorsicht, ja, Angst, nehmen den Korb, klettern auf den nächsten Baum und halten nach Hilfe oder dem Weg zurück Ausschau? Kein Zweifel, diese Frage beziehungsweise die Antwort darauf konnte seinerzeit von existenzieller Bedeutung sein. Tausche Beeren gegen das eigene Leben – wir würden uns wohl alle für das Leben entscheiden. Das ist auch nachvollziehbar, denn wer schon mal einen Säbelzahntiger aus der Nähe gesehen hat, der ahnt, wie es weitergehen könnte.

Switchen wir wieder ins Hier und Jetzt. Bist du in den letzten Jahren mal einem Säbelzahntiger im Büro begegnet? Schnappten deine Ohren am Kopiergerät merkwürdige Geräusche auf? Saßt du im Meeting zwischen lauter lebensgefährlichen Kreaturen, die dir nach deiner Gesundheit trachteten? Es mag dir manchmal so vorkommen, dass du statt der anwesenden Personen ein Löwenrudel siehst – im Sinne einer Fata Morgana sozusagen. Ansonsten heißt die einzig wahre Antwort: NEIN! Da sitzen Menschen, deren Innenleben genauso strukturiert ist wie deins. Die Nahrung nimmt den gleichen Weg, es fließt der gleiche rote Saft, alle verfügen über die gleiche Funktion der Atmung … gut, beim Fell gibt es in Dichte und Länge gewisse Unterschiede, das gebe ich zu.

Bist du in den letzten Jahren mal einem Säbelzahntiger an deinem Arbeitsplatz begegnet?

Warum verdammt noch mal verhalten wir uns dann, als wären lauter gefährliche Tiere um uns herum? Wo ist der kindlich angeborene Mut, wenn es darum geht, in solchen Situationen Position zu beziehen oder Entscheidungen zu treffen?

Wieso, das gilt insbesondere für Führungskräfte, wird ständig darüber gesprochen, was geändert werden müsste, und niemand übernimmt die Verantwortung? Aus welchem Grund werden die wichtigen Dinge ständig auf den vierten Stapel (du erinnerst dich), den „mal sehen“- oder auch „hmmm…“-Stapel gepackt, anstatt zu entscheiden, abzuhaken und zu den weiteren Lösungsbedarfen zu kommen?

Eine der am weitesten verbreiteten Problemlagen auf Führungsebenen ist aus meiner Erfahrung diese Urangst vor den Folgen von Entscheidungen. Ich habe noch niemanden blutend auf dem Boden liegen sehen, weil er oder sie eine Entscheidung getroffen hat, die nicht das gewünschte Ergebnis zur Folge hatte. Ich kenne auch niemanden, der mir berichtet hat, dass eine Horde aufgebrachter Führungskräfte oder Vorstände hinter ihm her wär, weil seine Entscheidung keine ausreichend erfolgreichen Konsequenzen nach sich gezogen hat. Nein, es hat mir sogar noch niemand berichtet, überhaupt einmal eine gefährliche Situation erlebt zu haben, weil seine genannte Alternative zum IST eine jahrzehntelange Tradition in der Kultur des Betriebs oder Unternehmens in Frage stellen würde. Kein einziges Erlebnis und dennoch überall Angst? Da stimmt doch etwas in unserem Denken nicht.

Eine der am weitesten verbreiteten Ängste auf Führungsebene, ist die Angst vor den Folgen der zu treffenden Entscheidung.

Egal, an welcher Stelle oder auf welcher Ebene im Job. Natürlich wollen wir alle geliebt, gemocht, was auch immer werden. Aber bitte doch nicht um diesen Preis! Um den Preis einer sich immer langsamer entwickelnden Gesellschaft, weil die Kernthemen durch den Kleinkram, der nicht abschließend entschieden wird, nicht angegangen werden können.

Da werden dann solche Floskeln ausgepackt wie „das nehme ich erst mal mit“, „da muss ich mir noch mal Gedanken machen“, „das könnte für eine Verstimmung sorgen“, „das ist schwierig, weil es da Befindlichkeiten gibt“ … hier gehört im Grunde genommen ein trauriger Smiley hin ☹ einfach erschreckend! Es geht aber noch schlimmer, und zwar dann, wenn so getan wird, als ob eine Entscheidung getroffen würde. Beispiele gefällig? Kein Problem: „… man müsste mal …“, „das könnte klappen, wenn da nicht … wäre“ oder „wenn A und B auch zustimmen, dann würde ich es so entscheiden“. ARRRRRGHHH ... hätte, wenn und aber … und wer ist überhaupt „man“. Hier wird so getan, als ob, schön im Konjunktiv gesprochen und die Verantwortung nicht übernommen oder konkret zugeteilt.

Wenn wir diese Entwicklung aufhalten wollen, eine Entwicklung ins Watteland, hin zu Unverbindlichkeit und Entscheidungsarmut, dann wird es Zeit, die innere Haltung zu ändern. Sei du als Führungskraft einfach ANDERS!

Wenn du die Entwicklung ins Watteland aufhalten willst – dann sei als Führungskraft einfach ANDERS!.

Bereite dich auf Meetings vor. Recherchiere bei Bedarf weitere Informationen oder lass dir zuarbeiten. Wer gut vorbereitet ist, ist auch sicher im Auftreten. Habe einen Standpunkt. Das meine ich durchaus auch wörtlich. Nicht nur, dass du deine Meinung mit Argumenten standhaft vertreten sollst, weil du dir ja die Informationen zu deinen Argumenten besorgt hast, sondern auch, dass du auf beiden Beinen stehst und nicht rumhampelst und mit einem freundlichen, aber bestimmten Blick den Kontakt zum nicht vorhandenen Löwenrudel suchst, wenn du einen Vortrag oder eine Präsentation halten sollst. Symbolisiere, dass du zu deinen Entscheidungen stehst. Dass andere gerne mit dir in einen argumentativen Austausch gehen können, du von deinem Standpunkt aber nur abweichst, wenn dich jemand von einer anderen Position zu hundert Prozent überzeugen kann.

Wenn du Führungskraft bist oder Leader werden willst, dann gehst du dabei nicht mit der Brechstange vor. Du machst deine Haltung transparent und nachvollziehbar – aber alles in Maßen, denn du bist nicht im Rechtfertigungszwang außer vor deinem Chef. Du strahlst Leadership aus, erreichst mit deiner wundervoll charismatischen Art deine Mitarbeitenden im Team und ziehst andere Menschen auf diese Art mit. Als Leader ist es deine Aufgabe, Entscheidungen zu treffen und für die Folgen einzustehen. Du brauchst also den Mut, die Entscheidung zu treffen, und danach den Mut, die Konsequenzen zu vertreten. Dafür wirst du unter anderem auch besser bezahlt als dein Team!

In einem ehemaligen Aufgabenbereich, mit dem ich zu tun hatte, wurden Prozessabläufe analysiert, in denen man zu dem Ergebnis kam, dass ein Papier 17 – in Worten SIEBZEHN – Schreibtische überqueren musste, bis es zu einer Entscheidung kam. Es braucht keine langen Wege. Habe den Mut, den Mitarbeitenden Entscheidungsspielräume zu geben. Das beschleunigt die Sache ungemein. Und sorge dafür, dass nicht alles an alle ständig kommuniziert werden muss. Mails, deren „cc“-Liste länger als der Inhalt ist, nur damit du später

Kurze Wege. So wenig Restriktionen wie möglich – das erfordert Mut!

behaupten kannst, du hättest alle informiert, sind genauso unnötig wie Unterschriftenleisten, für deren Durchlauf im Zweifelsfall auch mal mehrere Wochen vergehen können. Kurze Wege. So wenig Restriktionen wie möglich – das erfordert Mut! Anderen Freiräume geben, damit schneller gearbeitet bzw. entschieden werden kann – auch das erfordert eine ganz Menge Mut! Die Verantwortung für dein Team vor deinem Chef zu übernehmen, auch und gerade, wenn mal etwas schiefgelaufen ist – das erfordert ebenfalls Mut! Weil aber gerade keine Säbelzahntiger in der Nähe sind, sollte das kein Problem sein. Außerdem wirst du auf diese Art und Weise bekannt wie ein bunter Hund. Denn während alle oder zumindest die meisten anderen in der Firma ihren Stiefel, der ja in der Komfortzone auch nicht gestört wird, weiter betreiben, wirst du zum kommenden Star, der vieles anders macht. Der Dinge kreativ und immer zielorientiert anpackt, nichts liegen lässt, im Zweifel den Frosch am Morgen zuerst küsst, damit die am wenigsten geliebte Aufgabe als Erste erledigt ist.

Hilf anderen zu wachsen und horte kein Herrschaftswissen.

Im Idealfall findest du ganz viele Nachahmer. Lass es zu und unterstütze sie, soweit es geht, denn du wirst dann schon wieder nach dem nächsten Level Ausschau halten. Auch das macht dich als wahren Leader aus: Hilf den anderen, zu wachsen, und horte kein Herrschaftswissen. Du kannst das, denn wenn du nicht wirklich etwas ändern wolltest, würdest du dieses Buch nicht lesen. Vielleicht hättest du es nicht mal gesehen. Aber irgendetwas in dir hat gesagt, so kann es nicht weitergehen und dafür möchte ich gerne Verantwortung übernehmen. Nur Mut!

7 Fokus und Wille – ohne Wenn und Aber

Immer wieder wirst du darauf hingewiesen, dass du fokussiert sein und den Willen haben sollst, deine Ziele tatsächlich zu erreichen und um deine Aufgaben im Leben, im Job oder als Führungskraft wirklich gut bewältigen zu können. Was bedeutet das und wie passt diese Aussage zu der These, dass Führen Kinderkram ist beziehungsweise dass alle Anlagen von Geburt an vorhanden sind. Ich werde dir diese Zusammenhänge darstellen und du wirst in deinem Inneren spüren, was dir vielleicht bis heute gefehlt hat, um tatsächlich den Erfolg zu haben, den du dir so sehr wünschst.

Du brauchst das Vertrauen, die Liebe, die Freude und den Optimismus, damit du von Herzen nach deinen Zielen streben kannst. Es erfordert viel Mut, gegen den Strom zu schwimmen, um an die Quelle zu gelangen. Je mehr du aber abgelenkt bist, also den Fokus nicht auf das originäre Ziel ausrichtest, umso schwieriger wird der Weg, umso mehr Kraft musst du investieren. Losgelöst von der Frage, ob dich die Zusatzmeilen, die du aufbringen musst, nicht sogar so viel Kraft kosten, dass du deinen Herzenswunsch nicht zu hundert Prozent erreichen kannst.

Je mehr du abgelenkt bist, umso schwieriger wird der Weg.

Wenn du etwas erreichen möchtest, ist damit immer, und das ist eines der universellen Gesetze des Universums, die Frage verbunden, wie sehr willst du es wirklich? Die Betrachtung dieses „wie sehr“ führt als Ursprung wieder in die Kindheit zurück, das werden die Beispiele zeigen. Es macht einen großen Unterschied, ob du sagst, denkst, fühlst, ich will etwas, oder ob jede Sekunde deines Denkens, jede Faser deines Körpergefühls und jede Wortwahl in deiner Aussprache ausdrückt, was dein Ziel ist und du dich im Zweifel sogar schon ein Stück weit so verhältst, als ob das Ergebnis schon vorhanden ist.

Wenn Vertrauen, Liebe, Freude und Optimismus die unentbehrlichen Grundlagen sind, dann sind Mut, Fokus und Wille die Antreiber, die treibenden Kräfte, um dich in Richtung deines angestrebten Ergebnisses in Bewegung zu halten und dir immer wieder zuzurufen, dass du es schaffst. Unbändiger Wille und auf den Punkt gerichteter Fokus sind unentbehrliche Wegbegleiter.

Mit dem Kopf durch die Wand

Eine der besonderen Verhaltensweisen in deiner Kindheit sind die Situationen, in denen du auf Biegen und Brechen etwas zu erreichen versucht hast. Eine bestimmte Sache hat deine Aufmerksamkeit erregt, beispielsweise ein bestimmtes Spielzeug, eine Süßigkeit, etwas, was vielleicht ein anderes Kind gerade hatte. Das kann auch ein Förmchen oder eine Schaufel im Sandkasten gewesen sein. Was hast du nicht alles unternommen, um genau das zu bekommen? Alles andere hast du ausgeblendet. Kein Ablenkungs- oder Bestechungsversuch mit einem anderen Spielzeug oder einem Eis hat geholfen. Nein, es musste genau das sein, was du dir in den Kopf gesetzt hattest.

Genau so funktioniert Fokussierung. Genau das ist Ausdruck deines Willens gewesen. Nun lässt sich vortrefflich darüber streiten, ob deine Vorgehensweise an dieser Stelle angemessen war. Ob die Methode am Ende auch zum Ziel geführt hat, steht ebenfalls auf einem anderen Blatt. Allein deine Gedanken, dein Fühlen, dein Verhalten waren ausnahmslos auf diese eine Sache ausgerichtet und ließen keinen Spielraum zu. Später wurden andere Gegenstände für dich wichtig und rückten in den Fokus. Der eine bestimmte Schulranzen, die besondere Schultüte. In meiner Jugend kamen irgendwann die Turnschuhmodelle von Adidas (Allround) und Puma (Universal) auf den Markt. Für damalige Verhältnisse zu hohen Preisen, aber viele, und dazu gehörte ich eben auch, verfolgten mit allem Nachdruck das Ziel, eines jener Modelle ihr Eigen nennen zu dürfen. Oder nehmen wir die berühmte Jeans 501 von Levis. Es musste unbedingt die sein, keine andere und auch keine andere der gleichen Marke. Du wirst bestimmte Vorstellungen gehabt haben, wann du welchen Führerschein machen möchtest. Welche Mofa-, Moped-, Motorrad- oder Automarke für dich vorstellbar waren oder sind. Hast du deine Ziele mit allem Nachdruck erreicht oder arbeitest du noch daran? Sind dir andere Dinge wichtiger geworden, auf die du deinen Willen ausgerichtet hast, weil du neue Aspekte betrachtet hast, die dich eben zu diesen veränderten Zielen hingeführt haben? Die Ausrichtung gelingt uns immer dann besonders gut, wenn mit dem Ziel besondere Emotionen, also hohe innere Motivationsfaktoren, verbunden sind.

Das gleiche Prinzip gilt aber auch für nicht materielle Anreize. Möglicherweise hast du den Wunsch gehabt, einmal Klassensprecher zu sein oder in die Schülervertretung aufgenommen zu werden. Rückblickend wird der ein oder andere feststellen, dass Fokus und Wille im Zusammenhang mit der Erreichung des Schulabschlusses nicht ausreichend war und das Ergebnis

Du hast Erfahrungen gemacht, die dich auf ein höheres Niveau gebracht haben.

demnach auch nicht den eigenen Vorstellungen entsprach. Das lässt sich im Übrigen auf jede Klassenarbeit, jede Klausur, Prüfungen im schulischen wie im beruflichen Kontext beliebig anwenden. Aus diesen Ergebnissen hast du im Zweifelsfall gelernt. Du hast Erfahrungen gemacht, die dich in späteren vergleichbaren Situationen auf ein höheres Niveau gebracht und dir geholfen haben, dich zu verbessern. Oder die emotionale Verbindung mit der Zielerreichung war zu wenig vorhanden, als dass daraus eine ausreichende eigene Motivation entstand. Obwohl du schon als Kleinkind Ziele sehr beharrlich verfolgen konntest.

Nun ist die Methode „mit dem Kopf durch die Wand" wohl in den seltensten Fällen des beruflichen Kontextes eine weise Variante. Du hast Menschen in deinem Umfeld, auf die deine Vorgehensweise Einfluss und Auswirkungen hat. Gerade als Führungskraft bist du auf die Unterstützung deines Teams angewiesen. Dass die Menschen Entscheidungen besser mittragen und vertreten können, wenn sie begründet und nachvollziehbar sind, liegt auf der Hand. Auch wird die mit der „Kopf durch die Wand"-Methode oft einhergehende emotionale Ladung sich in der Regel negativ auf dein Umfeld auswirken. Ganz zu schweigen davon, in welchem Unternehmen und mit welchen Führungskräften du zu tun hast. Da wirst du ganz schnell spüren, was die von dieser Methode halten.

All das ändert aber nichts an der Tatsache, nach der je intensiver du deine Konzentration auf dein gewünschtes Ziel ausrichtest, du umso eher dieses Ziel auch erreichen wirst. Alles ist möglich. Manchmal über einen Umweg oder den zweiten Bildungsweg, manchmal auf direktem Weg und hin und wieder auf verschlungenen Pfaden, bei denen du erst viel später erkennen kannst, warum du diesen anstrengenden

Weg gehen musstest, um dein Ziel zu erreichen. Auf solchen Wegen sind oft Lehren verborgen, die für deine spätere Tätigkeit von großer Bedeutung sind.

In den Zeiten, in denen wir heute leben, ist gerade das Fokussieren ein zunehmend schwierigeres Unterfangen geworden. Warum? Weil wir in einer Zeit der Ablenkung, der Angebotsvielfalt und auch der Meinungsbeeinflussung leben, die es in dieser Form noch nicht gab.

Nehmen wir an, du möchtest unbedingt Führungskraft werden und in zwei Wochen findet das entsprechende Auswahlverfahren mit deiner Vorstellung statt. Während du früher überlegt hast, ob du dir in dieser Zeit ein Ausgehen, ein Treffen mit den Kumpels oder deinen Sport rein zeitlich leisten kannst, findest du dich heute in einem ganz anderen Kontext wieder. Selbstverständlich gibt es all diese Dinge nach wie vor. Wenn du den Umgang damit für dich entschieden hast, kommen heute noch ganz andere Fragen und diese nahezu ununterbrochen auf dich zu. Logisch gab es früher auch die Fernsehunterhaltung, aber eben nicht mit zahllosen Kanälen und wenn da nichts kommt, dann mit abrufbaren Inhalten, wie zum Beispiel bei Netflix etc. Wie gehst du in dieser Situation mit deinem Smartphone um? Selbst unter der Voraussetzung, dass du es lautlos geschaltet hast, könnte es noch vibrieren. Selbst wenn du auch dieses Signal ausgeschaltet hast, besteht doch die latente Versuchung, auf das Display zu schauen. Schließlich könnte etwas Wichtiges gekommen sein oder du könntest im Zweifelsfall etwas verpassen.

Du brauchst den 100%igen Willen und den 100%igen Fokus. Oder willst du dein Ziel nur vielleicht erreichen?

Wie viel Wille steckt wirklich in dir? Wenn du 25 Themen zu lernen hast, bist du bereit, alle 25 zu lernen, oder denkst du, 20 reichen aus? Du brauchst den 100%igen Willen und den 100%igen Fokus. Du willst doch dein Ziel nicht nur vielleicht erreichen. Sofern du in diese Richtung denkst, dann spare dir die Zeit, zieh deine Bewerbung zurück oder bewirb dich am besten erst gar nicht. Wie viel Wille steckt in dir, dein Ziel wirklich wirklich zu erreichen? Wie viel bist du bereit, zu investieren, um im Anschluss die Früchte zu ernten, die du gesät hast? Überlege dir, ob du für diese beiden Wochen bereit bist, über deine gewöhnlichen Grenzen deiner Komfortzone zu gehen und gegebenenfalls auch ausnahmsweise die ein oder andere Gewohnheit beiseitelässt, um am Ende als Sieger dazustehen. Um nicht nur Finisher dieses Wettlaufs, sondern tatsächlich Sieger zu werden.

Prüfe deshalb vor jedem Ziel, welches du dir setzt, ob es wirklich dein Ziel ist. Ein guter Maßstab, dass es ein erstrebenswertes, hohes Ziel und damit lohnenswert erscheint, ist, wenn du zur einen Hälfte alles daransetzen möchtest, es zu erreichen, und die andere Hälfte in dir etwas ängstlich oder zurückhaltend ist, weil du nicht genau abschätzen kannst, welche konkreten Veränderungen auf dich zukommen.

Wenn du aber zu dem Ergebnis kommst, dass es sich für dich ganz persönlich lohnt, dass du dieses Ziel, beispielsweise Führungskraft zu werden, unbedingt erreichen möchtest, dann sorge dafür, dass keine oder möglichst wenig Ablenkung stattfindet. Ich sage dir nicht, dass es leicht ist. Aber du entscheidest gerade im Moment darüber, wie deine Zukunft aussieht. Denn deine Zukunft wird so aussehen, wie du sie dir gerade jetzt

Ich sage nicht, dass es leicht ist. Aber du entscheidest, wie deine Zukunft aussieht.

in diesem Moment gestaltest. Nicht, wie die Vergangenheit war, und nicht, wie du in Zukunft agieren wirst. Dein heutiges Handeln bestimmt, wie du in Zukunft arbeiten und leben wirst oder eben nicht. Dafür lohnt es sich doch, auf Zeitfresser zu verzichten, oder?

Der Boden im Supermarkt

Wenn Fokus und Wille im Mittelpunkt stehen, dann gibt es ein klassisches Bild aus Kindertagen, was wohl jeder und jede entweder mit den eigenen Kindern oder aber mit Kindern Dritter schon einmal miterlebt hat – ok, zumindest die meisten von uns.

Nichtsahnend an einer Kasse anstehend nähert sich in einer danebenliegenden Kassenschlange ein Einkaufswagen in Begleitung eines Erwachsenen und mindestens eines Kindes. So unbarmherzig, wie Supermärkte nun einmal eingerichtet und mit Ware ausgestattet sind, befindet sich unmittelbar in der Nähe der Kasse noch das Süßigkeiten-Regal. Natürlich exakt so drapiert, dass die Kleinen, meist so im Alter von zwei bis sechs, gut danach greifen können, zumindest aber nicht unerkannt an Schokoladen-Eiern, Bubble Gum und Co. vorbeilaufen können. Manchmal greift eine kleine Hand einfach beherzt zu, bis dann Mama oder Papa die gerade gewonnene Trophäe wieder in das Regal legt oder das Kind auffordert, dies zu tun. Spätestens jetzt nimm das Schauspiel „Fokus und Wille im Kleinkindalter“ seinen Lauf.

Nach einem Sekundenbruchteil Stille füllen sich die kindlichen Augen milliliterweise mit kleinen Tränchen, bis diese schließlich überlaufen. Ein zartes Schluchzen gibt den Auftakt des Szenarios bekannt. Weder durch ignorieren noch durch besänftigen ist dem Strom der kullernden Tränen beizukommen. Schließlich zündet die zweite Stufe dieser Rakete, indem aus dem leisen Schluchzen ein handfestes durchdringendes Weinen oder Schreien wird. Das geschieht meistens verbunden mit angsteinflößenden Atemaussetzern, die die ersten umstehenden Personen sich nach dem „armen" Kind umdrehen lässt. Das Elternteil wird zwar etwas ungeduldiger, macht aber für das betroffene Kind immer noch keine Anstalten, die Situation zu seiner Zufriedenheit zu lösen. Also hilft nur noch Stufe drei:

„Ich kriege nie was Süsses!"

Unter ohrenbetäubendem Geschrei wirft sich der kleine Rotzbengel mit voller Wucht auf den Fußboden, fängt mit seinen geballten Fäusten, deren Knöchel schon leicht weiß anlaufen, auf eben diesen Boden zu trommeln an und bringt mit allem, was die kleinen Lungen so hergeben den entscheidenden Satz raus: „ICH KRIEGE NIE WAS SÜSSES!"

Mal losgelöst davon, dass das auch vor Schaustellergeschäften gelegentlich zu bewundern ist und spätestens bei der dritten Stufe einige Personen im unmittelbaren Umfeld denken, man möge doch bitte endlich mal was tun, damit dieser Krach aufhört, ist das aus meiner Sicht eines der absolut herausragenden Beispiele dafür, über welche Willenskraft und welche Fähigkeit zur Fokussierung wir im Kindesalter verfügen. Ohne dass es uns ein Erwachsener vorgemacht hätte. Ohne dass wir uns das Verhalten von anderen abgucken mussten und ohne dass es jemanden gab, der im Hintergrund Regie führte. Diese Fähigkeiten waren mit all ihrer Emotionalität einfach da.

Und heute? Spürst du manchmal tatsächlich noch diese unbändige Kraft deines Willens in dir? Oder hast du dich eher an das ständige Aushandeln von Kompromissen gewöhnt, fühlst dich in deiner Komfortzone wohl und denkst manchmal darüber nach, wie dein Leben wohl verlaufen wäre, wenn du damals deine Interessen konsequenter verfolgt hättest?

Mitnichten ist die oben geschilderte Art und Weise ein geeignetes Mittel, im Job seinen Willen durchzusetzen. Das hast du dir sicher schon gedacht. Es geht auch nicht um die Art und Weise. Mir geht es ausschließlich darum, zu verdeutlichen, welche Kraft diese beiden Begriffe „Fokus" und „Wille" in dir entfachen können, wenn es um Dinge geht, die du dir wirklich von ganzem Herzen, zu hundert Prozent von ganzem Herzen, wünschst. Wofür du brennst, alles geben oder zumindest so weit gehen würdest, dass es dir spürbar wehtäte, nur um dein Herzensziel zu erreichen. Genau diese Ausrichtung, diese Haltung, kann entscheidend sein, wenn es um eine Zielerreichung geht. Bist du bereit, alles zu investieren, was getan werden muss, um Führungskraft zu werden? Bereitest du dich auf dein Gespräch vor, während deine Freunde im Training sind, auf ein Konzert oder einfach feiern gehen? Kannst du dir vorstellen, wenn du dich schon so richtig kaputt fühlst, noch mal eine Stunde länger zu arbeiten? Wie weit bist du bereit, zu gehen? Wie viel bist du bereit zu investieren? Reichen dein Wille, deine Fokussierung, um andere zu übertrumpfen? Dieses Prinzip funktioniert grundsätzlich immer, solange du auf dich schaust und niemandem im Laufe eines solchen Prozesses schadest. Werde jeden Tag eine bessere Version deiner selbst und vergleiche dich nicht mit anderen.

Werde jeden Tag eine bessere Version deiner selbst und vergleiche dich nicht mit anderen.

In deiner Rolle als Führungskraft kommt es essenziell auf diese Eigenschaften an. Wenn du diese Vorbildfunktion lebst, solltest du bereit sein, mehr zu investieren als die anderen. Eine hervorragende Voraussetzung ist, dass du dich zunächst in die Abläufe deines Bereichs von deinem Team einarbeiten lässt, sofern du die Abläufe nicht schon aus eigener Erfahrung kennst. Die Zusammenhänge verstehen und allen signalisieren wollen, dass du bereit bist, dich auch über die Details zu informieren, steigert deine Akzeptanz signifikant und ermöglicht dir, bei der Suche nach kreativen Lösungen den Gesamtprozess im Blick zu haben.

Selbstverständlich sendest du ein wichtiges Signal, wenn du bereit bist, auch über deine Grenzen zu gehen und Einsatz zu zeigen. Das sollte aber in einem guten Verhältnis zu Phasen stehen, in denen die Möglichkeit besteht, früher zu gehen oder einen Ausgleich für den in den letzten Wochen geleisteten Einsatz zu bekommen, um die Akkus wieder aufzuladen. Nur so können Fokus und Wille immer wieder erstarken. Wichtig ist, diese Phasen auch deinem Team zuzugestehen.

Lebe stets vor, was du von anderen erwartest.

Zeige deinen Willen auch im Hinblick auf gemeinsame Erfolge. Sei bereit, diese zu feiern und den Mitarbeitenden den nötigen Freiraum dafür zu geben. Eine Möglichkeit für ein Commitment hinsichtlich des Fokus zu erzielen, wäre, einen sogenannten „Code of honour“ gemeinsam aufzustellen und das Handeln danach auszurichten. Lebe stets vor, was du von anderen erwartest. Du kannst die Ziele im Rahmen von gemeinsamen Meetings erarbeiten lassen. Mit der Beteiligung jedes Einzelnen steigt auch die Motivation, die ganze Kraft danach auszurichten. Am besten gelingt das, wenn spürbar wird, dass Emotionen der Teammitglieder in diesem Prozess erkennbar werden, denn nichts steigert den Willen mehr als eigene Emotionen, die mit den Zielen verbunden sind.

Richte deine gesamte Wahrnehmung auf deine Aufgabe aus. Überlegungen könnten sein, ob die Mailbearbeitung effizient ist, wie der Postlauf organisiert ist, ob bestimmte Apps oder Programme wirklich erforderlich sind und vor allem, das ist oft der größte Zeitfresser, ob denn die Meetings in Zahl und Umfang wirklich erforderlich sind.

Letztlich stellt sich für dich persönlich die Frage, was in deiner Situation dein ganz persönliches Ziel ist. Nein, nicht morgen oder nächste Woche! Was treibt dich wirklich an? Möchtest du eine bestimmte Aufgabe übernehmen, würde es dir gefallen, eine andere Position zu erreichen, hast du ein bestimmtes Ziel beim Aufbau deines Teams oder verfügst du über eine Idee zu strukturellen Veränderungen grundsätzlicher Art im Unternehmen und weißt noch nicht, wo und wann du diese kommunizieren sollst?

Letzten Endes ist es egal, welches Ziel du persönlich anstrebst. Die zur Erreichung förderlichen Rahmenbedingungen sind meistens gleich. Denke bei deiner Zielsetzung richtig groß. Das bedeutet zunächst, dass das Ziel in dir eine Vorfreude, ein inneres Kribbeln auslösen soll, weil es eine Herzensangelegenheit für dich ist. Gleichzeitig darfst du ruhig großen Respekt oder auch ein bisschen Bammel davor haben. Wenn deine innere Stimme einerseits jubelt und andererseits immer wieder einstreut, dass dein Bauchgefühl manchmal ein wenig mulmig ist, dann ist es genau das rich-

Wenn sich Vorfreude mit einem flauen Bauchgefühl vermischt, hast du dein Ziel richtig gewählt.

tige Ziel. Denn es geht am Ende nicht darum, einfach so etwas zu erreichen. Schließlich ist uns allen bewusst, dass wir etwas leisten müssen, um auch etwas zurückzubekommen. Oder anders formuliert: Um etwas zu ernten, musst du erst einmal säen.

Das Bild vom Kind im Supermarkt steht sinnbildlich dafür, wie sehr du deinen Fokus und deinen Willen auf etwas ausrichten kannst. Diese Energie steckt in dir und will von dir aktiviert werden. Das Ganze in einem Umfang, der keine Zweifel an deinem Willen aufkommen lässt, und in einem Rahmen, der dem Umfeld angemessen ist. Leg los und hol dir deine Süßigkeit aus dem Regal an der Kasse des Lebens!

Ablenkung und Durchhaltevermögen

Man könnte meinen, dass als Kind die Gefahr einer Ablenkung und damit auch einer nachhaltigen Abkehr eines einmal fokussierten Zieles deutlich größer gewesen ist als in der Erwachsenenwelt, dem Umfeld deines Jobs oder auch innerhalb der Familie. Gerade das Gegenteil ist der Fall. Aber der Reihe nach.

Wahrscheinlich hast du auch als Baby irgendwann mal einen Schnuller zur Beruhigung verpasst bekommen. Vorausgesetzt, du warst unruhig und hattest Probleme, trotz deiner Müdigkeit einzuschlafen, half dir dieses Ritual mutmaßlich sogar. Wenn dieses Ding aber ausschließlich deshalb in deinen Mund gestopft wurde, damit du endlich aufhörst zu Quengeln und das Quengeln eine handfeste andere Ursache, wie beispielsweise Hunger oder Durst, hatte, hast du doch im Leben nicht daran gedacht, deine Aufmerksamkeit für dein

Hungergefühl für dieses Stück Kautschuk aufzugeben. Stattdessen hast du das Ding schnellstmöglich ausgespuckt und weiter geplärrt.

Oder führe dir beispielhaft noch einmal die oben beschriebene Situation im Supermarkt vor Augen. Wenn du von den Süßigkeiten eine ganz bestimmte Sache zu deinem Ziel erkoren hast, nehmen wir als Beispiel den riesengroßen Osterhasen, den es immer in einer besonderen Verpackung gibt, dann hast du dich doch nicht mit der Normalgröße abspeisen lassen, sondern erst recht Theater veranstaltet, damit du zu deinem Wunschergebnis kommst.

Zumindest hast du dich insgesamt nur kurze Momente von deinem Vorhaben oder deinem Ziel ablenken lassen, hast im Weiteren eine enorme Ausdauer und Willensstärke an den Tag gelegt und unter Umständen auch lautstark untermalt. Es war diese eine Sache, auf die dein Blick, dein Wille, dein Fokus ausgerichtet war. Dir mit irgendwelchen beliebigen, in deinen Augen scheinbar zweitklassigen Varianten anzukommen, war für dich schlichtweg eine Frechheit.

Es war diese eine Sache, auf die dein Blick, dein Wille, dein Fokus ausgerichtet war.

Eine einzige Sache gab es, die dich möglicherweise in der häuslichen Umgebung besänftigen konnte, von der wir auch bösartig annehmen könnten, dass sie alleine dazu geschaffen wurde. Damit nahm das heutige Unheil seinen Lauf.

Ich spreche von Bildschirmen oder Monitoren. Vor 50 Jahren sicher noch nicht derart relevant wie heute. Das hatte zum einen den Hintergrund, dass es nur drei Fernsehprogramme gab und du zum Umschalten aufstehen musstest, und zum anderen, dass es einen großen Bildschirm in der Familie gab, den du nicht mal eben unter der Bettdecke, auf der

Toilette, zu jeder beliebigen Tag- und Nachtzeit und wenn gewünscht auf dich ganz individuell zugeschnitten nutzen konntest. Selbstverständlich gab es vor 50 Jahren auch nicht annähernd so viele Freizeitangebote. Wir waren nicht so mobil wie heute, sodass eben auch entferntere Ziele leichter erreichbar geworden sind.

Dennoch ist meines Erachtens der Bildschirm als solcher mit akustischen Signalen und bewegten Bildern eine der Hauptursachen, warum wir heute weniger zielorientiert denken und handeln. Während der Fernseher noch von Erwachsenen fremdgesteuert zu deiner Beruhigung oder Ablenkung eingeschaltet wurde, kontrollierst du heute in der Regel mindestens eine Handvoll Geräte mit Bildschirmen und akustischen Signalen. Möglicherweise kontrollieren diese auch dich! Da wären:

- der Fernseher, auf dem heute deine Lieblingsinhalte jederzeit abrufbar sind
- ein stationärer PC, den du an- und ausschalten kannst, wann immer du möchtest
- als Ergänzung oder Ersatz ein Laptop, für den gleiches gilt
- das Tablet, die leichte und komfortable Variante mit großem Monitor, und
- als dein ständiger Begleiter, dein Smartphone.
- Fehlen noch jegliche stationäre und portable Varianten diverser Spielekonsolen, gegebenenfalls Zweit- und Drittgeräte, damit sich auch tatsächlich jede und jeder individuell nach seinem Gusto in der digitalen Welt aufhalten kann. Mal nur kurz die Mails checken ... huch, schon wieder eine Nachricht … ich muss schauen, wie viele Likes mein Beitrag schon erhalten

hat … meine Flammen auf Snapchat muss ich retten … und so weiter.

Die exponentiell negativen Auswirkungen entstehen durch die Vielzahl der Unterbrechungen unserer eigentlichen Tätigkeit. Gemäß einer Untersuchung im Jahr 2022 wurde nachgewiesen, dass durch jegliche Unterbrechungen bis zu fünf Arbeitstage pro Monat verloren gehen – da kommt die Privatzeit noch hinzu!

Frage dich selbst, welche der oben genannten, vergleichbaren oder sogar zusätzlichen Geräte mit potenziellem Ablenkungsfaktor du besitzt. Analysiere ehrlich und an den wahren Zeiten, die im Übrigen diese Geräte auf Wunsch beziehungsweise Knopfdruck ausspucken, wie lange deine tägliche Nutzung ist. Erschrecke nicht darüber, wie viel deiner Lebens- und Arbeitszeit dadurch verpufft. Die Zeit alleine sagt noch nichts darüber aus, auf welche Art und Weise du die Geräte nutzt. Mal losgelöst vom konzentrierten Arbeiten an einem der Geräte reagierst du unmittelbar, wenn durch ein Signal kundgetan wird, dass gerade eine Nachricht eingegangen ist, oder bündelst du die Rückmeldungen in möglichst wenigen festen Zeitfenstern?

Schau dir die ungeschminkte Wahrheit deiner Auswertung an. Versuche zu schätzen, wie viele Zugriffe unumgänglich, wie viele Nachrichten just in diesem Moment und wie viele Scrolls auf Facebook oder Reels auf Insta im Moment deines Zugriffs wirklich wichtig waren. Was davon hat dich deinen Zielen nähergebracht? Vermutlich ist das gerade eine sehr bittere Erkenntnis, die du gewinnst. Ein Learning, welches du dir noch nie wirklich vor Augen geführt hast. Wenn du vor diesen Informationen sitzt und dir gerade in den letzten

Tagen die Frage gestellt hast, weshalb du deine so sehnlichst erwünschten Ziele nicht erreichst, liegt jetzt ein gravierender Teil der Antwort vor dir. Weil du dich nicht ausreichend fokussierst, dein Wille jedes Mal schwach wird, wenn eines der Geräte sich bemerkbar macht, oder dein Gehirn dir schon wieder suggeriert hat, dass dein Tag doch so anstrengend war und du dir jetzt einen Netflix-Abend mit Bier und Chips auf der Couch verdient hast. BULLSHIT!

Was möchtest du im Leben wirklich – dich ablenken und auf seichtem Niveau unterhalten lassen oder deine Ziele fest im Blick und damit verbunden den Willen haben, wenn andere es sich gemütlich machen, stattdessen etwas für deine Träume zu tun? Das ist manchmal unbequem. Das ist nicht immer leicht. Das kostet Überwindung, natürlich. Aber überleg doch mal, was am Ende deines Weges für ein Ergebnis stehen wird. Alle anderen, die für sich entscheiden, weiterhin ihrem Gehirn zu glauben, dass sie sich einen chilligen Abend auf der Couch verdient haben, werden auch in Zukunft das Gleiche haben wie heute. Du nicht – denn du weißt, dass du etwas tun musst, damit du etwas zurückbekommen kannst. Du bist dir deiner selbst bewusst und kennst deine Ziele. Du kennst deine Fähigkeiten des Fokussierens und deines Willens, weil du dich an die Situationen deiner Kindheit erinnerst, in denen du genau diese Eigenschaften so an den Tag gelegt hast, dass deine Eltern oder dein Umfeld versucht haben, darauf mit Ablenkung zu reagieren.

Das ist manchmal unbequem. Das ist nicht immer leicht. Das kostet Überwindung, natürlich.

Du willst endlich Führungskraft werden? Du möchtest in deinem Unternehmen die nächste Stufe erklimmen? Du willst einen neuen Job mit mehr Verantwortung und Personalführung? Dann beginne in diesem Moment, deinen Fokus darauf auszurichten. Leg beispielsweise das Smartphone weg, lösche Zeitfresser-Apps oder schalte sie befristet stumm. Frage dich bei allem, was du gerade tust, welche deiner Tätigkeiten dich deinem selbst gewählten Ziel näherbringen oder in diese Richtung vorantreiben. Kannst du nicht mit „ja“ antworten, wechsle die Tätigkeit und handle zielgerichtet. Kommuniziere, dass du ab sofort mehr Zeit in deine Weiterbildung investierst, denn du wirst Menschen auf deinem Weg haben, die deine Veränderung nicht verstehen. Die nicht verstehen, dass du vielleicht noch zum Sport kommst, aber danach nicht noch stundenlang an der Theke sitzt. Die es nicht nachvollziehen können, dass du auch mal ein Wochenende auf einem Seminar bist, statt dich mit ihnen zu treffen. Die nicht kapieren, dass du für dein Ziel bereit bist, mehr zu tun als sie für ihre. Du wirst alleine durch deine Haltung auffallen. Plötzlich bist du jemand, der klare Ziele vor Augen hat und diese konsequent verfolgt.

Frage dich bei allem, was du tust, ob diese Tätigkeit dich deinem gesetzten Ziel näherbringt oder nicht.

Ich möchte dich aber auch warnen. Dadurch, dass du für dich einen Weg gefunden hast, zum Beispiel bei deinem Chef für Aufmerksamkeit auf deine geänderten Aktivitäten zu sorgen, wirst du nicht nur positive Reaktionen erhalten. Es kann passieren, dass dich deine Mitarbeitenden als stark verändert wahrnehmen und daraus falsche Schlüsse ziehen. Das kannst du aufklären. Es wird Menschen geben, die dir deine Haltung und den sich vielleicht schon abzeichnenden Erfolg auch neiden. Wenn deine Mitarbeitenden aber ein

Mindset haben, was deinem ähnelt, dann werden sie dich verstehen und möglicherweise sogar unterstützen. Andere wiederum wenden sich im Privatleben von dir ab oder wechseln den Job, weil du willensstärker und fokussierter bist. Entgegne ihnen einfach, dass du nicht mehr so weitermachen möchtest wie sie selbst. Denn wenn du das tust, bekommst du die gleichen Ergebnisse wie alle anderen und das ist dir nicht mehr genug.

Es ist deine Entscheidung wie sehr du Willen und Fokus in dein Leben, in dein Tun und Handeln integrierst, ja dich von ihnen leiten lässt. Oder wie sehr du aus Bequemlichkeit lieber der Unterhaltungstechnik folgst, deine begrenzte Lebenszeit mit Bildschirminhalten füllst, die dich zwar für den Moment von deinem Alltag betäuben, in dir aber, wenn du aus der Ablenkung auftauchst, ein Gefühl der Leere hinterlassen.

Machst du das Gleiche wie bisher, bekommst du auch die gleichen Ergebnisse wie bisher.

Ich wünsche dir den maximalen Fokus und den dazu erforderlichen Willen, diesen beizubehalten und deine Ziele zu erreichen.

8 Erfolg und Enttäuschung – bittersüße Erfahrungen

Eines der wesentlichen, vielleicht sogar in den Top 3 liegenden Learnings unseres Lebens ist der Umgang mit einem erfolglosen Anlauf der Zielerreichung. Jetzt ist „erfolgloser Anlauf" eine harte Formulierung. Gleiches ist damit gemeint, wenn wir von Erfahrungen sprechen, die wir gemacht haben, oder von Ablehnung unserer Vorschläge, einer Enttäuschung, wie in der Überschrift formuliert. Eben schlicht einem Ziel, welches wir zumindest nicht im ersten Anlauf erfolgreich erreichen konnten.

Logischerweise gibt es verschiedene Möglichkeiten, damit umzugehen, wie in vielen anderen Situationen auch. Auf dem Weg zum Erwachsenwerden ist dieses Bewusstsein eines, was zumindest ebenso häufig unabhängig von anderen Personen wie auch unter Beeinflussung erlebt werden kann. Zweifellos wirst du dadurch beeinflusst, wie Menschen in deiner näheren Umgebung, zuallererst wieder deine Eltern, mit solchen Erlebnissen umgehen. Dazu kommen aber Ergebnisse, die in der Natur der Sache liegen können. Das geschieht immer dann, wenn du in deinem Leben etwas ohne Beteiligung Dritter ausprobierst oder zu erreichen versuchst und es am Ende nicht so wirklich beziehungsweise oder eben gar nicht gelingt. Dann machst du das Ergebnis und den Umgang damit zunächst einmal mit dir selbst aus.

Diese Form der Wahrnehmung belegt einmal mehr, dass es nicht die Ereignisse sind, die entscheiden, wie du dich in deinem Leben gerade fühlst. Es ist deine Interpretation des Ergebnisses, welche dazu führt, ob du zuversichtlich, „dann klappt es halt beim nächsten Versuch", oder pessimistisch, „ich habe es gewusst, dass ich das nicht schaffe", mit deinem erzielten Ergebnis umgehst. Daraus entwickeln sich wiederum weiter oben beschriebene Haltungen, wie Optimismus oder auch Mut. Ich halte es für ganz entscheidend, sich an dieser Stelle immer wieder vor Augen zu führen, dass es ohne Regen keinen Regenbogen gibt oder, anders ausgedrückt, dass jede Medaille zwei Seiten hat und es die Vorder- nicht ohne die Rückseite gibt. Und wer weiß, vielleicht ist gerade deine erlittene Enttäuschung die Ursache für deine veränderte Herangehensweise und damit deinen Erfolg beim nächsten Versuch.

Nicht das Ergebnis, sondern deine Interpretation führt dazu, ob du zuversichtlich oder pessimistisch mit dem Ergebnis umgehst.

Erfolg braucht keine Belohnung

Als kleines Kind versuchst du zu laufen, fällst hin und stehst wieder auf, um es noch mal zu versuchen. Du hast Türme aus Holzklötzchen oder Pappbierdeckeln gebaut, die eingestürzt sind, was hast du getan – es wieder versucht. Oft hast du alleine in deinem Zimmer mit Lego gespielt und festgestellt, dass das Ergebnis nicht so war, wie du es dir gewünscht hast. Schließlich hast du deine Puppen frisiert, wieder und wieder, bis sie endlich so aussahen, wie du es dir vorgestellt hast. Beim Bauen im Sandkasten hast du modelliert und gestaltet, bis du zufrieden warst. Die Stöcke, die du zum Spielen brauchtest, mussten eine bestimmte Form und Größe haben. Im Zweifelsfall hast du eben weitergesucht. Vielleicht hast du ein Instrument gespielt oder wolltest es lernen und hast, manchmal gewiss verbunden mit Flüchen, geübt und geübt, bis du die Stücke spielen konntest. Im Sportverein hast du Spiele verloren und bist beim nächsten Mal trotzdem wieder mit deiner Mannschaft angetreten und hast eben versucht, das nächste Spiel zu gewinnen.

Sicher bist du dann und wann ganz stolz zu deinen Eltern oder anderen Menschen in deiner Nähe gelaufen und hast gesagt: „Schau mal, was ich gemacht habe!“ Dann hast du eine Anerkennung/ein Like erhalten und damit dein Gefühlskonto noch ein bisschen aufgestockt oder warst eben auch enttäuscht, wenn dies wider deiner Erwartungen kleiner ausfiel und auch mal ganz ausblieb. Wenn du genau darüber nachdenkst, was eigentlich am meisten an dem jeweiligen Erfolgserlebnis gezählt hat, war es doch das Gefühl in dir. Du hast dir etwas vorgenommen und hast es hinbekommen. Dieses tolle Bauwerk hast du mit deinen Händen erschaffen, das Musikstück erlernt, die Puppe frisiert. Du hast es alleine geschafft! Dieses Gefühl ganz tief in dir drin kann dir kein anderer Mensch geben. Eine Belohnung in Form einer Sache, Süßigkeit oder eines Spielzeugs findest du toll – das steht aber in Kürze in der Ecke. Das Wissen, dass du dieses oder jenes geschafft hast, dass du erfolgreich warst, dass deine Hände oder dein Kopf etwas produziert haben, was sogar nach außen sichtbar ist, ist tausendmal mehr wert als eine Sachbelohnung, weil du es stets aus der Erinnerung holen kannst.

Du hast es alleine geschafft! Dieses Gefühl kann dir kein anderer Mensch geben.

Genau das ist der Grund, weshalb es nicht zwingend eine Belohnung benötigt, um dir ein gutes oder erfolgreiches Gefühl zu hinterlassen. Die Zielerreichung löst in dir von einem schönen Gefühl bis hin zum „wow“ etwas aus, was länger anhält und größere Wirkung entfaltet als eine externe Belohnung. Emotionen! Wenn du dein Ziel, Führungskraft zu werden, durch ein erfolgreiches Auswahlverfahren erreicht hast, schwebst du doch auf Wolke sieben, dann braucht es nicht wirklich noch eine materielle Belohnung. Du kannst dich natürlich auch selbst belohnen, indem du beispielsweise zu Hause eine Flasche Wein aufmachst oder mit deinem Partner, deiner Partnerin schön essen gehst. Das hat gleich noch einen positiven Effekt: Du teilst deinen Erfolg und dein positives Gefühl, weil du ja strahlst vor Freude. Im Idealfall freut sich dein Gegenüber ja mit (den anderen Fall soll es in seltenen Fällen auch geben).

Ein erfolgreiches Auswahlverfahren braucht keine zusätzliche materielle Belohnung.

Das Ritual, nach etwas Erreichtem als Kind noch zu jemand anderem zu gehen, um sich ein Lob abzuholen, hat eher etwas mit der Bestätigung oder der eigenen Unsicherheit zu tun. In dem Moment möchtest du von dieser Person deine Leistung bestätigt bekommen.

Im Job weißt du in der Regel nicht genau, wie deine Mitarbeitenden im Team zu Beginn ticken. Deshalb ist es hilfreich, diese Bestätigung durch Loben regelmäßig auszusprechen. Nicht geschimpft ist genug gelobt ist der falsche Ansatz. Mit der Zeit wirst du ein Gefühl dafür bekommen, wer tatsächlich eher etwas unsicher ist und diese Zuwendung möglichst oft benötigt und wer aus der Zielerreichung schon so viel Bestätigung erhält, dass kein ständiges Loben erforderlich ist. Dennoch ist es für ein gutes Miteinander unumgänglich, auch diesen Menschen ab und zu eine entsprechende Rückmeldung zu geben. Das hat einerseits damit zu tun, dass kein allzu großes Ungleichgewicht entstehen darf, denn das ist ein gefährlicher Nährboden für Ungerechtigkeitsempfinden und daraus entstehende Diskussionen oder im schlimmsten Fall Gespräche hinter dem Rücken. Zum Zweiten müssen alle gelegentlich wissen, woran sie sind. Ob der Weg, die Art und Weise noch zielführend ist oder ob sie selbst eine gewisse Korrektur vornehmen müssen. Festzuhalten ist aber, dass eine inflationäre Lobhudelei nicht notwendig, sondern eher kontraproduktiv ist.

Übermäßige Belohnungen haben definitiv weitere Nachteile. Durch Untersuchungen wurde nachgewiesen, dass regelmäßige Anerkennungen finanzieller Art beispielsweise eine Erwartungshaltung auslösen und damit ihren motivationalen Wert verlieren. Mitarbeiter A etwa, erhält seit nunmehr drei Jahren eine jährliche Prämie, weil seine Arbeit aus deiner Sicht immer sehr gut ist. Spätestens im vierten Jahr wird er die gleiche Zahlung erwarten – und fällt im Zweifelsfall vom Glauben ab, wenn er sie nicht erhält. Das kann weitreichende Konsequenzen für die Zusammenarbeit haben, je nachdem, wie dann wieder von dir mit dieser Enttäuschung umgegangen wird.

Solltest du also wirklich einen Überflieger im Team haben, soll ja vorkommen, dann schau, wie du möglichst gut Abwechslung in deine Anerkennung bekommen kannst. Beispiele sind die Förderung durch einen bestimmten Lehrgang, die Teilnahme an einem Kongress/einer Veranstaltung, ein freier Tag zusätzlich oder bei dauerhaft herausragenden Leistungen die Teilnahme an einem Mentoren-Programm zur Führungskräfteentwicklung. Denk dir etwas aus, sei kreativ, aber nicht langweilig. Denn normal ist eine Einstellung am Wäschetrockner und damit per se langweilig.

Als nächster Aspekt ist zu prüfen, dass, wenn schon ein externer Anreiz aufgegriffen wird, die Größe der Anerkennung auf jeden Fall in Relation zum erreichten Ziel stehen sollte. Gerade wenn die interne Motivation hoch ist, braucht es, wenn überhaupt, nicht viel. Eine schöne Postkarte mit ein paar anerkennenden Worten oder ein kurzes Gespräch können beim ersten Mal ausreichend sein.

Viel interessanter wäre doch die Überlegung, was du tun könntest, um das innere Glücksgefühl bei Mitarbeitenden auf ein solches Niveau zu befördern, dass tatsächlich kaum äußere Anreize benötigt werden. Alleine durch die regelmäßige Bestätigung, wenn du gefragt wirst, ob ein Vorgehen noch im Rahmen des Gewünschten liegt, gibst du auf längere Sicht Sicherheit, die bis dato gefehlt hat. Du könntest auch besondere Meilensteine vor dem gesamten Team hervorheben. Nach dem Motto: Erfolge gemeinsam feiern. Auch daraus lässt sich eine Kultur des Umgangs entwickeln, die nach einiger Zeit anerkannt und als gegeben positiv angenommen werden wird. Auf jeden Fall solltest du zumindest signalisieren, dass du den Zwischenschritt wahrgenommen hast.

Was kannst du für das innere Glücksgefühl der Mitarbeitenden tun, damit tatsächlich kaum äußere Anreize benötigt werden?

Noch mal zurück zu der Frage, was du tun könntest, um die innere Motivation anzuheben. Ich stelle dazu eine These auf: Sofern die Personalauswahl anhand von gut durchdachten Fragestellungen im Gespräch und unter anderem mit einer hohen intrinsischen Motivation im Verfahren verknüpft war, dann arbeiten in deinem Team ausschließlich Menschen, die sich ihrer Aufgabe bewusst sind, Sinn in ihrer Tätigkeit sehen und emotional mit den Aufgaben verbunden sind. Das sind die besten Voraussetzungen, dass es in deiner Gruppe keine unsicheren, auf äußere Reize bedachten Personen gibt.

Je höher die emotionale Verbindung zum Job und die Sinnstiftung der Aufgabe sind, umso weniger muss von außen beigesteuert werden. Klingt ganz leicht – die Personalauswahl ist es zumindest oft nicht.

Wie viel Wert du deshalb auf diese Auswahl legen solltest, ist dir mit Sicherheit deutlich geworden. Um für dich daran zu arbeiten, kannst du auch Rahmenbedingungen für die gewünschte Zusammenarbeit entwickeln. Dann gilt eine Ablehnung, ein Scheitern an einem Zwischenstand in deinem Team lediglich als Lerneffekt, um schneller zum gewünschten Ziel zu kommen. Weil jedes Learning ein wichtiger Meilenstein zur Zielerreichung ist. Große Worte, ich weiß. Insbesondere, da sie viel zu oft in Unternehmen schon missbraucht wurden. Missbraucht für eine gewünschte Kultur, die am Ende nicht umgesetzt wurde oder keinen (vollständigen) Einzug gehalten hat. Denn es gibt nichts Schlimmeres für ein Unternehmen als Versprechen, die nicht eingehalten werden. Gerade in Zeiten schwindender Arbeitskräfte wird dein Betrieb dann die Mitarbeitenden schneller verlieren, als neue eingestellt werden können. Vergiss nicht, dass wir seit ein paar Jahren einen Arbeitnehmermarkt haben und sich die Menschen noch mehr als früher aussuchen können, wo und wie sie ihr Geld verdienen wollen. Entweder die Aussagen in den Berichten, Stellenausschreibungen oder auf irgendwelchen Portalen treffen zu oder die Bewerbungen werden an andere Adressen geschickt. Und wenn sich mal jemand in besagtes Unternehmen „verirrt" hat, wird diese Person schneller die Flucht ergreifen, wenn sie die Wahrheit

Es gibt nichts Schlimmeres als Versprechen von Arbeitgebern, die nicht eingehalten werden.

erkennt, als gedacht. Die daraus entstehenden Folgen, erneute Ausschreibung (Kosten), erneutes Verfahren (Zeit) und eventuell identisches Handeln (Weggang), belasten Firma und Team zugleich.

Zusammengefasst benötigen wir von Kindesbeinen an in den seltensten Fällen externe Belohnungssysteme. Einmal damit angefangen, findet sich nur schwer wieder ein Ende – ein Zurückdrehen ist immer schwieriger als eine Neueinführung. Regelmäßige externe Anreize nutzen sich bald ab. Es braucht entweder Kreativität oder ein gutes Augenmaß beim Einsatz solcher Instrumente – am besten beides!

Dennoch ist individuell mehr oder weniger regelmäßiges Feedback wichtig, um Klarheit über den aktuellen Stand und die (Un-)Zufriedenheit zu schaffen. Im Idealfall baust du dein Team so auf, dass eine hohe intrinsische Motivation mitgebracht wird. Und wenn du selbst so ein Typ Mensch bist, hast du auch darauf geachtet, dass du Chef von einem Team mit Aufgaben bist, die sinnstiftend sind und auch Spaß machen können. Denn für dich ist die Belohnung der Erfolg selbst.

Es braucht Kreativität oder ein gutes Augenmaß beim Einsatz der Instrumente – am besten beides!

Steh auf, wenn du laufen willst

Gleiche Situation, anderer Blickwinkel. Die ersten Gehversuche laufen schief, was auch bei dir sehr wahrscheinlich so gewesen sein dürfte. Stell dir vor, du hättest dich nach einem guten Dutzend Bemühungen selbst nur widerwillig erhoben. Nach zwei Dutzend Versuchen wärst du noch auf die Knie gegangen, um dich unmittelbar danach wieder fallenzulassen. Spätestens nach dem dritten Dutzend dieser Tests hättest du gar keine Anstalten mehr gemacht, aufzustehen, sondern wärst weiter gemütlich durch die Wohnung gekrabbelt. Schließlich kommst du ja auch so vorwärts und wenn du etwas benötigt hast, wird es dir gebracht – praktisch!

Ein paar Monate später bekommst du aber mit, dass sich in einer Krabbelgruppe dein jüngeres Geschwisterchen oder andere Kinder in deinem Alter, die zu Besuch sind, sich schon viel schneller auf zwei Beinen bewegen können. Die kommen an Dinge, die für dich zu weit oben sind. Die machen selbstständig Türen auf und zu und, oh Wunder, denen steht eine Welt offen, die dir noch verschlossen ist. Jetzt hast du zwei Möglichkeiten:

1. Du wirst immer jammernder und bemitleidest dich selbst. Denn du bist ja der benachteiligte arme kleine Wurm, der es leider nicht schafft, zu laufen. Das kannst du dann gerne in Zukunft mit deinesgleichen bejammern, weil ihr so benachteiligt seid und euch keiner hilft. Im schlimmsten Fall wirfst du noch deinen Eltern vor, dass sie dich, aus welchen Gründen auch immer, in diese Situation gebracht haben. Schön die Verantwortung abgeben!
2. Du schaust dir an, wie die anderen das machen. Guckst dir Techniken beim Aufstehen ab und beginnst mit der etwas härteren Tour, das Laufen auf dem zweiten Bildungsweg endlich zu lernen. Für dich alleine im Zimmer übst und übst du vor dich hin, bis du eines Tages die Tür öffnest und deine Eltern aus dem Staunen nicht mehr herauskommen.

Merkst du was? Ohne dass du dir einen Plan für dein Laufen entwickeltest, hast du einfach losgelegt. Es war deine Entscheidung, dein Wille, zu üben. Du wolltest unbedingt laufen lernen.

Du bist also ein Risiko eingegangen und hast einfach losgelegt. Hätte ja auch schiefgehen können, oder? Aber du hast es getan. Auf diesen beiden oben beschriebenen Alternativen bist du durchs Leben gelaufen. Entweder du hast dich ergeben, weil es zu bequem war. Weil es dir noch nicht schlecht genug ging. Weil du es nicht für notwendig erachtet hast, etwas zu tun. Also mit anderen Worten, weil du Ausreden hattest! Du warst zu jung oder zu alt. Du warst zu klein oder zu groß. Es war zu warm oder zu kalt. Du hattest keine Zeit oder gerade etwas Wichtigeres zu erledigen. Dann füge doch noch die „wenn, dann"-Sätze an und dein Leben ist endgültig vorbei.

„Wer etwas will, findet Wege. Wer etwas nicht will, findet Gründe."

(Dalai Lama)

Wenn ich erst mal in Rente bin … Wenn die Kinder mal aus dem Haus sind … Wenn die wirtschaftliche Lage besser ist … Wenn ich die Ruhe dazu habe … Wenn, wenn, wenn … Weißt du, wann du diese Ziele erreichst? Richtig: NIE! Nicht umsonst sagte schon der Dalai Lama: „Wer etwas will, findet Wege. Wer etwas nicht will, findet Gründe." Ich gehe noch weiter. Ich behaupte, das sind keine Gründe. Das sind alles Ausreden. Ausreden, weil dich deine Intelligenz davor beschützen will, auf unbekanntes Terrain vorzustoßen. Da könnte ja wieder der Säbelzahntiger lauern. Die Situation fühlt sich einfach komisch an. Das bedeutet Unsicherheit.

Oder in deinem Kopf wird ein Video abgespielt mit einer vergleichbaren Situation, in der du etwas Unangenehmes auszuhalten hattest, eine unerfreuliche Erfahrung machen musstest, zurückgewiesen wurdest oder einfach einen Fehler gemacht hast.

Im zweiten Fall von oben hast du dich möglicherweise an Menschen orientiert, die das, was du anstrebst, schon erreicht haben. Du hast das Heft des Handelns in die Hand genommen. Vielleicht hatte dich auch der Ehrgeiz gepackt nach dem Motto, was der oder die kann, kann ich schon lange. Eventuell ging alles ganz leicht, weil es ohnehin dein Traum war, dorthin zu gelangen, wo du jetzt bist. Gegebenenfalls hast du jemanden in dein Leben gezogen. Einen Menschen, der dich buchstäblich an die Hand genommen, in dir etwas Besonderes gesehen und dich zu dem werden lassen hat, was du heute bist. In dem Fall bist du diesen Weg bewusst gegangen. Diese Entscheidung hat dir niemand abgenommen. Du hast einen Einsatz gebracht, um ein Ergebnis zu erzielen. Du konntest ernten, was du gesät hast.

Was ist jetzt mit Führung? Bleibst du jammernd in der Ecke, ergießt deine schlimme Situation, weil dein Chef nicht so mit dir umgeht, wie du es dir vorstellst, in den Bottich, in den viele Kollegen aus allen möglichen Bereichen deines Unternehmens ihr Leid ebenfalls hineingeschüttet haben? Suhlst du dich weiter in deiner schlammigen, aber wenigstens lauwarmen Komfortzonenbrühe, weil es so anstrengend und mit so viel Unsicherheit verbunden ist, wenn du dort aussteigst? Oder bist du endlich ein Macher, der Dinge anpackt, Entscheidungen für sich trifft und weiß, dass es ein Leben lang darauf ankommt, zu wachsen und nicht stehen zu bleiben?

Schau dich doch mal um. Welche Art Menschen findest du in deinem Unternehmen mehrheitlich? Das macht Spaß, Menschen nach einem gewissen Schema in Schubladen zu stecken – unser Hirn steht darauf! Übertreib es aber bitte nicht. Das soll lediglich ein Spiegel für dich sein. Fang gar nicht erst an, mit dem Finger auf andere zu zeigen. Erst recht dann nicht, wenn du selbst als rumjammernder Pudding durch die Welt waberst – ohne Rückgrat und ohne Positionierung! Von dieser Art gibt es mehr als genug. Entweder sie haben sich in ihr Schicksal ergeben oder schnattern hinter dem Rücken der Führungskräfte, ohne auch nur einen Funken einer Idee zu haben, was verbessert werden sollte, wie das zu erreichen ist oder gar welche Kultur es dazu benötigt.

Fang gar nicht erst an mit dem Finger auf andere zu zeigen. Schon gar nicht, wenn du als rumjammernder Pudding durch die Welt waberst!

Es ist deine Verantwortung

Bestimmt wurden dir von deinen Eltern oft Ermunterungen oder Mut zugesprochen. „Versuch es noch mal“, „das war gar nicht schlimm, probiere es weiter“ oder ähnlich klingende aufbauende Worte haben wir hoffentlich alle gehört. Das tut natürlich gut und unterstützt die Motivation, wenn es mehrere oder gar viele Versuche braucht, um ein bestimmtes Ziel zu erreichen. Doch schon in diesem Alter war es dein Antrieb, dein inneres Motivationszentrum, welches letztlich entschieden hat, weiterzumachen, bis der Erfolg sich einstellt. Denn so sehr dir von außen Mut zugesprochen wird, braucht es immer den aktiven Antrieb, die Schritte wirklich umzusetzen. Das gelingt nur, wenn in dir selbst dieser Antrieb vorhanden ist. Dabei sind die Motive erst einmal unerheblich. Ob du das nun möchtest, weil es dir wichtig ist, weil es andere tun oder weil du geliebt werden willst: Du hast entschieden, dies oder jenes genau in diesem Moment aktiv umzusetzen. Es weiter zu betreiben, bis du erfolgreich bist.

Dass positive Apelle nicht die gleiche Wirkung entfalten wie deine innere Begeisterung oder Haltung, zeigt sich im weiteren Verlauf deiner Kindheit und Jugend. Ich weiß nicht, wie oft du, wenn es in der Schule mal nicht so lief, diese Art der Aufmunterung erhalten hast. „Die nächste Arbeit wird besser", „das soll ein Ausrutscher bleiben, wir unterstützen dich" und weitere Aussagen sollten auch in dieser Phase deines Lebens dafür sorgen, dass deine Motivation steigt oder aufrechterhalten bleibt. Wenn du ganz ehrlich zurückschaust, wie hat sich das denn angefühlt, wenn du gerade eine Phase hattest, in der die Motivation für die Schule nicht gerade hoch war? Möglicherweise hattest du gerade Wichtigeres zu tun, hattest deinen ersten Partner, deine erste Partnerin. Vielleicht stand das Konzert, auf welches du dich schon seit sechs Monaten gefreut hast, kurz bevor oder am Wochenende spielte deine Lieblingsfußballmannschaft in einem wichtigen Spiel. Dutzende verschiedene Möglichkeiten und Ablenkungen, die für deine emotionale Motivation einen wesentlich höheren Stellenwert hatten, standen im Raum, sodass kein oder nur sehr wenig Platz für die innere Motivation für Schularbeiten war.

Und was ist passiert? Natürlich hast du deinen Emotionen nachgegeben und mit zunehmendem Alter den Fokus auf die dir emotionale wichtigen Dinge gelenkt. Im Gegenzug konntest du aber bei den Dingen, die von außen angeschoben werden sollten, nur die Ergebnisse erzielen, die deiner Energie entsprachen, die du dafür aufgewendet hattest. Ok, hier und da gab es schon auch einen Glückstreffer. Doch das waren absolute Ausnahmen. Das ist im Übrigen eine der wenigen

Learnings, die du in der Schule für das Leben an sich mitbekommst: Du erntest, was du säst. Du musst zunächst investieren, ins Handeln kommen, aktiv werden oder ein Risiko eingehen, bevor du etwas vom Universum zurückbekommst. Das ist schmerzhaft, aber unglaublich wichtig für deinen weiteren Weg.

Deine Bewerbungen für eine Ausbildung, ein Studium oder später im Job sind das, was du investierst, bevor du das dazugehörige Ergebnis erhältst. Zu der Zeit, als meine Generation Ausbildungsplätze suchte, waren beispielsweise hohe zwei- oder gar dreistellige Bewerbungszahlen keine Seltenheit. Da war viel eigener Antrieb und Unterstützung nötig, um nicht aufzugeben oder den Kopf in den Sand zu stecken. Nicht anders ist es auf dem Wohnungsmarkt. Suchst du eine bezahlbare Wohnung (je nachdem, wo), wirst du vermutlich eine entsprechende Ausdauer und dazu eben die erforderliche Motivation benötigen. Ein weiteres Beispiel sind in vielen Kommunen leider auch die Wunschplätze an weiterführenden Schulen, und, und, und …

Du musst investieren, ins Handeln kommen, bevor du etwas zurückbekommst!

Es ist ganz alleine deine Verantwortung, wie viel du investierst. Es ist deine Verantwortung, für welchen Job du dich entschieden hast oder entscheidest. Niemand anderes als du entscheidet über deine Zukunft. Damit ist es auch deine Verantwortung, die Entscheidung zu treffen, ob du Führungskraft werden möchtest oder dich mit deiner Komfortzone zufriedengibst. An dieser Stelle sage ich aber auch noch mal ganz deutlich, dass ich es nicht bewerte, für was du dich entscheidest beziehungsweise entschieden hast. Es ist dein gutes Recht, in deiner Komfortzone zu bleiben, denn da ist es ja warm und gemütlich. Triff diese Entscheidung, indem du dir deiner bewusst bist, deine Gründe dafür hast und deine innere Motivation sowie die Zufriedenheit entsprechend hoch sind.

Gibst du deine Verantwortung ab, indem du ständig andere, die Umstände oder sonstiges für deine Situation verantwortlich machst, gibst du letzten Endes dein Leben ab und lässt andere oder die Umstände über dich entscheiden. Sei doch mal ehrlich zu dir. Das solltest du dir wert sein, auch wenn es wehtut. Niemand hat dich gezwungen, diesen Job zu machen. Niemand außer dir hat entschieden in dem jetzigen Zuhause zu leben. Und niemand hält dich vor einem Bildschirm fest und zwingt dich, stupide Inhalte zu konsumieren, statt dich um dein Leben, deine Zukunft und deine Bildung zu kümmern. Es ist deine Verantwortung!

Gibst du die Verantwortung für dein Leben ab oder entscheidest du selbst?

Du hast dich entschieden, Führungskraft zu werden, und bist erfolgreich im Auswahlverfahren gewesen. Glückwunsch! Eine Positionierung und ein Erfolg – sehr schön! Menschen in deinem Umfeld werden spätestens jetzt fragen, ob du wirklich noch mehr Verantwortung tragen willst. Dein letzter Job war doch auch super, könnte eine weitere Aussage sein. Oder aber du wirst bewertet, in dem sich der oder die eine oder andere von dir abwendet, weil du angeblich zu einer anderen Gruppe gehörst. Lass sie ziehen …

Genauso, wie es deine Entscheidung war, dorthin zu gelangen, wo, du jetzt angekommen bist, legst du deine Bestimmung fest, wie du damit umgehst und ob es deine letzte Station ist. Es ist dein bewusstes oder unbewusstes aktives Handeln, welches den Menschen in deinem Team die Portionierung des Vertrauens, der Liebe, der Freude, des Optimismus und der Unterstützung, des Lobes und der Kritik zuteilt. Wenn du es entscheiden kannst, dann tue es aus vollem Herzen und mit hundertprozentiger Überzeugung. Stehe für dein Handeln ein – als Allererstes dir gegenüber! Du musst dich erst einmal dir glaubwürdig verkaufen können, bevor du es anderen gegenüber tust. Sollte in dir im Zusammenhang mit deiner Führung von Menschen einmal die Erkenntnis wachsen, eine Entscheidung aus Gründen, die du damals nicht kanntest, oder aus falschen Erwägungen heraus oder weshalb auch immer fehlerhaft getroffen zu haben, dann übernimm die Verantwortung, die du schon immer für dich hattest, und offenbare dich diesen Menschen. Du bist nicht verantwortlich für deren Haltung und wie sie mit der Information umgehen, aber du bist verantwortlich für deine Haltung!

Du musst dich erst einmal dir glaubwürdig verkaufen können, bevor du es anderen gegenüber versuchst.

9 Dankbarkeit im Hier und Jetzt

Eine der Hauptschwierigkeiten, die viele Menschen haben, ist die Präsenz in der aktuellen Zeit. Du beschäftigst dich bestimmt auch manchmal mit Dingen, die eigentlich schon vorbei, dir aber irgendwie im Kopf hängen geblieben sind oder ständig wieder hochkommen. Aus positiven Gedanken magst du dabei sogar noch Energie schöpfen. Eine mögliche Haltung ist dann, dankbar für das Erreichte zu sein, sich aber deutlich zu machen, dass das eben gestern, vorgestern oder wann auch immer geschehen ist und für das „Jetzt" keine aktuelle Bedeutung hat. Schlechter ist, wenn dich negative Momente oder Muster aus der Vergangenheit einholen und du dich in diesem Kreislauf ständig drehst. Es ist vorbei, sei dankbar, dass du etwas lernen durftest, steh auf und geh weiter.

Nimm dir doch mal ganz bewusst Zeit, setze dich an einen oder deinen Lieblingsplatz. Ein Glas Wasser, ein Tee, ein Kaffee oder ein Glas Wein dazu, wie immer es für dich am besten passt. Einen Stift und ein Blatt Papier benötigst du noch und dann legst du los. Schreibst einfach stichwortartig auf, für was du gerade jetzt alles dankbar bist. Es spielt dabei keine Rolle, ob du Menschen, Gegenstände, das Leben an sich oder andere Dinge notierst. Schreibe alles auf, was dir beispielsweise in einer halben Stunde einfällt. Spüre, wie gut es dir gerade geht, und denke darüber nach, wie viele Menschen vieles von dem nicht haben. Um ein bisschen zu philosophieren, könntest du auch den Gedanken verfolgen, wer sich in seiner ganz spezifischen aktuellen Lage wohler oder zufriedener, ja glücklicher fühlt. Du oder Menschen, die weniger besitzen?

Ich bin mir ziemlich sicher, dass dich diese halbe Stunde zumindest nachdenklich machen wird. Um dein Bewusstsein über deine Situation im „Hier und Jetzt“ zu erhöhen, könntest du diese Liste jeden Tag in aller Ruhe für ein paar Minuten anschauen und dir im Unterbewusstsein einen Anker setzen, dass vermutlich viele Menschen viel weniger auf ihrer Liste stehen haben. Das erdet dich und wird eine langsame, aber nachhaltige Veränderung in deinem Denken bewirken. Stell dir bitte mal vor, du hättest nur noch sechs Monate zu leben. Was von deiner Liste würdest du noch benötigen?

Morgen ist heute schon gestern – so einfach ist das.

Zwischen Vergangenheit und Zukunft

Morgen ist heute schon gestern. So einfach ist das. Dennoch verbringen wir von unseren Zehntausenden Gedanken täglich häufig mehr in der Zukunft („wenn, dann …“) oder in der Vergangenheit („hätte ich nur …“). Dazu gibt es eine schöne Geschichte.

Zwei Mönche gingen an einem Fluss entlang und wollten diesen überqueren. Es gab keine Brücke weit und breit. Eine Frau, die nicht schwimmen konnte und sich nicht traute, den Fluss zu überqueren, bat die Mönche, ob sie ihr hinüberhelfen könnten. Während der eine Mönch noch überlegte, was er nun antworten solle, denn schließlich hatten sie ein Gelübde abgelegt, keine Frau zu berühren, entschloss sich der andere, zu helfen, und stimmte zu. Er ließ die Frau auf seinen Schultern sitzen und trug sie durch den Fluss auf die andere Seite. Sie bedankte sich sehr und ging ihres Weges. Das Gleiche taten die beiden Mönche. Nach einer Weile sprach der

Unentschlossene den Mönch an, der die Frau auf seinen Schultern getragen hatte: „Wieso hast du diese Frau auf deine Schultern genommen? Wir haben doch gelobt keine Frau zu berühren?“ Da antwortete der andere Mönch: „Richtig, ich habe sie durch den Fluss getragen und auf der anderen Seite abgesetzt. Aber du, mein Bruder, scheinst sie immer noch mit dir herumzutragen.“

Wie viele Lasten trägst du aus der Vergangenheit mit dir? Welche Glaubenssätze hast du in dein Unterbewusstsein aufgenommen, die dir heute immer und immer wieder erscheinen, wenn du deinen Weg, der eigentlich ein anderer sein soll, gehen willst. Dein Mindset ist voll von Programmierungen, die mit Erlebnissen, mit Aussagen deiner Eltern oder von Menschen, die „es gut mit dir meinten“ getätigt wurden. Leider sind damit oft auch Ängste verbunden. Genauso können Selbstzweifel, Perfektionismus oder Kleinmut deine Entwicklung in die von dir gewünschte Richtung hemmen. Denke doch einfach darüber nach, diese Aspekte durch neue, positive und zuversichtliche Gedanken und Muster zu ersetzen. Das ist Arbeit keine Frage. Aber solange du in der Vergangenheit festklebst, hast du nicht genügend Kapazitäten und Energie, um deine Zukunft in die gewünschten Bahnen zu lenken. Das wäre angesichts der begrenzten Zeit reine Verschwendung.

So lange du in der Vergangenheit festklebst, fehlen die Energie und Kapazitäten für deine Zukunft.

Ähnlich verhält es sich, wenn deine Fantasien überwiegend um die Zukunft kreisen. Selbstverständlich ist es wichtig, heute die Pflanzen zu säen, von denen du morgen ernten möchtest. Verwechsle das aber bitte nicht damit, dass du dafür ständig im Perspektivmodus unterwegs sein wirst. Es ist ohne Frage sehr wichtig, klare Ziele zu haben, zu formulieren und auch zu datieren. Verbunden mit einer positiven Emotion, ist das sicher einer der besten Wege dort anzukommen, wo du hinmöchtest. Verbindest du den Beginn deines Handelns zur Zielerreichung aber mit Bedingungen, die in der Zukunft liegen, wirst du ziemlich sicher scheitern. Dann wäre dein Denkmuster: „Wenn ich erst … dann fange ich damit an." Beispiel: Wenn ich erst in Rente bin, dann beginne ich mit dem Reisen. Oder: Wenn die Kinder aus dem Haus sind, kann ich endlich Klavier spielen lernen. Dritte Variante: Wenn ich genug Geld habe, dann …

Erkennst du das Problem? Vielmehr sind es sogar zwei. Zum einen formulierst du alles im Mangel. Deine Gedanken beinhalten ja schon, dass du gerade nicht genug Geld, zu wenig Zeit oder zu wenig von irgendetwas hast. Zum Zweiten verdeutlichst du damit nur deine Schieberitis, eine üble Krankheit, unter der auch ich bisweilen gelitten habe. Du möchtest in dem Fall erst beginnen, für deine Ziele zu arbeiten, wenn ein bestimmtes Ereignis eintritt. Woher weißt du denn, ob du diesen Zeitpunkt überhaupt erlebst???

Das klingt hart, ist aber die reine Wahrheit. Keiner kann vorhersagen, was morgen oder übermorgen passiert! Also führt dieses Denkmuster dazu, dass du einen großen Teil deiner Ziele entweder gar nicht erreichen wirst, oder aber, dass die Erkenntnis reift, dass dies nicht deine wirklichen Herzensziele sind. Denn dann würdest du auch sofort loslegen. Was kann denn schlimmstenfalls passieren? Du stolperst oder fällst hin – na und, dann stehst du eben wieder auf, hast etwas gelernt, was dich auf deinem Weg weiterbringt, und versuchst es wieder. Das hatten wir schon.

Woher weißt du denn, ob du einen bestimmten Zeitpunkt überhaupt erlebst?

Du willst doch dein nächstes Level erreichen. Dann höre endlich auf, als multiple Mimose, von der wir alle zeitweise befallen sind, zu verharren. Stell dir immer und immer wieder die Frage, was du wirklich willst. Mach dir klar, wofür du morgens aufstehst. Du weißt am besten, wie viel Hunger in dir steckt, wie viele Kerzen du mit deinen Augen anzünden kannst, wenn du für deine Themen und Ziele brennst.

Wenn ich ein bisschen im Job angekommen bin, dann kann ich mir überlegen, ob ich Führungskraft werden will. Wenn ich dieses und jenes Projekt erledigt habe, dann werde ich mich auf die nächste Führungsposition bewerben. HALLOOO … wenn der Hund nicht geschissen hätte, hätte er die Katze bekommen!

Wäge ab, prüfe, was du wirklich möchtest, und dann entscheide! Heute! Im Hier und Jetzt! Bilde keinen „hmm-vielleicht/mal-sehen-Stapel". Auch das hatten wir. JA; NEIN; JA, SPÄTER. Schluss. Ende. Natürlich gibt es Rahmenbedingungen, die deine Entscheidung beeinflussen, wenn du es zulässt. Aber was du heute kannst entscheiden, das verschiebe nicht auf andere Zeiten. Im Prinzip eine ganz einfache Sache.

Wenn der Hund nicht geschissen hätte, hätte er die Katze bekommen.

Als Kind glauben wir, noch so viel Zeit zu haben. In einzelne Tage unterteilt sind das ja auch tatsächlich viele. Je nach Zielen, die du aber verfolgst, solltest du eben so früh wie möglich beginnen, die notwendige Arbeit dafür zu leisten. Denn es ist nicht gesagt, dass du dein Ziel ohne zu stolpern erreichst. Und dann braucht es plötzlich mehr Zeit als geplant. Dann wird die Zeit plötzlich knapp, weil keiner weiß, wie viel uns zugestanden wird.

Als Kind spielen wir gedankenversunken im „Hier und Jetzt", sodass uns manchmal nicht mal mehr die Rufe unserer Eltern oder die Ansprache von anderen Personen erreichen. Das ist toll, weil einfach alles in diesem Moment auf das Ziel ausgerichtet oder einfach im Sein des Momentes ist. An welche solcher Momente kannst du dich erinnern? Wie fühlt sich das an? Kennst du solche Momente auch aus deinem jetzigen Arbeitsumfeld? Das wäre super. Denn wenn es so ist, deutet einiges darauf hin, dass du dort, wo du bist, richtig bist!

Ansonsten stellt sich die Situation doch wie folgt dar: Das Leben findet heute statt! Das bedeutet, dass du Vergangenheit und Zukunft mitdenken solltest in dem Sinne, welche Erfahrungen hast du vielleicht schon gemacht, die dich gerade zu der oder der Verhaltens-, Denk- oder Handlungsweise antreiben. Du blendest deine Vergangenheit nicht aus, sondern nutzt das Wissen, welches in dir abgelegt ist, um deine Gegenwart zu gestalten oder zu verändern. Für die Zukunft hast du sicher Pläne oder Ideen. Die sollst du selbstverständlich haben, denn das sind ja gerade deine Ziele, die du hoffentlich aus vollem Herzen erreichen willst. Statt dich aber mit „wenn-dann" zu quälen, frage dich doch, was du heute dafür tun kannst, um dieses Ziel morgen tatsächlich zu erreichen oder erfolgreich etwas abzuschließen. Durch die Verbindung der Vorstellung, was einmal sein wird mit einem aktiven Handeln in der Gegenwart, ziehst du dein Ziel in ebendiese und arbeitest sofort für dein großes Ziel, anstatt zu warten, bis diese oder jene Voraussetzung eingetroffen ist.

Als Kind hast du bestimmt oft gehört: „Wenn du mal groß bist." Da haben andere für dich entschieden, wie du damit umzugehen hast. Jetzt, hier und heute bist du „groß" und willst hoffentlich weiterwachsen, was keine Entschuldigung mehr zulässt. Deine Verantwortung, deine Motivation, deine

Herangehensweise, deine ganz eigene Vorstellung, wie du dein Ziel erreichen möchtest.

Heute kannst du entscheiden, wie dein Morgen als Leader aussehen soll. Heute kannst du die Steine legen, die deine weitere Karriere pflastern. Heute entscheidet sich, wo du morgen ankommst. Wenn du also diese Veränderung einer neuen Leitungsfunktion erreichen oder überhaupt zu einem Leader werden möchtest, solltest du JETZT eine Entscheidung treffen und HEUTE damit anfangen, dankbar zu sein, für das, was du schon erreicht hast.

Sei aus tiefstem Herzen dankbar, dass dir diese unglaublichen Möglichkeiten geschenkt werden. Danke morgens dafür, dass du einen neuen Tag erhältst, und abends für die besonders schönen Momente, aber auch für die Lehren, die dich deinen Zielen näherbringen. Sei dir bewusst, dass jeder Tag nur das Heute ist und dass alles im „Hier und Jetzt“ stattfindet. Manches beeinflusst dein Morgen und trotzdem ist morgen heute schon gestern und damit vorbei.

Heute entscheidet sich, wo du morgen ankommst.

Seelenglück

Im Kapitel über die Freude war vom Strahlen in deinen Augen die Rede. Das Strahlen, was du für andere Menschen als nach außen sichtbares Zeichen über deine innere Freude sendest. Dieses sichtbare Zeichen macht auch etwas mit dir selbst. Du fühlst eine innere Wärme, Glück und Zufriedenheit über das, was du gerade erreicht oder als Rückmeldung erhalten hast. Dahinter steckt für dein Wohlbefinden viel mehr. In einem solchen Moment empfindest du wahres

Glück, welches sich in deiner Seele widerspiegelt. Dieses Empfinden wirkt sich auf ganz viele weitere Faktoren aus, die du oft bewusst oder unbewusst gar nicht wahrnimmst.

Das Ausstoßen von Glückshormonen im Belohnungszentrum deines Gehirns, zum Beispiel das Dopamin, wird von den Nervenzellen in andere Bereiche deines Gehirns weitergeleitet. Das führt zu erhöhter Fokussierung und mehr Aufmerksamkeit. Dopamin kann motivierend wirken, an einer Aufgabe dranzubleiben oder eine weitere Aufgabe anzupacken. Beim Sport können Endorphine entstehen. Dann sind wir erschöpft, aber glücklich. Und wenn du Schmetterlinge im Bauch empfindest, dann handelt es sich um Oxytocine. Daneben gibt es noch Serotonin (für Elan und Motivation, oft in Verbindung mit Sonnenlicht genannt), Noradrenalin (bändigt geistigen und körperlichen Stress) und Phenethylamin (sorgt für ein berauschendes Gefühl, zum Beispiel nach einem Marathon).

Die Glückshormone sind als Botschafter von Nervenerregungen über unsere Synapsen an das Gehirn Basis jeder Emotion, jedes Gedankens und jeder Bewegung. Das fühlt sich an, als würden wir in ein blubberndes Wohlfühlbad tauchen. Natürlich können wir Menschen nicht pausenlos glücklich sein, weil wir sonst möglicherweise andere wichtige Dinge im Rausch vergessen würden. Wenn das Glücksgefühl wieder abflaut, wollen wir dennoch gerne so oft es geht glücklich sein und suchen nach Wegen, wie wir das Glücksgefühl wieder erleben können. Es gibt kein Rezept für Glück. Glück ist eine Entscheidung. Du entscheidest, ob du gerade glücklich bist. Du

Es gibt kein Rezept für Glück. Glück ist eine Entscheidung. Du entscheidest, ob du gerade glücklich sein willst.

kannst dir selbst deine Glücksmomente schaffen, beispielsweise indem du mit Menschen zusammen bist, die dir guttun. Und nicht Erfolg entscheidet über dein Glück, sondern genau umgekehrt. Wenn du glücklich bist, stellt sich der Erfolg für dich ein.

Tatsächlich haben wir, wenn wir viele Glücksmomente erleben, auch weniger Stress. Es gelingt uns vieles besser. Und wenn wir glücklich sind, können uns auch unglückliche Momente oder Tage, an denen mal etwas danebengeht, nicht viel anhaben. Das Beschäftigen mit dem Thema „Glück" findet übrigens schon seit Jahrtausenden statt. Philosophen wie Sokrates, Platon, Aristoteles oder Epikur haben sich mit unterschiedlichen Ansichten dazu geäußert und damit beschäftigt. Heute lesen wir oft, dass Dänemark auf dem Glücksindex das glücklichste Land ist, gefolgt von der Schweiz und Island. Die weltgrößte Glücksdatenbank wurde vom Niederländer Ruut Veenhoven gegründet. Er beschreibt verschiedene Gründe für die Spitzenpositionen. So beispielsweise die Demokratie, ein hohes Maß an Mitbestimmung, Zuverlässigkeit der Regierenden und auch ein gewisser materieller Wohlstand. Dazu kommen flache Hierarchien und eine weitgehende soziale Gleichberechtigung der Menschen. Ganz weit ist das kleine asiatische Land Bhutan: Dort zählt nicht die Erhöhung des Bruttosozialproduktes, sondern des Bruttosozialglücks. Und mittlerweile haben auch die Pädagogen das Thema „Glück" entdeckt, was die Einführung an manchen Schulen als Fach mit Zielen, wie beispielsweise Ausgeglichenheit, belegt.

Nicht der Erfolg entscheidet über dein Glück. Wenn du glücklich bist, stellt sich der Erfolg für dich ein.

Wie ist das in deinem jetzigen Arbeitsumfeld? Als Führungskraft hast du einige der aufgezählten Punkte ganz oder teilweise selbst in der Hand. Über den Umfang der Mitbestimmung in deinem Team entscheidest du selbst. Hast du dich bis dato damit schwergetan, kannst du schrittweise kleine Entscheidungen abgeben. Vermutlich merkst du relativ schnell, dass du plötzlich etwas mehr Freiraum für andere Dinge gewinnst, die dir wichtig sind und dich persönlich glücklich machen. Eine Win-win-Situation also. Ob du zuverlässig bist oder launig, unberechenbar und wenig verbindlich, liegt ebenfalls ganz alleine an dir. Wenn diese Voraussetzung erfüllt ist – prima. Wenn nicht, arbeite an dir und frage dich, woran das derartige Auftreten liegt. Wenn du den Grund findest, kannst du ihn abstellen oder anders damit umgehen. Die Tatsache, dass heute kein diktatorischer Führungsstil mehr angebracht ist, sondern ein demokratisch-situativer, muss ich an dieser Stelle wohl nicht näher ausführen. Eine gleichberechtigte Behandlung aller Menschen, die in deinem Verantwortungsbereich arbeiten, sollte ebenfalls selbstverständlich sein. Nur im Team werdet ihr die größten Erfolge haben und du auch deine persönlichen Ziele erreichen.

Flache Hierarchien sind zwar in aller Munde, oft aber nicht wirklich in allen Unternehmen umgesetzt. Soweit es dir möglich ist, werbe dafür oder gehe mit beispielhaften Veränderungen in diese Richtung in deinem Team voran. Manchmal braucht es Best Practice, um deinem Chef zu zeigen, was möglich ist. Auch auf den materiellen Wohlstand, also die Gehälter, Boni, Prämien und Sonderleistungen hast du, wenn du nicht ganz an der Spitze bist, meist keinen Einfluss. Du kannst aber sehr wohl herausfinden, welche persönliche Situation in deinem Team gerade besonders schwierig ist, beispielsweise wenn es Nachwuchs in einer Familie gibt, und wenn die Leistung stimmt, diesen Mitarbeiter für einen zusätzlichen freien Tag, eine Prämie oder Ähnliches vorschlagen.

Kommen wir zu dir. Denn auch du möchtest dieses Seelenglück doch so oft wie möglich empfinden. Das unterstelle ich zumindest. Natürlich könntest du Überlegungen anstellen, wenn das auch dein Glücksgefühl fördert, welche Gestaltungsmöglichkeiten du für dein Team noch siehst. Gemeinsame Pausen, der Besuch von Veranstaltungen, ein Betriebsausflug oder, oder. Eventuell benötigst du aber gerade auch den Abstand zur Arbeit, um nicht zu sehr wieder in das Hamsterrad zu geraten. Es gibt eine hilfreiche Methode, mit der du dich auf die Suche nach deinem ganz persönlichen Glück begeben kannst. Setze dich wieder an deinen Lieblingsplatz und nimm dir ungestört ein wenig Zeit. Dann lass deine Gedanken in deine Kindheit zurückschweifen und höre erst auf zu suchen, wenn du an einem oder auch mehreren Momenten angekommen bist, an denen du als Kind überglücklich warst, und schau dir vor deinem geistigen Auge an, was dich dazu gebracht hat, was du in dem unmittelbar vorhergehenden Moment getan hast. Bi welcher deiner Tätigkeiten hattest du dieses Gefühl, was du heute suchst und gerne wiedererleben möchtest?

Ich ahne schon, was jetzt in deinem Kopf vorgeht: „Das kann ich doch jetzt nicht umsetzen! Wie soll das funktionieren?“ Hör auf, dir schon wieder selbst Grenzen aufzubauen, und suche nach Lösungen, wie du den Weg dorthin, wo du gerne hinmöchtest, schrittweise gehen kannst. Ich werde dir zwei, drei Beispiele nennen, natürlich ohne dass ich weiß, an welchen Moment deiner Kindheit du gerade denkst.

Beispiel „draußen spielen“: Vielleicht hast du gerade darüber nachgedacht, wie es war, als du mit Freunden eine kleine Hütte im Wald gebaut hast, ein besonderes Erfolgserlebnis beim Freizeitsport auf dem Schulhof hattest oder auch dir so was wie Rollschuhe oder Inliner fahren besonders viel Spaß gemacht hat. Suche Gleichgesinnte oder sogar Menschen in deinem Umfeld, die in diesen Tätigkeitsfeldern schon aktiv sind. Wenn du mit mindestens einer weiteren Person solche Projekte anpackst, werden die Ziele verbindlicher. Wenn es niemanden gibt, schau mal in den sozialen Medien nach Gruppen, die sich mit deinen Themen beschäftigen, und filtere, wer in deiner Nähe ist, um dich dann in der Realität kennenzulernen und gemeinsam an dem für beide glückseligen Thema Freude zu haben.

Lass dich nicht in deine Komfortzone zurückfallen. Pack deine Leidenschaft an und setze Dinge um!

Beispiel „Musik oder Bücherei“: Wenn du in deiner Kindheit besondere Momente in der Bücherei erlebt hast oder immer schon ein Instrument lernen wolltest, was spricht dagegen, es jetzt zu wiederholen oder zu tun. NICHTS! Wer will, findet Wege, wer nicht will, findet Gründe oder Ausreden (ich weiß, ich wiederhole mich). Ein Bibliotheksausweis kostet nicht viel und das Instrument liegt vielleicht noch im Keller oder auf dem Speicher und wartet nur darauf, von dir ausgepackt zu werden. Auch hier gilt im Übrigen, dass es mit einer zweiten oder dritten Person sogar noch mehr Spaß und damit noch mehr Glücksgefühl bringen kann.

Beispiel „Reisen“: Du warst schon immer ein Weltenbummler, hast dich für fremde Kulturen interessiert und bist auf Reisen abseits der ausgetretenen Pfade unterwegs gewesen. Hast vielleicht deine Komfortzone verlassen und ein paar Brocken der fremden Sprache gelernt und dich über das Lächeln in den Gesichtern der Einheimischen gefreut, wenn sie glücklich waren, dass du wenigstens versuchst, ihre Sprache zu verstehen und zu sprechen. Hey, worauf wartest du? Du brauchst bestimmt dringend eine Pause und musst etwas anderes sehen. Oder du fängst jetzt schon an, dich mit riesiger Vorfreude auf deinen nächsten Urlaub und die Gegebenheiten vorzubereiten, blätterst in Reiseführern, machst dich im Netz schlau, sprichst mit Menschen, die schon dort waren. Für alle Beispiele gilt auch: Erzähle anderen von deinen Plänen und teile dein Glück, es wird sich vermehren!

Da Dankbarkeit einer der wichtigsten Faktoren im Leben ist und dort, wo Dankbarkeit gefühlt wird, kein Platz für Streit, Hektik oder negative Gedanken ist, mach dir bitte immer wieder bewusst, in welcher privilegierten Situation du bist, wenn du dir anhand der Beispiele oder deiner persönlichen Vorhaben Gedanken machen darfst. Wie viele Menschen dürfen nicht dorthin reisen, wo sie möchten. Wie viele haben nicht den materiellen Wohlstand, sich eine Reise, ein richtiges Musikinstrument oder Ähnliches zu leisten. In wie vielen Gegenden ist es zu gefährlich geworden, einfach draußen zu spielen?

Du kannst dir dieses Seelenglück holen, du musst lediglich handeln, etwas dafür tun. Wenn du weißt, was dich glücklich macht, hast du schon einen großen Schritt getan und musst dein Vorhaben nur noch umsetzen. Du entschiedest, was dich glücklich macht. Auch hier ist die Handlung letzten Endes deine Verantwortung.

Lass dich nicht in die Komfortzone zurückfallen. Pack deine Leidenschaft an und setze Dinge um! Gemütlicher ist es auf der Couch. Doch dort wartet nicht das Seelenglück, von dem du gerade träumst.

Erwartungshaltung, Ansprüche, Befindlichkeiten

Da du dieses Seelenglück als Kind hoffentlich erleben durftest und zumindest bis zu einem gewissen Punkt oder Alter auch keine Probleme damit hattest, den aktuellen Tag als einzig relevanten Tag für dich anzusehen, gab es kaum oder gar keinen Spielraum für große Überlegungen, was wohl morgen sein wird. Weil du darüber hinaus auch nicht über die letzten Tage lange nachdachtest, wurden deinerseits auch keine Erwartungshaltungen, Befindlichkeiten oder Ansprüche formuliert. Falls doch, waren diese mit Äußerungen der Erwachsenen verknüpft. Denn wenn dir gesagt wurde, dass es am Wochenende an den Badesee geht, dann hattest du natürlich kein Verständnis, wenn beispielsweise eine Tante oder ein anderer entfernter Verwandter sich urplötzlich als Besuch ankündigte, dass dafür dein Besuch des Badesees ausfallen sollte. Dieser Anspruch wurde aber nicht originär von dir formuliert, sondern ergab sich aus einer bereits getroffenen Zusage eines Erwachsenen. Ähnlich dürftest du, wenn du etwas angestellt hattest und deshalb stark kritisiert wurdest, dich wohl kaum gefragt haben, was denn Mama oder Papa gegen dich haben, ob du etwas Falsches angezogen hast oder ob sie dich nicht mögen. Nein, du hast es akzeptiert, deine Schnute verzogen oder vielleicht auch geweint. Das war es aber auch. Kein dauerhaftes Jammern, keine Mitleidstour bei anderen Kindern nach dem Motto, Mama mag mich nicht mehr, was kann ich nur tun. Nach einem kurzen Moment der Wut oder der Traurigkeit hast du das Beste daraus gemacht!

Nach einem kurzen Moment der Wut oder Traurigkeit hast du das Beste daraus gemacht!

Etwas anderes ist es, wenn du im Lauf des Aufwachsens quasi stets den werten Po gepudert bekommen hast, alle Sachen, die du haben wolltest, auch bekamst und dann als verzogener Jugendlicher schon den Anspruch entwickelt hattest, die neuesten Mode-, Technik- oder Influencer-Trends selbstverständlich immer mitgehen zu können – koste es, was es wolle. Dafür gehören deinen Eltern heute noch die Ohren lang gezogen, denn das Anspruchsdenken von verwöhnten Rotzlöffeln findet seine Fortsetzung selbstverständlich irgendwann im Berufsleben. Nur wird dann die Verantwortung an die Betriebe und Unternehmen sowie an dich abgegeben. Denn wenn du aufgrund eines solchen Auftretens überhaupt einen Job bekommst, dauert es meist nicht lange bis zum ersten Konflikt, was sicher nicht in deinem Interesse ist, zumal deutliche Worte möglich sind und im schlimmsten Fall die weitere Zusammenarbeit infrage gestellt sein könnte.

In etwa genauso kann es dir ergehen, wenn deine Kindheit geprägt war von der Angst, nicht genügend Liebe und Zuwendung zu bekommen oder diese eventuell tatsächlich nicht bekommen zu haben. Dann dürftest du im Lauf der Zeit eine Haltung entwickelt haben, in der jede sachliche Kritik an Aufgaben, die du zu erledigen hattest, in deinem Inneren in eine Kritik an dir, an deiner Person oder an deinem Aussehen umgewandelt wird. Infolgedessen ist eine Blockadehaltung gegen Kritik, übertriebenes Kleinmachen durch dich selbst oder eben sehr ausgeprägte Befindlichkeiten möglich. Eine extreme Haltung in dieser Form hört sich schnell auch nach ständigem Jammern an und wird als mimosenhaft wahrgenommen. Unabhängig davon, dass die Ursache ganz woanders und vielleicht auch bei anderen Personen liegt, wirst du die Verantwortung in deinem Leben tragen müssen, ob du daran etwas veränderst oder diese Art beibehalten möchtest.

Auf deinem Weg zur Führungskraft nimm dir deshalb bitte unbedingt vor, dich selbst diesbezüglich kritisch zu prüfen, bei Feedback von anderen Menschen genau zuzuhören und gegebenenfalls ein gutes Coaching oder gar Möglichkeiten der Persönlichkeitsentwicklung für dich in Anspruch zu nehmen. Je klarer dein Bild von dir selbst ist oder wird, je vielfältiger und vor allem ehrlicher das Feedback, welches du erhältst, umso zutreffender ist dein persönliches Selbstwertgefühl, die Schnittmenge aus deiner eigenen und der Fremdwahrnehmung und damit die Basis für dein Selbstvertrauen. Das Selbstbewusstsein steht dafür, wie viel du tatsächlich wirklich über dich selbst weißt: für welche Werte du stehst, was dir wichtig ist, welche Einstellung und Haltung du mitbringst, was dich bewegt, wofür du brennst, was du beherrschst und was du weniger gut kannst … und so weiter und so fort. Ich meine, dass Klarheit in diesem Feld eine sehr gute, nein, hervorragende Grundlage für einen Weg als Führungskraft ist. Wenn diese Klarheit fehlt, läufst du Gefahr, sofern du bereits als Führungskraft tätig bist, an einen Punkt zu kommen, an dem dir bewusst wird, dass dir für diese Rolle noch einiges fehlt. Dann bleibt dir entweder die Einstellung, wenn es einer schafft, das zu lernen, dann du, um direkt ins Handeln zu kommen. Oder du solltest dir überlegen, wie lange du das aushalten möchtest, was einen Firmenwechsel als Konsequenz bedeuten könnte.

Dein Selbstbewusstsein steht dafür, wieviel du über dich selbst weißt.

Bist du erst einmal ein Leader und hast deine Erwartungshaltungen, Ansprüche und Befindlichkeiten im Griff, dann dürfte Dankbarkeit schon eines deiner Prinzipien sein. Denn wenn du dankbar bist, für alles, was dir gegeben wurde, dann ist in der Regel kein Platz für die drei Hinderungshaltungen. Dann darfst, solltest und musst du dich aber um die Erwartungen, Ansprüche und Befindlichkeiten deiner Mitarbeitenden kümmern. Das bleibt dir nicht erspart.

Erwartungshaltungen sind oft mit materiellen Werten verbunden. Gehaltserhöhung, Boni oder Prämien sind klassische Beispiele. In der heutigen Zeit des demografischen Wandels gehen viel mehr Menschen aus dem Arbeitsleben in den Ruhestand als Menschen in das Arbeitsleben nachkommen. Sicher wird es an der einen oder anderen Stelle Möglichkeiten geben, durch digitalisierte Abläufe fehlende Personen besser aufzufangen. Dennoch ist das kein Allheilmittel und so bleiben für jüngere Menschen Perspektiven in den nächsten Jahren, von denen viele von uns nur träumen konnten. Daraus entsteht bei vielen die Erwartung, dass sie schneller aufsteigen, gleichzeitig aber nur drei oder vier Tage arbeiten wollen oder aber zusätzlich noch Homeoffice, Telearbeit oder mobiles Arbeiten, wie immer das in deiner Firma auch heißt, wie selbstverständlich in Anspruch nehmen möchten. An dieser Stelle wirst du viel Fingerspitzengefühl und gute Rahmenbedingungen benötigen, um diese Menschen längerfristig in deinem Team behalten zu können. Die gewachsenen Ansprüche begegnen dir unter anderem insbesondere bei der Geschwindigkeit. Eine Generation, die es gewohnt ist, auf Knopfdruck das Wissen auf dem Internet abzurufen, für die es selbstverständlich ist, dass der Hersteller oder Lieferant die heute bestellte

An dich als Führungskraft wird der Anspruch gerichtet, dass du präsent bist, zügig antwortest, dich der Probleme annimmst und Abhilfe schaffst.

Ware morgen schon zustellt und deren Sprachnachrichten oft nur aus einzelnen Wörtern oder Abkürzungen besteht, hat den Anspruch, dass die Führungskraft präsent ist, zügig antwortet, sich der eigenen Probleme kurzfristig annimmt und Abhilfe schafft.

Mein Lieblingsthema in diesem Kontext ist aber die letzte Kategorie, die der Befindlichkeiten. Es ist für mich immer wieder unfassbar, wie viele Mücken zu Elefanten aufgeblasen werden, für die es sich alleine aufgrund der Energiebilanz nicht mal lohnen würde, die Fliegenklatsche in die Hand zu nehmen. Wenn aber schon in der Schule bei schlechten Noten oft genug mit dem Anwalt gedroht wird, darf einen im Grunde gar nichts mehr wundern. Beispiele gefällig?

Unfassbar, wie viele Mücken zu Elefanten aufgeblasen werden.

Lisa aus dem Marketingbereich hat eine wirklich sehenswerte neue Kampagne entworfen, während Daniela aus dem Vertrieb für sich ganz persönlich eine neue Tagesbestmarke beim Verkauf geschafft hat. Die Marketingkampagne reißt dich emotional wirklich mit. Selbstverständlich erkennst du im Meeting auch Danielas Leistung an und lobst sie. Dein Tonfall in den Aussagen zum Marketing war allerdings um Nuancen euphorischer, wodurch sich Daniela nicht ausreichend gewürdigt fühlt. Was jetzt beginnen kann, ist ein kleines Sticheln dir gegenüber, über einen ausgewachsenen Zickenkrieg, bis hin zu einer monumentalen atmosphärischen Störung des Betriebsklimas im Team oder gar darüber hinaus. Sie habe es ja schon immer gewusst, dass der Chef Lisa viel lieber mag. Überhaupt, ist es nicht auffällig, wie oft du bei ihr statt bei Daniela im Büro bist? Im ungünstigsten Fall zieht sie hinter deinem Rücken und vor anderen über dich her.

Alex und Leon konkurrieren um eine höherwertige Position. Eine durchschnittliche Präsentation von Alex kommentierst du, natürlich unter vier Augen, mit den Worten, dass du von ihm schon bessere Vorbereitungen für Meetings erhalten hast, dass das sicher einen Grund hat und die nächste Präsentation bestimmt wieder in der gewohnten Qualität sein wird. Je nach Charakter und Prägung gehen jetzt bei Alex die Alarmglocken an. Gedanken, weshalb du ihn persönlich so anmachst, gehen ihm durch den Kopf. Dass du Leon schon immer bevorzugt hast, er sowieso keine faire Chance bei dir hätte und, überhaupt, dass du seit einiger Zeit einen Führungsstil an den Tag legst, den er sich nicht länger gefallen lassen wird. Deinen Job hättest du geschenkt bekommen, bist eigentlich kein Leader, weil die sich ja um alle Mitarbeiter gleichermaßen kümmern und du schon noch sehen wirst, was du davon hast, ihn so zu kritisieren.

Übertreibe ich – ja und nein! Natürlich habe ich sehr deutliche Beispiele gewählt. Trotzdem gibt es sie genauso und oft genug in Firmen, Betrieben, Behörden und Unternehmen. Auch in dieser Intensität. Du wirst auf intensive narzisstische Tendenzen treffen, auf Egomanen und Selbstdarsteller. Deinen Weg werden hochemotionale, nah am Wasser gebaute Personen genauso wie Menschen, die sich nicht trauen, in deiner Gegenwart etwas zu sagen, kreuzen. Dein Team kann so bunt sein wie das Leben. Solltest du dein Team selbst zusammengestellt haben, musst du die Verantwortung für das Ergebnis auch übernehmen.

Du wirst auf intensive narzisstische Tendenzen treffen, auf Egomanen und Selbstdarsteller.

Aus meiner Erfahrung macht es Sinn, den Rahmen von Beginn an abzustecken. Eine Erwartungsklärung gegenseitig ist eine Möglichkeit. Weiter sind beispielsweise eine klare Kommunikation von deiner Seite über die Grenzen und Möglichkeiten in deinem Team Herangehensweisen an diese Themen. Selbstverständlich gehören da auch klare Aussagen zu Erwartungen, Ansprüchen und Befindlichkeiten dazu. Es geht um die Erledigung von Aufgaben und, ja, wir sind hier auf der Arbeit und nicht zu Hause. Nein, hier ist kein Platz für das Therapieren von Glaubenssätzen, die aus dem häuslichen Kontext mitgeschleppt werden. Und trotz flacher Hierarchien sind Arbeitsergebnisse oder kreative neue Wege, soweit sie essenziell für den Aufgabenprozess wirken, mit dir zu kommunizieren. Denn schließlich trägst du die Gesamtverantwortung.

Sei dankbar – für alles, was du erreicht hast, für Menschen, die voll mitziehen und für die Möglichkeiten, die dir geboten werden.

Eine Garantie, dass alle diese Kernbotschaften verinnerlichen, gibt es allerdings nicht. Drum sei dankbar – dankbar für alles, was du bis hierhin erreicht hast. Sei dankbar für die Menschen, die voll mitziehen, und dankbar für die Möglichkeiten, die dir gerade im Leben geboten werden. Denn wenn du voller Dankbarkeit bist, ist kein Platz für negative Gedanken und sowohl Leben als auch Arbeit gehen deutlich leichter von der Hand. Und die, die etwas länger benötigen in deinem Team, wollen dir nur helfen, an ihnen zu wachsen, und trainieren deshalb deine Geduld und deine Beharrlichkeit.

10 Der bittere Rückschritt des Erwachsenenwerdens

Als Kleinkind ist die Zeit für uns nur dann bedeutend, wenn Ereignisse anstehen, von denen wir wissen und mit denen wir Emotionen verbinden. Ins Bett gehen, wenn du gerade so schön am Spielen bist. Wie oft du noch schlafen musst, bis der Ausflug in den Freizeitpark oder dein Geburtstag endlich anstehen und auch die bekannte Frage auf der Fahrt in den Urlaub, wann wir denn endlich ankommen, sind Beispiele für die Relevanz von Zeit im Kleinkindesalter. In Richtung der weiterführenden Schule und in der Jugend geht es beim Warten auf den nächsten Geburtstag meistens darum, welche Rechte du mit dem neuen Alter bekommst. Wie lange du abends alleine wegdarfst, wann du endlich deinen Führerschein machen kannst oder weil mit einem Jahr älter vielleicht auch eine Erhöhung des Taschengeldes verbunden ist, waren wichtige Fragen, die geklärt werden wollten.

Als Kleinkind ist die Zeit für uns nur dann bedeutend, wenn Ereignisse anstehen, mit denen wir Emotionen verbinden.

Spätestens mit 18, dem Beginn einer Ausbildung oder eines Studiums sowie dem bevorstehenden Auszug aus dem warmen und weichen Nest der Eltern dämmerte dir aber auch, dass damit nicht nur neue Freiheiten, sondern auch neue Verpflichtungen verbunden sein würden. Themen, die fürs Leben wirklich wichtig sind wie Versicherungen, Finanzen im Allgemeinen oder auch wie du ein Auto anmeldest, wurden dir leider nicht in der Schule beigebracht und mussten entweder von deinen Eltern begleitet oder durch mühevolles Selbststudium erschlossen werden.

Der Prozess, den du wahrscheinlich gar nicht bewusst wahrgenommen hast, ist dabei die Veränderung deiner Prägung. Sicher denkst du, dass du dich weiterentwickelt hast, und das mag sicher auch stimmen. Im Rahmen dieses Prozesses und damit du dich in der Erwachsenenwelt so zurechtfindest, wie es von dir erwartet wird, sind dir aber Kompetenzen verloren gegangen, haben sich deutlich abgeschwächt oder in eine Richtung verändert, die es dir schwerer macht, an deine ganz persönlichen Ziele zu kommen. Das stellen manche früher oder später im Leben und einige leider viel zu spät oder gar nicht fest. Um dir weiteren Zeitverlust diesbezüglich zu ersparen, erkläre ich dir auf den folgenden Seiten, was ich damit meine.

Schichtsalat

Kennst du Schichtsalat? Wenn nicht, google mal Fotos dazu. Es gibt nicht den einen Schichtsalat, sondern viele verschieden Rezepte mit den unterschiedlichsten Zutaten. Es ist auch nicht wichtig, welche Zutat an welcher Stelle der aufgeschichteten Leckereien eingebracht wird. Alleine das Bild mit den Schichten beschreibt deinen „Reifeprozess“ auf dem Weg zum Erwachsenen. Selbst im Alter eines Erwachsenen ist es immer noch möglich, dass du zusätzliche Schichten in deine Lebensschüssel draufgepackt bekommst. Und das ist meistens gar nicht gut.

Du hast erfahren und anhand eigener Erinnerungen feststellen können, dass du als Ankömmling auf diesem Globus über wichtige Kernkompetenzen, Bewusstseinszustände und Eigenschaften, die sich nach und nach verändert oder angepasst haben, verfügen konntest. Je nachdem welche Erfahrungen du selbst gemacht hast und welche Intensität der Einflussnahme von außen auf dich gewirkt hat. Vor allem auch, ob beide Arten mit Emotionen verbunden waren und wie oft sie wiederholt wurden beziehungsweise sich wiederholt haben. Die Schichten, die sich in deinem Bewusstsein, meist eher im Unterbewusstsein deiner Wahrnehmung, gebildet haben, sind demnach auch unterschiedlich stark. Sie können leichter oder eben mit mehr Aufwand auch wieder durchbrochen werden.

Zum Verständnis der Auswirkungen ist es wichtig, dir über den Begriff des Selbstbewusstseins im Klaren zu sein. Er bedeutet, dass du dir deiner selbst bewusst bist. Du bist dir also im Klaren darüber, wer du bist. Du hast bestimmte Werte, die du vertrittst und die dir wichtig sind. Du weißt, was du gut kannst und bei was du Unterstützung benötigst. Du stehst für dich ein, übernimmst also Verantwortung für dein Handeln und, ganz wichtig, auch für dein Unterlassen. Es ist das Vertrauen in deine eigenen Fähigkeiten, deine Eigenschaften und dein Urteilsvermögen. Es hat aber auch ganz entscheidend damit zu tun, ob du dich traust, mal etwas Neues auszuprobieren, oder eben nicht bereit bist, dir unbekannte Muster und Verhaltensweisen auszuprobieren – mit anderen Worten: deine Komfortzone zu verlassen.

Du übernimmst also Verantwortung für dein Handeln und, ganz wichtig, auch für dein Unterlassen.

Du kannst den Begriff des Selbstbewusstseins auch mit deiner Sicht auf dich selbst beschreiben oder gleichsetzen – also dem Selbstbild.

Dann gibt es noch die Sichtweise der anderen. Von den Eltern über Geschwister, sonstige Familienmitglieder auch noch so entfernten Grades, über Erzieherinnen, Lehrerinnen,

Freunde, Klassenkameraden, später auch Partnerinnen und Partner bis hin zu Kollegen und Führungskräften. Sie alle haben Meinungen über dich und äußern Teile oder ihr gesamtes Bild auch dir gegenüber. Das ist das sogenannte Fremdbild. Wenn du jetzt die Schnittmenge zwischen Selbstbild/Selbstbewusstsein und Fremdbild/Fremdbewusstsein bildest, findest du das, was deinen Selbstwert ausmacht.

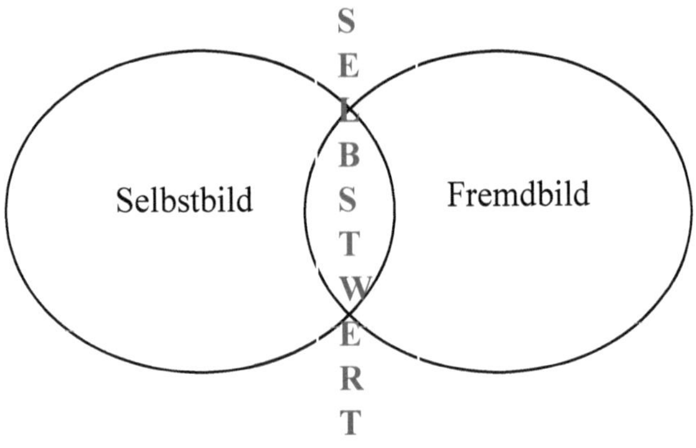

Demnach hast du eine Meinung oder zumindest ein Gefühl davon, was du wert bist. Was du dir selbst wert bist vor allem. Denn bevor du dich jemand anderem verkaufen kannst, musst du dich dir erst einmal selbst abkaufen. Du möchtest doch glaubwürdig wirken und überzeugt von deinem Können sein. Dann zeige das auch nach außen. Achtung, nicht überheblich sein, aber gefestigt in deiner Aussage über dich selbst. Nimm das, was andere Menschen als Bild haben, um zu lernen. Jedes Feedback ist ein Geschenk, also nimm es an und verwende es zur Optimierung deiner selbst. Bewerte nicht und verfalle schon gar nicht direkt in den Rechtfertigungsmodus mit einem „ja, aber“-Satz. Bedanke dich und umarme das Feedback.

Da du dir spätestens jetzt im Klaren über die Begriffe „Selbstbewusstsein“ und „Selbstwert“ bist und weißt, was sie für dich bedeuten, fehlt noch der Begriff des Selbstvertrauens. Der Selbstwert bildet die Grundlage, die Basis, deines Selbstvertrauens. Ohne einen hohen Selbstwert kein hohes Selbstvertrauen.

Die angesprochenen Schichten in deinem persönlichen Wahrnehmungssalat sind also Grundlage dessen, was du heute bist. Mit Blick auf Führungsverantwortung ist dir auch bewusst, dass du ein gutes Selbstvertrauen, gespeist aus einem entsprechenden Selbstwert und damit aus einem guten Selbst- und idealerweise auch einem positiven Fremdbild zusammengesetzt, besitzen solltest. Einem Bewerber auf eine entsprechende Funktion, der voller Selbstzweifel ist, sich zurückhaltend und unsicher präsentiert wird wohl kaum eine herausragende Führungsposition mit weiterer Perspektive angeboten. Noch mal zur Erinnerung: Damit ist nicht gemeint, dass du voller Selbstüberschätzung einen auf „dicke Hose“ markieren sollst, sondern das richtige Maß finden musst, wo ein gesundes Selbstbewusstsein angebracht ist und wo eher Zurückhaltung angemessen wäre.

Gleiches gilt in deiner Rolle als Führungskraft. Es macht einen eklatanten Unterschied, ob du als Führungskraft, als Leader, in einen Raum kommst und sich alle nur nach dir umdrehen, um sich gleich wieder weiter zu unterhalten, oder die Gespräche auch aus Respekt verstummen. Ich hoffe, es gelingt dir, einen Raum „einzunehmen“. Das bedeutet, wenn du im Raum bist, orientieren sich andere Menschen an dir. Du hast eine gewisse Vorbildfunktion. Die an-

Eine Führungskraft, die kein Selbstvertrauen hat, ist kein Leader.

deren richten sich gewissermaßen nach dir. Auch in den Einzelgesprächen werden deine Mitarbeitenden deutlich respektvoller reagieren, wenn du mit einem gesunden, aber nicht übertriebenen Selbstbewusstsein auftrittst. Eine Führungskraft, deren Selbstvertrauen am Boden ist, ist kein Leader. Diese dürfte meiner Ansicht nach nicht mal eine Führungsposition bekommen. Die Schwachstelle nutzen Mitarbeitende gerne mal aus. Wenn sie merken, dass nichts passiert, auch wenn sie über die Stränge schlagen, wenn sie mitbekommen, dass dein Auftritt in Meetings von Unsicherheit geprägt ist, kommt es zu unschönen Aktionen bis hin zu möglichen Guerilla-Taktiken.

Fremdbilder beziehungsweise Bilder anderer Menschen prägen sich bei dir ein, wenn gleichartige Äußerungen häufiger vorkommen. Die Anzahl der Wiederholungen sorgt dafür, dass eine Nachhaltigkeit in deinen Gedanken erreicht wird. Sofern damit zusätzlich eine Emotion in deinem Inneren verknüpft ist, wirst du diesen Fremdgedanken möglicherweise zu deinem eigenen machen und gegebenenfalls so tief in dein Unterbewusstsein einbetten, dass er bewusst völlig verschwunden ist, aber in dir dafür sorgt, dass du über dich so denkst, wie dieser Gedanke formuliert war.

Um dieses Muster wieder zu durchbrechen, müsstest du zunächst entdecken oder dir bewusst sein, welche Situation hinter diesem negativen Gedanken über dich steckt, um ihn nach und nach, durch häufige Wiederholungen und möglichst mit emotionaler Verbindung mittels eines eigenen positiven Gedankens oder eines neuen positiven Fremdbildgedankens zu ersetzen. Dass wir zur Beseitigung negativer Dinge mindestens drei positive Ansätze benötigen, solltest du dabei immer im Blick haben.

So besteht dein Bild nun aus zwei Hälften. Die eine, von dir selbst beeinflussbare Seite und die andere, leider fremdbestimmte Seite. Dass du dir selbst eher positive Eigenschaften zuschreibst, nehme ich mal großzügig an. Was aber mit den Sätzen der anderen passieren kann, darauf schauen wir jetzt.

Kernkompetenzen im Keller oder „das innere Kind"

Die Auswirkungen deiner persönlichen Erfahrungen und der Rückmeldungen von anderen Menschen haben einen großen Einfluss auf dein Selbstvertrauen, da der Selbstwert ja die Grundlage für dein Selbstvertrauen ist.

Du kommst also mit all den wunderbaren Grundeinstellungen auf die Welt, besitzt alle Voraussetzungen für eine Entwicklung zum Superstar und wirst dann auf deinem Weg neben deinen Erfahrungen insbesondere von anderen Menschen geprägt. Unabhängig davon, ob es sich dabei um Eltern, Verwandte, Freunde, Erzieher, Pädagogen, Führungskräfte oder Kolleginnen und Kollegen handelt, folgt die Prägung stets nach einem gleichartigen Muster. Du erhältst eine Fremdeinschätzung. Die Fremdeinschätzung enthält eine Wertung und diese Wertung nimmst du zunächst zur Kenntnis. Nur bekommst du im Laufe der Zeit immer wieder Einschätzungen mitgeteilt. Es kann sich dabei um neue Charakterisierungen oder um eine gleiche oder gleichartige Wiederholung einer bereits einmal erhaltenen Bewertung handeln. Du stimmst mir sicher zu, dass eine einmal vernommene Aussage nicht

Die Fremdeinschätzung enthält eine Wertung, die du zunächst nur zur Kenntnis nimmst.

den gleichen Stellenwert hat wie eine (mehrfache) Wiederholung.

Bei einer Einmaleinschätzung hängt es davon ab, welche Bedeutung wir dieser beimessen. Wenn damit eine für dich spürbare Emotion verbunden ist und die Aussage vielleicht persönlich verletzend ist, dann hat auch eine einmalige Bemerkung einen nachhaltigen Einfluss in deinem Schichtsalat. So, wie wir Menschen gestrickt sind, kommt es vor, dass uns diese Anmerkung triggert, berührt oder an eine frühere Situation erinnert, die wir schon einmal erlebt haben. Dann passiert es häufig, dass wir dazu gespeicherte Bilder immer wieder vor Augen haben oder uns diese Aussage immer wieder ins Gedächtnis gerufen wird. Damit kostet auch diese einzelne Aussage eine Menge Energie. Wir beschäftigen uns mit der Vergangenheit, statt im aktuellen Moment zu bleiben. Für unsere Umwelt ist diese Wirkung spürbar. Mal wirkst du nachdenklicher als sonst, mal abwesend, eventuell kommt ein bisschen Wasser in deine Augen oder du kannst dich gerade nicht fokussieren und konzentrieren.

Im Falle einer einmaligen, sehr negativ wertenden Einschätzung kann eine Ablage im Unterbewusstsein erfolgen. Mit Sicherheit passiert das im Falle von gleichartigen Mehrfachbewertungen. Bestimmt hast du Sätze aus deiner Kindheit in Erinnerung, die dich heute noch prägen, bewegen oder in deinem Verhalten lenken. „Das macht man nicht“, „was sollen bloß die Leute denken“, „Geld macht nicht glücklich“, „du bist (oder wir sind) ein kleines Licht.“ In diese Kategorie gehören auch Sprichwörter oder Redewendungen, die immer wieder gerne verwendet wurden und werden. „Erst die Arbeit, dann das Vergnügen“, „Lieber den Spatz in der Hand als die Taube auf dem Dach“. Die Liste würde alleine mehrere Seiten in diesem Buch füllen.

Du hörst also immer und immer wieder eine Bemerkung wie: Was sollen bloß die Leute denken, zum Beispiel. Da du ja geliebt werden willst, fängst du irgendwann an, diesen Satz, weil er in dein Unterbewusstsein programmiert wurde, zu leben. Du verhältst dich möglichst unauffällig und angepasst. Du vermeidest jegliche Diskussion und Positionierung, weil du befürchtest, dass diese auf Ablehnung stoßen könnte. Als Kind fängst du an, darauf zu achten, dass du für keine Beschwerden durch die Nachbarn sorgst. Wenn du mit den Eltern irgendwo essen gehst, versuchst du so lange wie möglich brav am Tisch zu sitzen (auch wenn es nicht immer gelingt). Kommt Besuch, gibst du artig die Hand, selbst wenn die deines Gegenübers glibberig ist, wie ein mit Joghurt gefüllter Gummihandschuh. In deiner Jugend kommt eine Phase der Auflehnung und bei manchen fällt diese so heftig aus, dass tatsächlich ein Ausbruch aus dem gewohnten System stattfindet. Sei es durch Äußerlichkeiten, eine Selbstfindungsreise als junger Erwachsener oder auffälliges, unangepasstes Verhalten. Je nach Erfahrungen und Rückmeldungen fällst du dann wieder in dein Muster zurück oder nabelst dich komplett von deinem Umfeld ab, um deinen eigenen Weg zu finden und gehen zu können. Nicht selten ist damit wirklich ein Cut im Leben, der Verlust von Menschen, die dich bis dahin begleitet haben und das Finden neuer Menschen, die auf deinen Lebenszug aufspringen, verbunden. Was dich nicht umbringt, macht dich nur stärker. Damit hast du vermutlich wirklich deinen Weg gefunden.

Kommt Besuch gibst du artig die Hand, selbst wenn die deines Gegenübers glibberig ist, wie ein mit Joghurt gefüllter Gummihandschuh.

Bleibst du in deiner Komfortzone oder fällst in diese wieder zurück, fühlst du dich möglicherweise irgendwann angepasst glücklich, ohne zu wissen, dass tief in dir drin ein Gefühl schlummert, was eventuell zu einem späteren Zeitpunkt an die Oberfläche kommt. Oder du fühlst dich ständig so, als wärst du an der Stelle im Leben, an der du jetzt bist, noch nicht angekommen, nicht wohl oder denkst vielleicht, dass es für dich nicht den richtigen Platz gibt.

Jetzt kannst du dir ausmalen, was es bedeutet, gleich mehrere dieser Glaubenssätze in dir zu haben, die womöglich auch noch verschiedene Lebensbereiche betreffen. Versetze dich noch mal in deine Kindheit, deine Jugend oder auch deine Ausbildung zurück. Du findest hundertprozentig genügend Aussagen, die dir im Kopf geblieben sind und dich unter Umständen triggern, wie es heute so schön heißt. Und selbst wenn du der Überzeugung bist, dass dies alles an dir vorbeigegangen ist, kann in einer bestimmten Situation, die deine Emotion mit der Vergangenheit verknüpft, eine Redewendung aufploppen, die du längst vergessen geglaubt hast.

Im Falle der beschriebenen negativen Gedanken steht zu befürchten, dass deine einst vorhandenen Fähigkeiten nicht gefördert und weiter ausgebildet, sondern durch diese Art der Beeinflussung in den Keller deines Unterbewusstseins verbannt wurden. Andersherum warst du dir der vorhandenen Qualität deiner Kompetenzschätze eine ganze Zeit lang gar nicht bewusst. Wenn du durch Feedback oder beispielsweise ein Coaching, eine Beratung etc. zu der Erkenntnis gekommen bist, dass dich deine Begleitpersonen, Eltern, Lehrer oder wer auch immer genau in diesen Punkten stets bestärkt und gefördert haben, solltest du jeden Augenblick deines Lebens ganz bewusst dankbar sein. Ein größeres Geschenk hätte dir niemand mit auf den Weg geben können. Denkbar ist, dass ihr entsprechende Literatur über positives Denken oder andere Lebenseinstellungen zu Hause hattet. Auf einigen der Erfolgsseminare, die ich besuchen durfte, habe ich Eltern gesehen, die ihre Kinder sogar mitgenommen haben. Was das in einem Menschen auslöst, der mit neun oder zehn Jahren auf ein oder mehrere solcher Seminare geht und hört, dass er alles schaffen kann, könnte eine Begleitung der Kinder und Auswertung nach Jahren ans Licht bringen. Chapeau, liebe Eltern!

Die Grundlagen, die auf diesem Weg gelegt wurden und in dir erhalten geblieben sind, werden in der Psychologie auch als „das innere Kind" bezeichnet. Dazu gibt es eine Menge Literatur, auf die du bei Interesse zurückgreifen solltest. Eines der bekannten Werke stammt von Stephanie Stahl und heißt „Das Kind in dir muss Heimat finden".

Es wird Zeit, diese Auswirkungen auf deine Rolle als (angehende) Führungskraft zu betrachten. Dafür braucht es wahrscheinlich nicht so arg viel Fantasie, auch wenn die Ausprägungen in beiden Richtungen, positiv wie negativ, fördernde wie auch hemmende Auswirkungen in deinem beruflichen Umfeld haben können.

Voller negativer oder klein machender Glaubenssätze wirst du voraussichtlich schon jetzt das Gefühl haben, dass, egal, wie du dich anstrengst, du einfach nicht auf eine Führungsposition gelassen wirst. Stell dir einfach vor, wie das auf ein Auswahlgremium wirken kann, wenn du sehr zurückhaltend davon sprichst, dass du diese Position gerne hättest, aber auch mit deinem jetzigen Aufgabenbereich nicht unzufrieden bist. Du würdest ebenso keine Pluspunkte sammeln, indem du dir tagein tagaus anmerken lässt, dass du dir auch vorstellen kannst, in einem anderen Unternehmen zu arbeiten, weil da, wo du jetzt bist, doch eine andere Kultur herrscht, als du es dir vorgestellt hast. Schlimmstenfalls sind deine hinterlegten Rückmeldungen so massiv, dass du erst gar keine Bewerbung in Erwägung ziehst, weil du dich einfach für nicht gut genug hältst und vielleicht schon gehört hast, dass sich ein Kollege bewerben wird und so weiter. Du findest also immer Gründe beziehungsweise Ausreden, warum du es erst gar nicht versuchen solltest.

Frag dich mal, was du wirklich willst! HAAALLLOOO! Du bist etwas Besonderes, denn es gibt dich nur einmal auf dieser Welt. Du bist also einzigartig! Lass dich gerne auch beraten oder coachen, wenn du den Gedanken hast, dass du es alleine nicht hinbekommst. Das ist keine Schwäche, sondern ein Zeichen von Stärke, wenn du erkennst, dass du Hilfe benötigst, diese auch anzunehmen. Wow, da fängt plötzlich jemand an, seine Komfortzone zu verlassen! Glückwunsch! Was soll denn auch passieren? Im schlimmsten Fall verändert sich nichts. So what? Und falls du dich doch veränderst, wird sich auch dein Leben verändern. Freu dich drauf!

__Frag dich mal, was du wirklich willst! Du bist etwas Besonderes, denn dich gibt es nur einmal auf dieser Welt.__

Wie schon gesagt, ist ein wenig Zurückhaltung auch eine Form der Höflichkeit und damit in Maßen eben eine positive Eigenart. Andere ausreden lassen, deren Sichtweisen anerkennen, Kompromisse fördern, statt ausschließlich die eigene Meinung durchzudrücken, sind einige Beispiele dafür, dass du kein Lautsprecher, kein besserwisserisch veranlagter Mensch sein musst. Falls du an deinen Stärken in diesem Zusammenhang noch ein wenig feilen und die ein oder andere, durch einen negativen Glaubenssatz verknüpfte, negative Haltung ablegen kannst, hast du sicher gute Perspektiven. Entscheidend ist ja nicht, wo du herkommst, sondern wo du ab heute hingehen möchtest. Dafür solltest du klare Ziele setzen und auf jeden Fall aktiv ins Handeln kommen. Denn ohne Handlung kein Ergebnis. Oder: Wenn du weiterhin das gleiche Gedankengut und Verhalten zeigst wie bisher, grenzt es schon an Größenwahn zu glauben, dass sich die Ergebnisse in der Zukunft ändern.

Betrachten wir noch die Situation, dass du wirklich schon in jungen Jahren in dieser Richtung (stark) gefördert wurdest. Ich bin mir immer noch sicher, dass das nicht die Regel ist. Auf jeden Fall hast du dann eine große Menge gutes Rüstzeug mitbekommen. Deine Gedanken sind nicht grenzbehaftet. Du hast einen entsprechenden Willen, deine Ziele zu erreichen, und zwar auf eine gewinnende, lächelnde, positiv ausstrahlende Art. Du weißt die Menschen einzuordnen und damit umzugehen, dass du Stärken und Schwächen hast. Die Stärken versuchst du, noch weiterzuentwickeln, und deine Schwächen umarmst du oder hast vielleicht auch eine, an der du gezielt arbeiten möchtest. Du findest Wege des Handelns statt Gründe für das Unterlassen. So weit, so gut.

Entscheidend ist nicht, wo du herkommst, sondern wo du ab heute hingehen möchtest!

Es gibt aber auch Menschen, die zu viel des Guten mit auf den Weg bekommen haben. Irgendwo in deinem Umfeld wird es auch diejenigen geben, die glauben, dass sie unverwundbar sind, und damit irgendwann auf die Nase fallen. Entweder weil der dahintersteckende Inhalt doch sehr dünn ist oder weil die Nase, die mit zunehmendem Erfolg immer höher getragen wird, verhindert, dass die Augen die Bodenhaftung behalten. In dem Fall wird keine zweite Meinung geduldet. Keine Alternative, kein Kompromiss ist denkbar. Es zählt eben nur, was dieser Mensch sagt. Beide Prägungen stecken möglicherweise mit unterschiedlicher Intensität in dir.

Schau mal in den Spiegel und verbringe Zeit mit dir. Welche Gedanken trägst du von wem tief in dir? Gehörst du zu den Menschen, die das Bedürfnis haben, etwas zu verändern, aber ständig stecken bleiben? Bitte doch einfach mal einen guten Freund, eine gute Freundin um eine offene und ganz ehrliche Rückmeldung. Such dir dafür keinen Schulterklopfer, sondern einen echten Freund aus. Es hilft dir rein gar nichts, wenn du wieder nur Honig ums Maul geschmiert bekommst.

Es hilft dir rein gar nichts, wenn du nur wieder Honig ums Maul geschmiert bekommst.

Möglicherweise fühlst du dich aber auch gut so, wie du bist. Dann ist doch alles wunderbar, wenn dir keine Glaubenssätze zur Erreichung deiner Ziele im Weg stehen. Diese Erkenntnisse sind mit die wichtigsten auf dem Weg, wo du hinmöchtest.

Eines möchte ich dir aber mit auf diesen Weg geben: Lass dir bitte niemals einreden, dass du ein schlechter Mensch bist, oder etwas in der Art. Wenn es Optimierung oder Aufarbeitung mit deinem inneren Kind bedarf, dann pack es an und handle. Es gibt keinen richtigen Zeitpunkt!

Auf der Suche nach dem Befreiungsschlag

Nun stehst du also da, spürst oder weißt, dass durch deine Erfahrungen und/oder das Fremdbild in deinem Inneren etwas aufzuräumen ist, damit du deinen Weg als Führungskraft unbelastet weitergehen kannst. Es ist doch nahezu verrückt, dass einmal vorhandenes Bewusstsein derart beeinflusst wurde. Du möchtest den Ballast loswerden, einfach hinter dir lassen und bist jetzt auf der Suche nach der Erkenntnis, einer Art Befreiungsschlag, wie das funktionieren kann. Du hast unzählige Möglichkeiten dazu. Der elementar wichtigste Schritt ist zunächst die Erkenntnis darüber, dass du etwas verändern möchtest. Dein Innenleben soll neu sortiert, aufgeräumt und wieder aufs Gleis gebracht werden, damit du dich so präsentieren kannst, wie es aus deiner Sicht sein soll. Du möchtest deine (kommende) Führungsposition als echter Leader wahrnehmen und vorneweg marschieren, ohne von deiner Vergangenheit aufgehalten zu werden. Die Mitarbeitenden sollen dir anmerken, dass du voll fokussiert bei deinen Aufgaben im Hier und voller Power die Maschine am Laufen hältst. Du möchtest gerne Karriere machen. Da stören irgendwelche eingeübten und fremdbestimmten Glaubensmuster nur. Den Rucksack willst du nicht mehr mitschleppen.

Der wichtigste Schritt ist zunächst die Erkenntnis, dass du etwas verändern möchtest.

Grundsätzlich bin ich der Auffassung, dass ein jeder Job- oder Funktionswechsel sinnvollerweise begleitet werden sollte. Ob das im Rahmen eines Mentoring-Programms, mittels eines Einzelcoachings, als Change-Begleitung oder eines im Unternehmen systematisch angelegten Verfahrens geschieht, sei dahingestellt. Sofern dir ein solches Angebot in deinem Unternehmen zur Verfügung steht, kannst du dich definitiv sehr glücklich schätzen, denn das dürfte immer noch die Ausnahme sein. Dann gibt es mancherorts die Möglichkeit, sich über interne Weiterbildungen etwas aus dem vorhandenen Buffet herauszupicken. Allerdings spielt dabei eine Rolle, ob und inwieweit diese Angebote bereits betrieblich eingefärbt sind, um dir die erforderliche Distanz noch anbieten zu können. Denn es geht hier nicht um eine schon wieder mit einer Unternehmensmeinung vorbelastete Möglichkeit einer Weiterentwicklung für dich, sondern um einen echten unvorbelasteten Blick auf deine Welt.

Dafür kann es absolut Sinn machen, jemand Unbelastetes von außen zu gewinnen, auch wenn die Person von dir noch deine Welt erklärt bekommen muss. Der Aufwand lohnt sich in der Regel.

In vielen Unternehmen, Betrieben und Firmen werden dazu noch Grundeinstellungen zu finden sein, die eine solche Begleitung für absolut verzichtbar halten. „Das gab es früher auch nicht! Wozu soll denn das gut sein? Dazu haben wir kein Budget. Das ist neumodisches Zeug."

Solche Begründungen werden dann meistens formuliert, um deiner Anfrage nicht nachkommen zu müssen. Wahrscheinlich handelt es sich bei diesen Entscheidern um Menschen, die von sich glauben, dass sie schon als Leader auf die Welt gekommen sind und dass es eben Führungspersonen gibt und solche, die dafür per se nicht geeignet sind. Wow, was für eine großartige Einstellung! Ich bin der Größte und nach mir kommt lange nichts. Wir alle sollten davon ausgehen können, dass diese antiquierte Art zumindest vom Aussterben bedroht ist. Weit gefehlt! Diese Haltung ist immer noch verbreiteter, als viele denken.

Geht es um deine über lange Jahre zurückliegenden Fremdeinwirkungen, wirst du um eine individuelle, dir zusagende Person, die du selbst engagierst, wahrscheinlich kaum herumkommen. Dabei ist zunächst auch zu klären, ob es eines therapeutischen Ansatzes bedarf, der dann über deine medizinische Versorgung zu beantragen wäre. In vielen Fällen geht es sicher eher um eine temporäre Intensivbegleitung, um die Schatten der Vergangenheit loslassen zu können.

Davon lebt ein ganzer Dienstleistungszweig, der der Coaches, Berater und Trainer. Da der Markt riesig ist, plane auf jeden Fall ausreichend Zeit für eine sorgfältige Recherche ein. Es kann auch ganz hilfreich sein, eine Wegstrecke auf sich zu nehmen, um aus dem gewohnten Umfeld deiner Stadt herauszukommen und um sich gezielt in einer anderen Umgebung mit Abstand zum Arbeitsumfeld zu bewegen. Das solltest du ganz persönlich für dich entscheiden. Klar ist, dass du über Jahre eingeübte Muster nicht in einem Schnellkurs in drei Tagen wieder loswirst. Deshalb sind Formate wie „neue Glaubenssätze über Nacht“ völlig ungeeignet.

Über Jahre eingeübte Muster wirst du nicht in einem Drei-Tage-Schnellkurs wieder los.

An diesem Punkt werfe ich aus Sicht einer Führungskraft einmal einen Blick in die Zukunft. Denken wir mal an Kinder, Jugendliche und junge Erwachsene, die künftig verantwortliche Rollen auf dem Arbeitsmarkt übernehmen sollen. Wir wissen, dass insbesondere während des Aufwachsens gewisse Gedankenmuster durch Einflussnahme von außen in ihnen verankert wurden und werden. Diese Muster können sich zu Hinderungsgründen auf dem Weg der Verantwortungsübernahme in Unternehmen, Firmen und Betrieben entwickeln. Wir sehen also, welche Auswirkungen heutige Erziehungsmuster haben können. Gleichzeitig beschäftigt sich der Dienstleistungszweig der Coaches, Berater und Trainer damit, die Auswirkungen bewusst werden zu lassen und durch neue positive, nicht einschränkende Gedankenmuster zu ersetzen. Damit behaupte ich ja nicht, dass die heutigen oder früheren Erziehungsmethoden schlecht oder negativ besetzt sind. Uns allen wurde nach bestem Wissen und Gewissen aller handelnden Personen das Beste mitgegeben. Dein Nachdenken über deine Vergangenheit hat aber mit an Sicherheit grenzende Wahrscheinlichkeit Sätze hervorgerufen, die dein Denken auch in Richtung Leadership limitiert haben dürften oder noch beschränken.

Wenn wir doch wissen, was bei den künftigen Führungskräften ausgelöst wird, dann sollten wir nicht sehenden Auges das tun, was wir schon immer getan haben. Denn dann bekommen die Unternehmen, Betriebe und Firmen ja auch weiterhin die Problemlagen und Ergebnisse, die sie schon immer hatten. Also wäre doch ein Ansatz vorhanden, frühzeitig an den vermittelten Glaubenssätzen etwas zu verändern, statt abzuwarten und wieder zu reagieren. Dein erlangtes Wissen als heutige Führungskraft über diese Zusammenhänge versetzt dich in die Lage, im Umgang mit Nachwuchskräften im Unternehmen oder auch deinen Kindern, falls du welche hast, völlig anders bewusst zu denken und in der Konsequenz auch zu handeln. Statt „Geld macht nicht glücklich“ eher „wenn du genug Geld verdienst, kannst du auch mehr an andere abgeben“ zu kommunizieren. Ein anderes Beispiel ist, statt „was Hänschen nicht lernt, lernt Hans nimmermehr“, ganz klar zu setzen, dass heute ohne ein lebenslanges Lernen weder persönliche noch berufliche Weiterentwicklung denkbar ist.

Wenn wir doch wissen, was das auslöst, dann sollten wir nicht sehenden Auges das tun, was wir schon immer getan haben.

Geh doch mit deinem Ausbildungslehrgang mal auf ein Motivationsseminar. Sucht nach Möglichkeiten, welche Spiele und Übungen den sozialen Zusammenhalt und die persönliche Entwicklung fördern. Frag in deinem Team, ob jemand eine besondere Idee für einen Team-Tag hat, die diverse Anforderungskriterien, wie motivierend, leistungsfördernd oder sozial engagiert, erfüllt. Diejenigen, die eher Richtung der Muster der vergangenen Jahre denken, werden so auch aus ihrer Komfortzone geholt.

Es spricht auch nichts dagegen, in der Schule gelegentlich mal Videoimpulse mit Mut machenden Botschaften oder motivierenden Ansätzen zum Leben im Allgemeinen zu setzen, statt der zweiten Projektwoche oder dem dritten pädagogischen Tag im Halbjahr nachzugehen. Wie viele Stunden werden ohnehin nicht mit sinnvollen Inhalten gefüllt, sondern durch Vertretungsumstände einfach nur zum Absitzen verschwendet. Einige großartige Erfolgs- und Motivationstrainer bieten sogar kostenlose Events für Kids an. Oder es wird ein Einstieg über eine in diese Richtung gehende Lektüre im Unterricht gewählt. Alles Optionen, um schon frühzeitig die Entwicklung in eine andere Richtung zu lenken.

Damit ersparst du denjenigen, die in einen solchen Genuss kommen, die spätere Suche nach dem Ausweg und dem Befreiungsschlag. Stell dir mal vor, wie großartig es für dich gewesen wäre, wenn du mit Glaubenssätzen aufgewachsen wärst, die Grenzenlosigkeit im Denken gesät hätten. Denke mal drüber nach, was es mit dir als Azubi gemacht hätte, wenn dein Ausbilder dich von Anfang an nach deiner Meinung gefragt und sie ernst genommen hätte. Du hättest die Welt schon viel früher erobert – oder?

11 Vergessene Spitzenkräfte

Da jeder Mensch sehr individuell ganz im Rahmen seines Aufwachsens geprägt wurde, möchte ich ein Kapitel in diesem Buch ganz besonderen Menschen widmen. Den Menschen, die über eine Prägung hinaus mit besonderen Eigenschaften und Fähigkeiten diese Welt betreten durften und dafür an anderer Stelle gegebenenfalls mit Einschränkungen zurechtkommen müssen. Manche werden das anders sehen, manche wiederum mit mir einer Meinung sein. Der entscheidende Punkt ist aber, dass diese Personen es nicht selten besonders schwer haben ihre Ziele zu erreichen, ihre Meinung zu vertreten und ihren ganz persönlichen Weg erfolgreich zu gehen. Dabei jammern doch alle wie verrückt, dass es nicht genügend Arbeitskräfte auf dem Markt gibt und wie schwierig die Gewinnung von gutem Personal gerade ist.

Richtig – die Rede ist von denjenigen unter uns, die über angeborene oder entwickelte gesundheitliche, körperliche oder irgendwelche anderen Grenzen verfügen, die nicht der allgemein üblichen „Norm“ entsprechen. Ich höre schon den Aufschrei: „Da machen wir doch schon dies oder das. Da gibt es Grenzen. Das ist nicht so einfach!“ Alleine daran kannst du erkennen, wie es in vielen Unternehmen wirklich um das Engagement, solche Menschen zu beschäftigen, bestellt ist. Auch hier wieder: Ja, es gibt vorbildliche Unternehmen, Firmen und Betriebe und ja, es gibt auch Grenzen. Sind wir doch trotz allem einmal uneingeschränkt ehrlich. In den aktuellen Jahren beginnt vielleicht gerade mal ein Umdenken aus der Not heraus. Bisher konnten die freien Stellen doch gut besetzt werden. Erst wenn eine Notsituation eintritt, fangen die meisten Personalbereiche damit an, sich nach weiteren Möglichkeiten umzusehen, und entwickeln eventuell einzelne Anpassungen ihrer Standardverfahren, um so auch einige Bewerbungen aus diesem Personenspektrum zu erhalten. Unter dem Strich meist zu spät, zu wenig und oft ganz schön hilflos. Dazu kommt, dass diejenigen, die sich auf den Weg machen, nicht selten alleine laufen lernen müssen. Im Grunde genommen wurden schon Jahre verschlafen. Da es aber nie zu spät ist, auf einen neuen Weg abzubiegen, ist jetzt der Zeitpunkt, dass auch du dich mit dem Thema beschäftigst.

„Schwierig“ als Marke und Gewinn

Wenn du dich schon mit dem Thema „Menschentypen“ befasst hast, ist dir bekannt, welche verschiedenen Typen es gibt, ob in Farben, als Tiermodell oder auf andere Art und Weise. In groben Kategorien gibt es einen roten, einen gelben, einen blauen und einen grünen Menschentypen. Bedeutet übersetzt den Zahlen-Daten-Fakten-Typ (blau), den empathischen Helfer (grün), den selbstbewussten, machtorientierten Typen (rot) und den sehr agilen, Spaß bereitenden Macher (gelb). Dann weißt du auch, dass wir Menschen uns gerne mit den gleichen Menschentypen umgeben, wie wir selbst gestrickt sind. Denn deren Verhaltensmuster sind uns angenehm, weil sie unseren eigenen ähneln. Wenn du also ein sehr strukturierter und Zahlen-, Daten-, Fakten-liebender Mensch bist, neigst du dazu, diesen Typ Mensch auch in deinem Umfeld zu haben. Das gilt ebenso für den empathischen Helfertyp wie für alle anderen. Mach dir doch einen Spaß daraus und beobachte in deinem Umfeld, welche Personen so ticken wie du, welche nicht und welche davon in der Überzahl sind. Das kannst du übrigens genauso im Job, am Flughafen oder wo auch immer du dich aufhältst, versuchen.

Eine grundsätzliche Feststellung bei der Durchführung von Persönlichkeitstests ist, dass du am meisten Energie für den Menschentypen aufbringen musst, der die Eigenschaften in sich trägt, die du am wenigsten teilst beziehungsweise selbst an den Tag legst. Und da kommen wir dem Thema „schwierig“ schon näher. Wenn du viel Energie investieren musst, wird das mit der Zeit anstrengend. Das ist kein Selbstläufer. Du hast Arbeit damit, diese Person von deinen Ideen als den richtigen zu überzeugen. Deine Argumente finden gefühlt gar kein Gehör. Überhaupt gefällt dir die Art, wie dieser Mensch sich verhält, sich positioniert, nicht. Es fühlt sich für dich an, als wärt ihr beide auf unterschiedlichen Planeten unterwegs. Du hast ein Grummeln in der Bauchgegend. Das ist zum Beispiel dann der Fall, wenn du erläuterst, warum dein neues Produkt so praktisch ist, was man damit alles machen kann, für wen das hilfreich wäre. Dann kommt dein Gegenüber und sagt, dass du jetzt mal zum Punkt kommen sollst, wie viel Marktkapitalisierung möglich ist, welches Kosten-Nutzen-Verhältnis besteht und ob auch wirklich alle Möglichkeiten, die Herstellungskosten zu reduzieren, ausgeschöpft wurden. Und du verstehst nur noch Bahnhof. Jetzt zeigt sich, ob du im Umgang mit Menschen als multiple Mimose agierst oder das Attribut „schwierig“ als Gewinn für dein Team und dein Unternehmen siehst.

Es fühlt sich für dich an, als wärt ihr beide auf unterschiedlichen Planeten unterwegs.

Es ist seit Längerem nachgewiesen, dass die Ergebnisse heterogener Teams, Arbeitsgruppen etc. besser sind als die Ergebnisse homogener Gruppen. Mittlerweile haben sich selbst einige Privatschulen darauf eingelassen, zu Beginn der Oberstufe die Schülerinnen und Schüler einen kleinen Persönlichkeitstest ausfüllen zu lassen, um für die weiteren zwei oder drei Jahre eben heterogene Lerngruppen zusammenstellen zu können, sodass einer vom anderen innerhalb dieser Gruppe lernen und profitieren kann.

Bist du in der glücklichen Situation, dir ein Team zusammenstellen zu können, so ist in einen Persönlichkeitstest investiertes Geld demnach gut angelegt. Denn am Ende weißt du, welcher Menschentyp dir eventuell fehlt und was für einen Mitarbeiter du noch benötigst, um dein Team sinnvoll zu ergänzen. Voraussetzung dafür ist natürlich, dass du ganz offen und ehrlich mit dir selbst umgehst.

Erst jetzt werden Problemlagen oder Entscheidungsvorbereitungen aus den unterschiedlichen Blickwinkeln betrachtet und entwickelt. Dadurch gelingt es, im Rahmen von Präsentationen oder Vorträgen zu den Themen auch alle verschiedenen Menschentypen im Publikum, im Vorstand, im Kollegenkreis und so weiter geschickt abzuholen und gedanklich mitzunehmen. Denn der Vortrag oder die Präsentation wurde dann eben auch aus vier unterschiedlichen Blickwinkeln betrachtet und zusammengestellt. Immer unter der Voraussetzung, dass die Akzeptanz innerhalb des Teams groß genug ist, um die Meinung anderer nicht nur zu respektieren,

Es ist unschwer zu erkennen, welchen Mehrwert diese Vorgehensweise im Vergleich zur bequemen Haltung hat.

sondern sie als Bereicherung für das eigene Ergebnis anzuerkennen und zuzulassen.

Es ist unschwer zu erkennen, welchen Mehrwert diese Vorgehensweise im Vergleich zur bequemen Haltung hat. Du willst doch auch lernen, oder? Du bist doch jemand, der sich dafür interessiert, wie andere an ein Thema gehen und es zu lösen versuchen. Du möchtest doch, dass möglichst viele Zuhörer von euren Ideen und Gedanken überzeugt werden und ihre Zustimmung zu den Ressourcen der weiteren Projektschritte geben, oder nicht? Du hältst viel von lebenslangem Lernen und bist bereit, dein Wissen ständig zu erweitern. Dein Team soll doch das Kreativste und Beste im Unternehmen sein, ja oder ja? Natürlich sind das alles rein hypothetische Fragen. Du würdest dieses Buch gar nicht lesen, wenn du diese Haltung nicht teilen würdest.

Du würdest dieses Buch gar nicht lesen, wenn du diese Haltung nicht teilen würdest.

Werfen wir den Blick auf die bequeme Seite. Mach es dir auf deinem Sitzplatz gemütlich, lehne dich zurück und richte dich für einen Augenblick in deiner Komfortzone so richtig kuschelig ein.

Erstes Beispiel: Du hast in deinem Team zwei Personen, mit denen du überhaupt nicht zurechtkommst. Du hast das Gefühl, ihr sprecht eine andere Sprache, und empfindest es als richtig anstrengend, mit ihnen zu kommunizieren. Das geht sogar so weit, dass du insgeheim hoffst, ihnen möglichst wenig über den Weg zu laufen und schon gar nicht in ein Gespräch einsteigen zu müssen. Denn die arten regelmäßig in große Diskussionen aus. Eine Person hat aus deiner Sicht Schwierigkeiten mit einem gewissen Ernst bei der Sache zu sein. Ständig werden Scherze gemacht, es wird alles als witzig empfunden und aus deiner Sicht die Angelegenheiten gar nicht ernst genommen. Die Zweite gibt dir das Gefühl, als wäre sie der heimliche Teamleiter, lässt dich nicht ausreden und zieht deine Themen an sich, um zu profitieren, wenn es später um Lob und Anerkennung für die erbrachte Leitung geht, damit sie möglichst bald die nächste Stufe der Karriereleiter erklimmen kann – deine Position zu übernehmen! Was tun?

Da das alles sooo anstrengend ist, lässt du beide gewähren, unternimmst nichts gegen die Unterbrechungen, lässt die ständigen Scherze zu und schaust, dass es am Ende wenigstens den Minimalkonsens im Team gibt, um überhaupt voranzukommen.

Zweites Beispiel: In deinem Team habt ihr euch alle schrecklich lieb. Ihr versteht euch prima, trefft euch auch privat, weil ihr alle ähnliche Interessen habt. In Kürze sollen für die beiden noch nicht besetzten Stellen Auswahlverfahren stattfinden. Du selbst legst Wert darauf, dass die „Neuen“ sich in das Team einfügen, zu euch passen, also ebenfalls ähnliche Interessen haben. Natürlich holst du dir auch die Meinungen deiner Teammitglieder ein, denn es ist dir sehr wichtig, dass sie sich auch weiterhin wohlfühlen. Das Klima der Harmonie soll auf keinen Fall gestört werden, denn das wäre richtig anstrengend. Es wäre vorbei mit der Ruhe und dem Verbleib in der ach so gemütlichen Komfortzone. Plötzlich gäbe es auch mal eine Diskussion, einen Disput und du müsstest gegebenenfalls entscheiden, wie es weitergeht. Dann hätten dich ja nicht mehr alle lieb, sondern nur noch ein Teil.

Dann hätten dich ja gar nicht mehr alle lieb, sondern nur noch ein Teil.

Lass uns mal die Folgen deiner Gemütlichkeit anschauen. Im ersten Beispiel wurde ein Termin für die Ergebnispräsentation seitens deiner Führungskraft, der Abteilungsleitung, angesetzt. Im Konferenzraum herrscht eine etwas angespannte Stimmung, weil der eine Kollege heute Morgen noch mit dir diskutiert hat, ob er besser die Präsentation halten solle. Erwartungsvoll kommt der Abteilungsleiter hinzu, begrüßt alle und sagt, dass er sich auf eure Ergebnisse freut. Du beginnst mit deinem Vortrag und merkst schon währenddessen, dass das freundliche Gesicht des Abteilungsleiters kritischen Blicken gewichen ist. Als du zum Abschluss kommst, wird freundlich, aber zurückhaltend Beifall auf den Tisch geklopft. Dein Abteilungsleiter schaut dich an und fragt: „Das ist alles? Mehr hat das Team nicht zu bieten? Wie soll ich denn mit diesen kaum nennenswerten Ergebnissen bei der Unternehmensführung punkten? Was haben Sie sich eigentlich dabei gedacht?“ Und nach einer Pause: „Sie als Teamleiter kommen bitte in 15 Minuten in mein Büro!“

Na, da hast du richtig Lust drauf. Wahrscheinlich bekommst du wieder den Kopf gewaschen. Dabei kannst du doch gar nichts dafür, dass deine Leute unterschiedliche Charaktere sind und nicht so harmonieren.

Setzen wir die gleiche Situation im zweiten Beispiel voraus. Wieder im Konferenzraum, wieder Vortrag vor dem Abteilungsleiter. Diesmal ist die Stimmung viel besser, da ihr alle nahezu die gleichen Gedanken hattet, die jetzt vorgetragen werden sollen. Du beginnst wieder mit deinem Vortrag und stellst leicht irritiert fest, dass sich der Abteilungsleiter während deines Vortrags viele Notizen macht. Nach dem begeisterten Beifall deiner Teammitglieder räuspert sich dein Chef kurz und schließt eine Salve von Fragen aus der Hüfte. Warum nicht mehr Zahlen, Daten, Fakten betrachtet wurden, weshalb die Wirkung auf die Kundschaft nicht umfangreich geprüft wurde und vor allem die spezifische Wirtschaftslage in diesem Business keine Rolle in der Präsentation spielte. Und nach einer Pause: „Sie als Teamleiter kommen bitte in 15 Minuten in mein Büro!"

Du verstehst die Welt nicht mehr und bist völlig überrascht, als dir dein Chef eröffnet, dass die beiden Neuen von ihm ausgesucht werden und einer deinen Posten übernehmen soll. – Bumm!

Auch wenn die beiden Beispiele unter unterschiedlichen Voraussetzungen starten, so sind die Ergebnisse in beiden Fällen ähnlich und nicht zielführend. Steh mal auf aus deiner bequemen Sitzhaltung!

Der Minimalkompromiss aus dem ersten Fall bringt das Unternehmen, deinen Chef und dich selbst keinen Millimeter weiter. Wenn du glänzen möchtest, solltest du in der Lage sein, allen Beteiligten ihre Stärken immer wieder bewusst zu machen und dafür zu sorgen, dass sie diese bestmöglich einbringen. Diskussionen zulassen, alles erst mal ohne Wertung zusammentragen und natürlich auch Spaß daran haben. Nur wenn sich jeder wertvoll fühlt, werden die einzelnen Charaktere motiviert genug sein, ihr Bestes zu geben und in das Ergebnis einzubringen.

Nur wenn sich jeder wertvoll fühlt, sind die einzelnen Charaktere motiviert genug, ihr Bestes zu geben.

Natürlich geht es dir in der zweiten Runde blendend. Keine Störgeräusche, alles prima Klima im Team, keine Diskussionen, alle sind sich einig. Die Konsequenz: Die im Team vorhandenen „blinden Flecken" sind bei euch allen gleich. Deshalb fehlen in der Präsentation und im Vortrag ganz wichtige Impulse. Die Ergebnisse sind aus einem einzigen Blickwinkel heraus betrachtet und formuliert. Mögliche Störfaktoren, wichtige Kennzahlen und andere Punkte wurden nicht betrachtet, weil das nicht diesem einzigen Menschentyp entspricht, der in deinem Team vertreten ist. Am Ende hat dein Chef auch noch erkannt, dass es so auch für ihn nicht weitergehen wird und er etwas in deinem Team verändern muss – auf deine Kosten!

Genug der negativen Beispiele?! Wenn du also das Unternehmen voranbringen möchtest und das wirst du schon um deiner eigenen Entwicklung wollen, wird es notwendig, zu verstehen, dass der Umgang mit unterschiedlichen Menschentypen keine freie Entscheidung der Bequemlichkeit wegen ist. Vielmehr ergibt sich die Notwendigkeit, um möglichst umfassend einen Blick auf die zu lösenden Probleme und zu entwickelnden Themen zu werfen. Wenn die Ergebnisse deines Teams stimmen, stimmt auch dein Ergebnis. Im übertragenen Sinne meine ich damit, dass deine weitere Entwicklung und Perspektive sich dann positiv gestaltet. Was du daraus machst, ist letzten Endes deine Entscheidung. Solltest du aber ein Interesse daran haben, dass es vorwärtsgeht, dann höre auf, diese Art der Diversität als schwierig anzusehen. Sie ist eine Herausforderung, an der du wachsen wirst. Es wird ein Teil deines lebenslangen Lernens, die unterschiedlichen Menschentypen unter einen Hut zu bringen. Dazu kannst du dir auch Bilder oder Begriffe entwerfen, die weniger negative Schwingungen haben als das Wort „schwierig“.

Es ist Zeit umzudenken! Mache die Besonderheiten anderer zur Marke in deinem Team.

Nenne die Menschen, die von dir mehr Energie fordern, doch „Herausforderer“, „Tester“ oder auch „Prototypen“.

Stelle dir Bilder von einer Stromschnelle vor, durch die du mit entsprechender Anstrengung gut durchkommst. Besonders mit Emotionen verbunden ist auch immer ein imaginäres Bild aus deiner Vergangenheit. Etwas, was dich Anstrengung gekostet hat, wo am Ende aber das süße Gefühl des Sieges, der Überwindung im Gedächtnis geblieben ist.

Es ist Zeit, umzudenken! Mache dir die Besonderheiten anderer zur Marke in deinem Team. Es ist einer der größten Gewinne für dich selbst, wenn du diese Herausforderungen meisterst. Nicht nur im Job, sondern genauso in deiner ganz persönlichen Entwicklung.

Erlesene Fähigkeiten

Wahrscheinlich hast du dich auch schon mal dabei ertappt, als du einen anderen Menschen, ohne dass du dir die Mühe gemacht hast, ihn näher kennenzulernen, direkt negativ bewertet hast. Auf der Arbeit kam dir möglicherweise der Kollege Schulze schon von Anfang an komisch vor. Die Kollegin Meier fehlt ständig, produziert aber, wenn sie im Homeoffice arbeitet gute Ergebnisse. Trotzdem überlegst du eher, wie du sie loswirst, statt dir Gedanken zu machen, was wirklich dahintersteckt.

Reden wir nicht seit Jahren davon, dass wir zu wenige nachkommende Arbeitskräfte haben? Wissen wir nicht längst, dass Digitalisierung keine Rationalisierung bedeutet, sondern eine Verschiebung von Anforderungen und Kompetenzen? Warum klammern wir uns dann immer noch an gewisse Standards, wenn Personal rekrutiert werden muss? Jetzt kommt die supertolle Antwort, die mir regelmäßig die Zornesröte ins Gesicht treibt: „Weil wir das schon immer so gemacht haben“!!!! Arrrrrggghh! Da stellen sich mir sämtliche Nackenhaare, die nicht vorhanden sind auf, die Alarmglocken gehen an und wie ein Tsunami rollt das Ego Richtung Ausgang (meint Mund), um in aller Deutlichkeit mein Unverständnis und den Ärger rauszubrüllen! „Chill mal“, ist dann der einzige Weg, denn aller Zorn über so viel Ignoranz dient am Ende nicht dem Ziel, welches es zu erreichen gilt.

Ein erheblicher Anteil unserer Mitmenschen lebt von Geburt an oder durch Ereignisse im Laufe ihres Lebens mit gewissen Einschränkungen. Diese rücken wir in den Fokus unserer gewohnheitsmäßigen Betrachtung von außen, ohne zu wissen, wozu diese Personen tatsächlich im Stande sind. Ich drehe den Spieß um und lade dich ein, den Perspektivwechsel mal zu vollziehen. Statt den Blick auf die Einschränkungen zu werfen, gilt es, so genau hinzuschauen und zuzuhören, dass die besonderen Fähigkeiten und Fertigkeiten, die sich in der Regel bei diesen Menschen entwickelt haben, um nämlich die Einschränkungen bestmöglich zu kompensieren, im Mittelpunkt stehen. Wenn das gelingt, erweitert sich der Kreis potenzieller Kandidatinnen und Kandidaten für das Unternehmen und dein Team urplötzlich um einen erheblichen Faktor. Mach deine Tür ganz weit auf und gewinne erlesene Fähigkeiten für dein Team, die dir sonst verloren gehen.

Mach deine Tür ganz weit auf und gewinne erlesene Fähigkeiten für dein Team, die dir sonst verloren gehen.

Vielleicht kennst du selbst jemanden, der nach einer Erprobung in einer Tätigkeit eingesetzt wurde und wider Erwarten gut eingeschlagen hat, obwohl aufgrund einer bestehenden Einschränkung größte Zweifel bestanden. Ich selbst bin seit einigen Jahren in einem Netzwerk zum Umgang mit neurodiversen Menschen engagiert. Dieses Netzwerk, autinet, unterstützt Menschen mit diesem Merkmal auf dem Weg in den ersten Arbeitsmarkt. Das können Menschen aus dem Autismus-Spektrum aber auch mit Legasthenie, Dyskalkulie oder ähnlichen besonderen Bedürfnissen und Fähigkeiten sein. Es geht uns nicht nur um die Vermittlung von Menschen, sondern auch um das Einbringen des Themas „Neurodiversität" in Betriebe, Verwaltungen und Institutionen. Oft hält einfach die Unkenntnis im Umgang mit den Betroffenen davon ab, an geeigneten Positionen Arbeitsversuche zu starten. Wenn du mehr darüber wissen möchtest, findest du weitere Informationen auf der Homepage „autinet.org".

In einem Arbeitsbereich konnten wir beispielsweise einer sehr gut qualifizierten Person ein Praktikum ermöglichen. Alleine dadurch, dass sich der Bereich darauf eingelassen hat, den Arbeitsplatz als Einzelplatz zur Verfügung zu stellen, weil die Besonderheit eine große Unsicherheit im Umgang mit anderen Menschen war.

An anderer Stelle, einem Telefonarbeitsplatz, gab es immer wieder emotionale Probleme, da die Anrufenden sich oft nicht mit verbalen Ausfällen zurückhielten. Stell dir bitte mal vor, was das mit dir macht, wenn du jeden Tag Telefonate mit Beschimpfungen oder Beleidigungen ertragen musst. Natürlich sind wir an dieser Stelle unterschiedlich resilient. Wenn es aber Menschen gibt, bei denen die Emotionalität in dieser Hinsicht von Haus aus weniger ausgeprägt ist, liegt es doch auf der Hand, einen Versuch mit einer entsprechenden Person zu starten. Natürlich begleitet, wurde dieses Praktikum drei Monate erprobt. Am Ende stand fest: Es war genau die richtige Person für diese Aufgabe. Selbstverständlich wurde vorher geprüft, was zu beachten sein wird. Natürlich wurden Gespräche geführt, ob die Person damit zurechtkommt. Wer nicht mutig ist, hat schon verloren! Für meinen damaligen Arbeitsbereich ein absoluter Gewinn in Zeiten schwieriger Personalgewinnung und für den Menschen mit erlesener Fähigkeit genau in diesem Bereich der Einstieg in den ersten Arbeitsmarkt.

In welchem Aufgabenbereich du auch immer tätig bist: Bist du als Leader beschäftigt oder möchtest einer werden, liegt es in deiner Verantwortung, das geeignete Personal für deinen Arbeitsbereich zu finden. Seit Jahren ähnelt die Grafik der Berufstätigen keiner Pyramide mehr, wie noch vor der Jahrtausendwende. Vielmehr sieht sie aus wie ein (Atom-)Pilz mit riesigem Kopf und zerbrechlichem Stiel, weil deutlich weniger Geburten die Jahre der Baby-Boomer nicht auffangen können. Seltsam, dass diese Entwicklung liebend gerne in Säulen- oder Balkendiagrammen, bestenfalls in Linien dargestellt wird. Die der Dramatik dieser Situation gerecht werdende Form des Pilzes findet man so gut wie nirgendwo.

Seit Jahren ähnelt die Grafik der Berufstätigen keiner Pyramide mehr. Sie sieht vielmehr wie ein (Atom-)Pilz aus.

Du bist also Leader in deinem Unternehmen, für HR oder zumindest für deinen Bereich personalverantwortlich. Du weißt, dass bis ins Jahr 2035 etwa 30% deiner Mitarbeitenden in Ruhestand, Rente, Pension oder was auch immer gehen werden. Rein rechnerisch gesehen hast du die Information in einem Vortrag erfahren, dass etwa zwei Drittel der Ausscheidenden durch Nachwuchskräfte ersetzt werden könnten, wenn die Anzahl der Ausbildungs- und Studienplätze zugrunde gelegt wird. Du machst dir Gedanken und kommst zu dem Ergebnis, dass davon ja noch Nichtbestehende, nach Abschluss Abwandernde und möglicherweise kurz nach dem Abschluss Unzufriedene abzuziehen sind. Schwups, bist du statistisch nur noch bei 50% Kompensation durch Nachwuchskräfte.

Bleibt als Nächstes die Möglichkeit, fertige Arbeitskräfte vom Arbeitsmarkt zu rekrutieren zu versuchen. Auch das kann bis zu einem gewissen Grad funktionieren. Dafür sollte dein Unternehmen aber schon einige Rahmenbedingungen bieten, die heutzutage Standard sind oder in Auswahlgesprächen immer wieder nachgefragt werden. Gibt es die Möglichkeit des mobilen Arbeitens oder Homeoffice, welche Weiterbildungsmöglichkeiten werden angeboten, gibt es flexible Arbeitszeiten oder Teilzeitbeschäftigung zur Vereinbarkeit der Work-Life-Balance, wie stellen sich die Aufstiegschancen in den nächsten Jahren dar und welche „Goodies", wie beispielsweise ein kostenfreies Job-Ticket für den ÖPNV oder vergleichbare Angebote, kann dein Unternehmen bieten? „Habt ihr nicht?? Dann ziehe ich meine Bewerbung zurück."

So oder so ähnlich stellt sich der Alltag in diesen Gesprächsrunden heute dar. Ich möchte die Haltung, den Umgang mit der aktuellen Situation, auch gar nicht bewerten. Es ist das Ergebnis, was zählt. Jetzt zieh mal einen dicken Strich unter deine Rechnung und betrachte dir die hoffentlich ehrlich ermittelte Prozentzahl der Arbeitsplätze, die du vermutlich über die angesprochenen Möglichkeiten nicht besetzt bekommst. Aus meiner Sicht hast du nun die Möglich-

Viele scheinen tatsächlich zu glauben, dass dieser Zug an ihnen vorbeifahren wird. Eine echte Glaubenskrise!

keit, die Aufgaben selbst zu übernehmen, dir vermutlich relativ schnell einen Burn-Out zuzuziehen, möglicherweise Freunde und Familie zu verlieren, weil du quasi auf der Arbeit übernachten musst, um das alles zu bewältigen.

Ich übertreibe? Mitnichten, die gerade eintretende Situation wird sich weiter verschärfen, wenn du die Datenentwicklung bis Anfang des kommenden Jahrzehnts verfolgst. Viele scheinen tatsächlich noch zu glauben, dass dieser Zug schon an ihnen vorbeifahren wird. Eine echte Glaubenskrise!

Oder aber du setzt dich intensiv damit auseinander, wie du Menschen mit besonderen Fähigkeiten für deinen Bereich passend gewinnen könntest. Prüfe doch, an welchem Arbeitsplatz eine besonders erlesene Fähigkeit erforderlich oder zumindest sehr hilfreich wäre. Du kannst direkt im Anschluss recherchieren, bei welchen Menschen diese Fähigkeit als Kompensation beispielsweise besonders ausgeprägt ist. Dann benötigst du noch Antworten darauf, ob diese Ausprägung gleichzeitig mit Einschränkungen verbunden ist, um einzuschätzen, welche besonderen Anforderungen an den Arbeitsplatz in diesem Zusammenhang gestellt werden könnten. Wie du das alles machst? Sprich mit Netzwerken, Organisationen, Vereinen, Hilfegruppen, die diese Menschen unterstützen. Setze vor allem bitte eines um: Unterhalte dich mit den Betroffenen selbst. Sie sind von den Ausprägungen betroffen und wissen am besten, was benötigt wird. Zu klären ist sicher auch, inwieweit es einer Begleitung, beispielsweise im Sinne von regelmäßigen Austauschen in den ersten Wochen oder Monaten, bedarf. Und wenn du über ein gutes Netzwerk über deine Firma hinaus verfügst, wovon ich natürlich als Leader, der du bist, ausgehe, dann zapfe diese Quellen an und mach dich schlau. Selbst wenn du nicht davon ausgehst, dass dir dort geholfen werden kann, weißt du erst, ob es ein Unternehmen gibt, welches in diesem Segment aktiv ist, wenn du gefragt hast.

Ich kenne ein Unternehmen, welches ganze Bewerbertage beispielsweise für Gehörlose organisiert hat. Auch das ist eine Möglichkeit an Gruppen betroffener Personen heranzukommen. Dann wird das benötigte Wissen in einem Tag gebündelt, statt per Wahrscheinlichkeitsrechnung zu reagieren, wenn mal wieder ein Bewerber mit dieser Einschränkung eine Bewerbung abgibt. So könnt ihr diesen Tag auf den ganz speziellen Bedarf zuschneiden und du erhältst gezieltes Feedback, welches sich sofort weiterverwenden lässt.

Erkenne als echter Leader den Mehrwert für dein Unternehmen in der Gewinnung von Menschen, die andere noch nicht im Blick haben.

Ein weiteres, mir bekanntes Unternehmen, beschäftigt ausschließlich Menschen aus dem Autismusspektrum und entwickelt Integrations- und Technologielösungen, die anderen Unternehmen bei Einsatz entsprechender Personen unterstützen. Zu Recht wurde dieses Unternehmen alleine 2021 gleich mehrfach für sein Wirken ausgezeichnet, unter anderem mit dem Inklusionspreis für die Wirtschaft sowie dem UK Social Enterprise Award.

Erkenne als echter Leader den Mehrwert für dein Unternehmen in der Gewinnung von Menschen, die andere noch nicht im Blick haben. Habe den Mut, den Optimismus und die Freude am Arbeiten mit solchen Menschen und verändere deinen Blickwinkel. Damit machst du diese Welt zu einem besseren Ort und profitierst selbst durch bisher unbekannte Erfahrungen. Denn viele Einschränkungen sind keine Systemfehler, sie sind lediglich andere Betriebssysteme.

Vorsprung durch Nachteil

Der gesellschaftliche Blickwinkel betrachtet diese Menschen in weit überwiegender Weise mit dem Fokus auf die Einschränkung. Dem Wortsinn nach definiert als eine Begrenzung oder Reduzierung, eine Herabsetzung auf ein geringeres Maß wird deutlich, dass diese Haltung akzeptiert und manifestiert ist. Anders beispielsweise ist das beim chinesischen Wort für „Krise“, welches „Gefahr“ und je nach Kontext auch „Chance“ bedeuten kann und damit auch eine positive Richtung kennt. Demnach ist es definitiv eher unser Blick, der eingeschränkt ist. Dass sich das auch auf die Betroffenen auswirken kann, lässt sich leicht nachvollziehen. Wenn ständig ein negativer Wortsinn kommuniziert wird, fällt es meistens schwer, sich auf die Suche nach der Chance in der Einschränkung zu begeben. Da es das Universum dennoch gut mit uns meint, entwickeln sich häufig andere Sinne oder Fähigkeiten überdurchschnittlich, zur Kompensation des vermeintlichen Nachteils.

Wenn ständig ein negativer Wortsinn kommuniziert wird, fällt es schwer, sich auf die Suche nach der Chance in der Einschränkung zu begeben.

Die Kompensationsentwicklung fällt nicht immer sofort auf. Meist kann sie aber auf den zweiten Blick wahrgenommen werden. Das ist zunächst für die Betroffenen wichtig, um überhaupt das Gefühl zu bekommen, etwas gut, ja, vielleicht sogar besser als andere Menschen, ausüben oder wahrnehmen zu können. Wenn das Gefühl für die Besonderheit, die ich hier ausschließlich im positiven Sinne verstanden haben möchte, fehlt, ist damit auch keine besondere Emotionalität verbunden. Gegenüber den meisten Menschen, die davon betroffen sind, sollten deshalb die Chancen, die besonderen Möglichkeiten, im Vordergrund stehen. Das gilt ganz besonders für ein mögliches Feedback diesen Personen gegenüber. Bei allem, was diese Menschen vermeintlich erleben mussten oder schon zu hören bekamen, bedarf es einer ausdauernden Umlenkung der gesammelten negativen Worte, um Betroffene in die Lage zu versetzen, ihre negativen Glaubenssätze, sofern vorhanden, in positive Gedankenmuster zu verwandeln. Dass dafür eine Menge neuer Inspiration erforderlich sein wird, hast du bereits erfahren. Ebenso die Faustregel, etwa dreimal so viele positive Rückmeldungen zu benötigen, um zunächst ein Gleichgewicht zu den negativen Äußerungen herstellen zu können.

Frei nach dem Prinzip der kleinen Schritte wäre es denkbar, durch kleine Aufgaben, deren Erledigung möglich und nicht zu fordernd ist, für kleine Erfolgserlebnisse zu sorgen. Dieser psychische Switch gelingt nur mit deiner Hilfe. Gerade als Leader trägst du einen nennenswerten Teil dieser Verantwortung. Du sorgst für eine sukzessive Steigerung des Selbstbewusstseins der Person. Sie kann sich also besser sich selbst bewusst sein: Wer bin ich? Was möchte ich wirklich? Wozu bin ich noch in der Lage? Damit einher geht ein gesteigertes Selbstvertrauen, also das Vertrauen in das eigene Können und die vorhandenen Fähigkeiten. Schließlich steht am Ende ein deutlich höheres Selbstwertgefühl. Das alles kann zu einer deutlich höheren Eigenmotivation der Betroffenen führen.

Als Leader trägst du zur sukzessiven Steigerung des Selbstbewusstseins dieser Person bei.

Begleitende Effekte können zudem eine erlebbare Vorbildfunktion sein. Die Mitarbeitenden sehen, wie du als Chef mit solchen Menschen umgehst, und können sich an diesem Verhalten von dir orientieren. Das wiederum spüren die Betroffenen, sodass ihre ins positive gekehrte, persönliche Wahrnehmung in eine weitere Steigerung des inneren Glücksgefühls beziehungsweise der damit verbundenen Motivation münden kann.

Und letztlich macht dieses Verhalten etwas mit dir selbst! Du gibst etwas und hilfst anderen, zu wachsen! Das wirst du in deinem Inneren spüren, das kann ich dir versprechen! Allerspätestens, wenn ein kleines Lächeln der Dankbarkeit, ein Strahlen aus den Augen derer, die du auf diese Art größer machst, in deine Richtung geschickt wird!

So einfach kann aus einem vermeintlichen Nachteil ein Vorteil werden, den du auch noch unterstützen beziehungsweise fördern kannst. Am Ende braucht diese Entwicklung noch eine Stimme, die sie zweifelsohne von alleine bekommen wird, da sich derartige Veränderungen, manchmal mit Verzögerung, meist explosionsartig herumsprechen. Wenn diese Stimme laut wird, kann es auch gelingen, den gesellschaftlichen Blick von der Einschränkung auf die besondere Fähigkeit, von der „Krise“ auf die „Chance“ zu lenken. Wenn das gelänge, würde sich auf lange Sicht die Einschränkung vielleicht gar nicht mehr in diesem Kontext manifestieren, sodass das Aufwachsen dieser Menschen nicht mehr vom eingeschränkten Blick auf die Begrenzung, sondern mit dem Weitblick auf die Kompensationsentwicklung begleitet wird. Und wenn das gelingt, dann haben wir irgendwann nicht mehr den Bedarf diese Blickwinkelveränderung

Hilf mit, aus einem Nachteil einen Vorteil zu gewinnen!

voranzutreiben, denn dann ist die jetzt noch „neue“ Haltung zum Standard geworden. Das wäre ein riesengroßer Schritt! Lass uns anfangen und die Welt an dieser Stelle zu einem ein klein bisschen besseren Ort machen. Hilf mit, aus einem Nachteil einen Vorteil zu gewinnen und damit auch deinem Unternehmen echten Mehrwert zu bieten!

12 Arsch hoch – Zähne auseinander!

Hast du immer noch Zweifel daran, ein Leader werden zu können? Jetzt, wo du weißt, dass es lediglich daran liegen könnte, dass einige Kompetenzen verschüttet sind, obwohl sie in dir angelegt sind und damit auch wieder an die Oberfläche geholt werden können. Doch es geht wohl eher um die Frage, was du unternehmen solltest, um dieses Ziel zu erreichen. Dann brauchst du vielleicht eine Begleitung durch einen Coach oder Trainer. Na und? Ach so, da kommt wieder „was sollen nur die anderen denken?“ hoch! Hör endlich auf, dich selbst zu bemitleiden und die Verantwortung für das, was in dir steckt oder verschüttet gegangen ist, anderen oder den Umständen in die Schuhe zu schieben. Damit gibst du die Verantwortung für dein Leben ab und wirst gelebt. An dem Punkt muss ich dir leider mitteilen: Wenn du diesen Schritt nicht schaffst, nämlich endlich deinen Allerwertesten aus dem Komfortzonensessel zu erheben und deinen Astralkörper oder zumindest das, was er mal werden soll, nicht ins Handeln zu bringen – dann wünsche ich dir weiterhin viel Spaß beim Netflix gucken, Katzenklappenvideos und fette Igel auf Youtube und Instagram schauen. Lauf mir aber bitte nicht mehr über den Weg und jammere mir die Ohren voll über dein verpasstes und ach so schlimmes Leben. Bleib lieber mit Gleichgesinnten auf den Wegen, die es schon gibt und die schon gegangen wurden.

Hör endlich auf dich selbst zu bemitleiden und die Verantwortung anderen oder den Umständen in die Schuhe zu schieben .

Wenn du aber zu denen gehörst, die dafür brennen, als Leader für andere Menschen da zu sein, wenn deine innere Stimme immer lauter wird und dir so viel Feuer unter dem

Arsch macht, dass du heiß wirst wie Frittenfett oder wenn du in einer Führungsposition bist und gerade merkst, wie viel noch möglich ist, und richtig Bock darauf hast, noch mal durchzustarten, dich nur mit dir selbst und nicht mehr mit anderen zu vergleichen, du bereit bist ehrliche Arbeit auch im Sinne von lebenslangem Lernen zu investieren – dann starte auf eine unglaublich spannende Reise, die dich auf den Erfolgspfad führt. Es gibt so viel, was du aktiv tun kannst, um dein Glück selbst in die Hand zu nehmen. Was kann es Schöneres geben, als das mit dem Wachstum anderer Menschen zu verbinden. Also los – „Arsch hoch – Zähne auseinander!“ – Auf gehts!

Hausaufgaben? – Mach einfach dein Zeug

Hausaufgaben? – Nee, echt jetzt? Hier entscheidet sich, ob du ins Handeln kommen möchtest oder nicht. Ich bin sicher nicht über ein Buch in der Lage, dir irgendwelche Hausaufgaben aufzubürden. Da du das Buch aber immer noch nicht in die Ecke verbannt hast, sagt irgendetwas in dir, dass du Dinge verändern solltest. Denn wenn du weiter das tust, was alle anderen tun, wirst du in zehn Jahren auch weiterhin nur das haben, was alle anderen haben! Wenn dir der Begriff nicht gefällt, suche dir ein Synonym dafür oder eine Formulierung aus einer anderen Region. Ich kann mich erinnern, dass einer unserer deutschen Skisprung-Asse immer davon gesprochen hat, dass er jetzt wieder hoch auf die Schanze geht, um dort „sein Zeug“ zu machen. Wie immer

Wenn du weiter das tust, was alle anderen tun, wirst du in zehn Jahren weiter das haben, was alle anderen haben.

du es formulieren magst – wenn du dich entschieden hast, ins Handeln zu kommen, musst du konsequenterweise jetzt auch „dein Zeug" machen.

Was „dein Zeug" genau beinhaltet, entscheidest du selbst. In deiner individuellen Situation gibt es sicher Entscheidungen, die du treffen, Überlegungen über deinen Weg, die du jetzt anstellen musst. Ganz allgemein möchte ich dir auf den Weg mitgeben, dass du weitere Inspiration aus unterstützenden Büchern, Podcasts etc. gewinnen kannst. Schau dich nach Literatur, Hörbüchern, Netzwerken oder Podcasts um, die sich mit deinem Thema beschäftigen. Ein Buch pro Monat sollte schon drin sein! Das bildet dich ungemein weiter und, was das Kosten-Nutzen-Verhältnis anbelangt, ist das eine der günstigsten Formen. Darüber hinaus wirst du über Literatur feststellen, wer zu den Personen zählt, die auch Seminare zu diesem Thema anbieten. Am besten nicht ausschließlich „Popp"-Seminare! Als „Popp"-Seminare bezeichne ich die Form von Pressbetankung deines Gehirns, die auf frontale, ermüdende und dutzendseitige PowerPoint-Folien setzt. Diese Form sollte für dich passé sein. Nur wenn deine beiden Gehirnhälften etwas zum Arbeiten haben und immer mal wieder eine Emotion mit dem Lernstoff verbunden ist, wirst du langfristig Honig daraus saugen können. Suche also nach den Rosinen oder den Kirschen auf Torten und habe den Mut, „nein" zu sagen und auch mal etwas auszuprobieren. Du wirst sehen, das fühlt sich grandios an!

Dann nimm dir Zeit. Zeit für dich, in der du dich in aller Ruhe mit einer Frage beschäftigen solltest: Was ist eigentlich dein Führungskonzept? Für welche Werte willst du stehen, wie möchtest du wahrgenommen werden, was bist du bereit, dafür zu tun und zu geben? Was ist dir am wichtigsten, wie entwickelst du künftig Menschen weiter, was erwartest du im Umgang mit dir, wie gehst du mit Konflikten und möglichen Fehlern um? Welche Ziele hast du, auch für dein Team? Wie sieht deine Struktur, dein Selbstmanagement aus? Fragen, die nur Beispiele sind und zu denen dir sicher noch eine ganze Menge eigene Fragen einfallen, wenn du in Ruhe überlegst.

Je klarer dein Bild, deine Antworten ausfallen, umso leichter kannst du dir diese Bilder auch vor dein geistiges Auge holen. Dadurch werden diese Ziele, wenn du das wirklich von ganzem Herzen erreichen möchtest, mit Emotionen verbunden. Je intensiver die Emotionen und je öfter die Bilder vor deinem inneren Auge auftauchen, umso stärker wird deine Motivation, diese Ziele auch tatsächlich zu erreichen. Denk daran, dass jeder Gedanke die Tendenz hat, sich zu realisieren! Das bedeutet, dass du deinen Erfolg programmieren kannst!

Genauso kann es sein, dass du rein fachlich noch Wissen aufbauen musst. Eine bestimmte Qualifikation, die dir noch fehlt, um die gewünschte Position, das gewünschte Ziel zu erreichen oder aber zumindest einen Schritt vorwärtszukommen. Dann liegt es ebenso in deiner Verantwortung, diese Qualifikation zu erlangen. Und wenn du wirklich bald etwas davon haben möchtest, dann schiebst du es nicht auf die lange Bank, sondern fängst jetzt damit an!

Jeder Gedanke hat die Tendenz sich zu verwirklichen. Du kannst deinen Erfolg also programmieren.

Es könnte sein, dass du einen langen Weg vor dir hast, denn dein jetziger Arbeitsplatz hat sich nicht als der Richtige herausgestellt. Dann heißt es noch mal neu durchzustarten, aber jetzt mit dem Wissen nach diesem Buch.

Vielleicht hast du gerade eine Menge Menschen in deinem Umfeld, die sich so richtig in ihrer Komfortzone suhlen, dabei ein glückliches Gesicht machen und mit sich und der Welt im Reinen sind. Das wäre doch ok. Erwarte aber bitte nicht, dass die dich verstehen, wenn du dich jetzt auf deinen persönlichen Weg des Erfolges begibst. Rechne also damit, dass Unverständnis vorherrscht, dass möglicherweise auch negative Kommentare geäußert werden und dass du im Zweifelsfall eine Menge Leute loslassen musst, um dorthin zu gelangen, wo es für dich gut ist.

Wenn du „dein Zeug" machst, wirst du am Ende das bekommen, was du damit erreichen möchtest. Lediglich dein zu geringer Wille oder Fokus, die Ablenkung durch alle möglichen Dinge und ein paar sonstige Kleinigkeiten können dich noch davon abhalten, die Größe zu erreichen, die dir vorschwebt. Dennoch ist es alleine deine Entscheidung, wie du damit umgehst – also übernimm Verantwortung für dich!

Worauf wartest DU?

Du hast dir vorgenommen, sofort loszulegen, um deinen Weg zu gehen. „Bing", da geht gerade noch eine Nachricht auf deinem Handy ein. „Bing", noch eine zweite. Na, die wird bestimmt wichtig sein, deshalb schaust du schnell nach. Da ploppt doch tatsächlich parallel eine Info aus Facebook hoch und du entdeckst, dass du schon eine ganze Weile deinem besten Kumpel nicht auf seine Frage geantwortet hast. Geht doch schnell! Das Telefon klingelt, ok, kurz noch telefonieren.

Wenn du so weitermachst, wird das ganz und gar nichts mit deiner Zielerreichung.

Dann steht der Paketmann vor der Tür und braucht eine Unterschrift, ach ja, die Spülmaschine muss noch angemacht werden, damit sie laufen kann, während du dich mit deinen neuen Zielen beschäftigst. Ja, ist es denn die Möglichkeit, ein alter Schulfreund hat dich auf Facebook entdeckt, das musst du natürlich sofort kommentieren. Beim Blick durch deine Wohnung fällt dir auf, dass dringend mal saubergemacht werden müsste, und riecht es hier nicht … ja, tatsächlich, der Müll müsste längst nach draußen. Soll ich fortfahren?

Wenn du so weitermachst, wird das ganz und gar nichts mit deiner geplanten Zielerreichung. Untersuchungen haben zum einen herausgefunden, dass du die Dinge, die du nicht innerhalb von 72 Stunden anpackst, nahezu komplett überhaupt nicht mehr startest! Eines unserer Hauptprobleme sind die Ablenkungen. So wie oben beschrieben, findest du plötzlich tausend Kleinigkeiten, die schon lange mal erledigt werden sollten und alle nicht lange dauern. Dazu kommt dein Lieblingsspielzeug, das Smartphone. Die Geräte haben mittlerweile alle eine Möglichkeit, auszuwerten, wie lange sie in welcher App genutzt werden. Schau dir endlich mal deine Auswertung an – du wirst staunen! Dann wirf einen Blick auf die entsprechenden Apps und schon weißt du, welche Zeitfresser du hast. Wie wäre es damit, das ach so beliebte Spiel zu löschen? Innerlich windest du dich jetzt, weil es doch so bequem ist, in der Bahn oder abends mal ein bisschen zu spielen. BULLSHIT! Ein Buch, ein Hörbuch, ein Podcast bringen dich deinen Zielen wohl näher als eine Zockerstunde mehr am Tag. Was brauchst du wirklich für dein Leben und wohin möchtest du eigentlich? Was ist dir wichtiger und worauf kannst du genau genommen verzichten? Fange doch mit einer App an.

Die Nutzung der sozialen Medien, wie Facebook, Instagram etc. stellt sich ein bisschen anders dar. Möglicherweise benötigst du diese, um deine Sichtbarkeit oder Reichweite aufrechtzuerhalten. Das ist auch sinnvoll! Trotzdem solltest du in deinem Kopf etwas ändern. Aktuell öffnest du Facebook etc. und hast auf den ersten Blick keines deiner Lieblingsvideos, die du so gerne schaust, zum Beispiel die mit den Hunden. Dann fängst du an zu scrollen, denn dein Gehirn braucht eine Belohnung für den Griff zu diesem Gerät. Also scrollst du so lange, bis du ein Hundevideo findest – ach, wie süß. Und da ist ja noch eins … und so weiter. Erstens zeigen Studien, dass wir uns alle drei bis vier Minuten von unserer eigentlichen Aufgabe ablenken lassen. Und zweitens beträgt die Zeit, die wir in diesem Kosmos verbringen, bis zu 20 Minuten. Vielleicht gehen jetzt deine Alarmglocken an! Ändere deine Einstellung! Werde vom Suchtimpuls gesteuerten Nutzer sozialer Netzwerke zum professionellen **Be**nutzer dieser Medien. Du benutzt künftig diese Medien, um deine Ziele voranzutreiben, dich mit Gleichgesinnten zu vernetzen, auf Seminare und Weiterbildungen aufmerksam gemacht zu werden oder dich über neue Entwicklungen deiner Branche zu informieren. Aber bitte nicht mehr, um Tiervideos zu schauen!!

Vielleicht gehen jetzt endliche deine Alarmglocken an!

Nach der Sterbetafel des Statistischen Bundesamtes 2019/2021 beträgt die durchschnittliche Lebenserwartung bei Männern in Deutschland 78,5 Jahre und liegt bei Frauen bei 83,4 Jahren. Das entspricht ca. 28.650 beziehungsweise 30.840 Tagen, die wir im Durchschnitt auf diesem Planeten leben dürfen. Ich wünsche allen, vor allem dir, ein möglichst langes und gesundes Leben. Selbst wenn noch zehn Jahre dazu kommen, ist deine Zeit endlich. Wenn du denkst, ja, aber ich bin doch noch so jung und habe noch so viel Zeit, muss ich dir leider sagen, dass du doch gar nicht weißt, wie viele Tage dir hier verbleiben. Du hast es nicht in der Hand! Die wertvollste Währung unserer Zeit ist nun mal die Zeit selbst. Du kannst Zeit nicht kaufen und du kannst deine reale Existenz nicht vorhersehen. Eine harte Aussage? Nein, finde ich nicht – das ist die Realität!! Und jetzt schiebe ich dir gerne wieder die Verantwortung zu, dir die Frage zu stellen, was dir wirklich wichtig ist, wo du wirklich hinmöchtest und welche Menschen du dabei mitnehmen wirst oder eben nicht. Es ist deine Entscheidung!

Apropos Menschen … dir werden ständig und gerade von Menschen, die dich lange begleitet haben, Stimmen entgegenkommen, die dich anbetteln, doch in dem Rahmen zu bleiben, in dem du gerade bist. Das kann auch innerhalb deiner Familie passieren. Denn wenn du dich veränderst und einen neuen Weg gehst, stehen andere auch vor der Frage, ob sie dich begleiten und ihre Komfortzone verlassen wollen. Nicht jeder wird möglicherweise seine Angst überwinden. Und nun? Ziehst du den Schwanz wieder ein oder bleibst du beharrlich, arbeitest an deiner Führungsposition beziehungsweise deiner höheren Position, die du anstrebst?

Wenn du dich veränderst, werden andere sich fragen, ob sie dich begleiten wollen.

Eventuell hilft es dir, die Aussage, „wenn ich weiter das tue, was ich bisher getan habe, werde ich morgen auch weiter das sein, was ich bisher war“, gut sichtbar irgendwo aufzuhängen, sodass du zwangsweise ab und zu, mindestens aber einmal am Tag, daran vorbeimusst. Wandle den Satz gerne auch so ab, wie er für dich passt. Wenn du dich unmittelbar in der Familie für deinen Weg und deine Entscheidung kritisiert siehst, kannst du zum Beispiel formulieren: „Wenn ich das tue, was ihr bisher gemacht habt, dann werde ich in Zukunft auch das erreichen, was ihr erreicht habt. Das ist mir aber nicht genug. Ich möchte mehr!“ Positioniere dich, für dich selbst und für deine eigene Familie, sofern du schon eine gegründet hast!

Eines kann ich dir prophezeien: Du wirst Menschen verlieren auf deinem Weg und das ist schmerzhaft. Aber du wirst genauso neue Menschen gewinnen, und zwar solche, die ein ähnliches Mindset haben wie du, mit denen du also auf einer Wellenlänge liegst und vor denen du keine Sätze wie oben äußern musst. Sie teilen deine Interessen und stacheln deine Motivation möglicherweise noch ein bisschen an. Es ist dein Leben! Wie lange möchtest du noch warten? Wie viele deiner restlichen Tage möchtest du verplempern, indem du ständig neue Ausreden findest, um dich nicht aus deiner Komfortzone begeben zu müssen?

Du wirst Menschen verlieren auf deinem Weg und das ist schmerzhaft. Dafür wirst du neue Menschen gewinnen.

Erst wenn du es ausprobiert hast, wirst du feststellen, wozu du wirklich fähig bist!

Unternehmen oder unterlassen?

Lass uns die Situation noch mal aus einem anderen Blickwinkel betrachten. Wenn du ein eigenes Unternehmen hast, stehst du aller Wahrscheinlichkeit nach immer wieder vor existenzielleren Entscheidungen. Anders als in einem Beschäftigtenverhältnis. Der Markt verändert sich gerade, es kommt eine Krise auf, du wirst plötzlich mit Steuernachzahlungen in erheblicher Höhe konfrontiert oder die Anfragen stapeln sich auf deinem Tisch und du weißt gar nicht mehr, wo du anfangen sollst. Dann stellt sich dir eine Frage, die sicher auch anders formuliert sein kann, die aber stets die gleiche Botschaft beinhaltet: Unternehme ich etwas oder lasse ich mein Business so weiterlaufen? Heißt im Grunde: Bist du in dieser Situation Unternehmer oder Unterlasser?

Die Aussagekraft hinter dieser Formulierung hat für mich noch einmal eine ganz andere Relevanz, als zu sagen, dass ich „nur" eine Entscheidung treffen muss. Denn insbesondere als „Unterlasser" wird die Konsequenz deines Handelns schon in das Wort eingepreist. Du unterlässt es, etwas zu tun, heißt so viel wie, du hast ganz bewusst und aktiv entschieden nichts zu tun. Da passt ein Zitat von Laotse perfekt, dass du eben nicht nur für das verantwortlich bist, was du tust, sondern auch für das, was du nicht tust! Halte dir diesen Satz bitte noch mal ganz groß und in leuchtenden Buchstaben vor Augen oder hänge ihn dir auch gut sichtbar auf. Es ist zunächst egal, wie du entscheidest. Es ist in jedem Fall deine Verantwortung, auch wenn du nichts tust und das Problem in bester Politikermanier auszusitzen versuchst. DU BIST VERANTWORTLICH FÜR JEDE DEINER ENTSCHEIDUNGEN!

Du bist nicht nur für das verantwortlich, was du tust, sondern auch für das, was du nicht tust.

Möchtest du gerne Unterlasser genannt werden? Vermutlich nicht. Das kannst du im Übrigen auf alle deine Lebenssituationen anwenden. Wenn deine Kinder, sofern du welche hast, um Hilfe bitten, du aber gerade völlig entnervt von der Arbeit gekommen bist, unternimmst du dann etwas oder unterlässt du die Unterstützung? Im dem Fall, dass du auf eine Person triffst, die offensichtlich ohne Orientierung auf der Straße unterwegs ist, du aber gerade fürchterlich in Eile bist – kümmerst du dich oder gehst du vorbei?

Wenn dein Partner oder deine Partnerin dich bittet, auf dem Weg nach Hause noch den kleinen Umweg über die Apotheke zu machen, um ein Medikament zu besorgen, du dadurch das Fußballspiel nicht von Anfang an sehen kannst – fährst du oder verschiebst du die Besorgung auf morgen? Wenn deine Mitarbeiterin gerade total unter Druck steht, weil die Präsentation für morgen durch eine technische Panne nicht mehr in der aktuellen Version abgespeichert ist, du dir für heute aber andere wichtige Aufgaben vorgenommen hast – unterstützt du oder lässt du sie alleine weiterarbeiten? Und wenn dein bester Freund anruft, der gerade moralische Unterstützung benötigt, weil seine Beziehung in die Brüche gegangen ist, du aber dringend Schlaf benötigst – fährst du hin oder holst du dir deinen Schlaf?

Das Leben ist nicht immer fair. Akzeptiere es.

Die Liste ließe sich beliebig fortsetzen und natürlich sind das teilweise schwere Entscheidungen beziehungsweise kommst du zu der Erkenntnis, dass das Leben gemein ist. Ja, das ist es! Finde dich damit ab! Das Leben ist nicht immer fair! Akzeptiere es! Vielleicht sagst du zu dir selbst: „Ach Leben, da hast du dir ja mal wieder etwas Schönes zum Entscheiden ausgedacht. Interessanter Gedanke! Aber wenn einer das schafft, dann bin ich das!“ Und zack, packst du die Dinge an.

Was du bitte unbedingt im Blick haben solltest, ist, dass es nicht um die Bewertung der Entscheidung geht. Es gibt kein richtig oder falsch, wenn du zwischen zwei Dingen entscheiden musst. Es geht um die für dich in diesem Moment richtige Entscheidung. Dass die andere betroffene Person das ganz anders sieht und dich bewertet, sollte deren Problem sein. Schaffst du diesen Blickwinkel, fällt die Entscheidung leichter. Bist du aber harmoniesüchtig, wirst du es schwer haben. Denn dann ist jede Entscheidung eine Qual, da es immer Menschen geben wird, die eine andere Bewertung vornehmen und zu dem Ergebnis kommen, dass du bei dieser oder jener Entscheidung ja voll ins Klo gegriffen hast. Verabschiede dich davon! Du kannst nicht allen alles recht machen! Das funktioniert nicht! Es ist vollkommen in Ordnung, wenn du deine Entscheidungen triffst. Frage dich lieber, welche Richtung dich deinem Ziel näherbringt, für welchen Wert du gerade jetzt stehst oder auch, ob es eine Möglichkeit gibt, wie du beides, wenn es dir wichtig ist, zeitlich unter einen Hut bekommst. Lass andere reden!

Jetzt liegt es endgültig an dir! Du hast durchgehalten bis zum Schluss. Du hast möglicherweise mit schönen und weniger angenehmen Erinnerungen kämpfen müssen, als du im Lauf des Buches immer Mal auf dein Leben oder in deine Kindheit zurückgeblickt hast. Bist du so weit, deine Entscheidung für die Führungsposition zu treffen oder es zu lassen? Bist du bereit, den nächsten Schritt auf deiner Karriereleiter zu gehen, auch wenn du weißt, dass der Weg ein arbeitsreicher sein wird? Stehst du voller Tatendrang an der Startlinie in ein neues, anderes oder einfach besseres berufliches Leben?

Jetzt liegt es an dir. Du hast durchgehalten bis zum Schluss.

Was, du zögerst immer noch? Du kämpfst immer noch mit deinen Glaubenssätzen, deinem inneren Schweinehund oder den Zweifeln? In dir steckt so viel Potenzial. Alles hast du als Kind mit auf den Weg bekommen und tatsächlich bist du dir immer noch nicht sicher?

Auch wenn ich es kaum glauben kann, gebe ich dir gerne einen letzten Schubs. Noch mal aus einer ganz anderen Perspektive betrachtet, besiegt er bestimmt den letzten Rest an Zaudern in deiner Haltung.

Du sitzt hoffentlich und bist bereit für eine Reise, die großartig und wundervoll sein kann oder aber den Schmerz in dir noch einmal so richtig nach oben holt, um dir zu zeigen, dass es an der Zeit ist, JETZT aktiv zu werden …

13 Der 90. Geburtstag oder das Museum deines Lebens

Im Grunde genommen habe ich dir genug Motivation und Gründe für einen kräftigen Schubs an die Hand gegeben, damit du ins Handeln kommst. Da es hinreichend nachgewiesen ist, dass Emotionen der größte Antreiber sind, möchte ich dir noch eine Visualisierung mit auf den Weg geben, von der ich glaube, dass sie dich noch mal besonders ins Grübeln beziehungsweise ins Tun bringt. Genau genommen sind es sogar zwei Bilder oder Filme, die du immer wieder vor deinem inneren Auge ablaufen lassen kannst. Denn sie werden dich in eine Welt entführen, in der du die Dinge aus einem anderen Blickwinkel so siehst, wie du sie dir wünschst und deine Gedanken sie erschaffen. Für den Fall, dass du nichts änderst, werden sie dir gnadenlos zeigen, was du alles versäumt hast.

Die meisten kennen die an Silvester auf vielen Kanälen alle Jahre wieder ausgestrahlte Sendung „Dinner for one – der 90. Geburtstag“. Beginne doch mal eine gedankliche Fahrt von deinem 90. Geburtstag ins Heute. Statt alleine sitzt du inmitten deiner Liebsten, sei es Familie, echte Freunde, langjährige Geschäftspartner oder Arbeitskollegen. Sie alle sind gekommen, um auf dein Lebenswerk zurückzublicken und mit dir die Geschichten deines Lebens auszutauschen und in Erinnerungen zu schwelgen. Wen siehst du dort? Wen möchtest du an diesem ganz besonderen Tag bei dir haben? Fehlt eventuell jemand und wenn ja, warum? Hast du versäumt, Dinge zu klären, auszusprechen? Welche Ge-

Du wirst in eine Welt entführt, in der du die Dinge so siehst, wie sie deine Gedanken erschaffen.

schichten werdet ihr austauschen? Welche besonderen Ereignisse sind dir in Erinnerung geblieben und es wert, immer und immer wieder hervorgeholt zu werden, weil sie die besonderen Markierungen deines Lebens darstellen. Weil sie besonders aufregend, vielleicht auch erst im Nachhinein besonders wichtig oder markant waren oder wurden. Es könnte sein, dass dir häufiger die Bemerkung „hätte ich nur" im Kopf herumschwirrt. Ebenso gut kann es passieren, dass von dir oder aus der Runde ein kräftiges „richtig so!" ausgerufen und damit bestätigt wird, dass du viele richtige Entscheidungen getroffen hast. Wie sehen die Bilder aus, die dir im Kopf geblieben sind? Welche Stimmung herrscht auf deinem 90. Geburtstag?

Wie sehen die Menschen aus, fit und gesund oder vor lauter Trauer um verpasste Chancen eher traurig und vertanen Gelegenheiten hinterherjammernd? Eventuell haben einige abgesagt, weil sie gar nicht kommen wollten. Möglicherweise hast du auch einige Personen vergessen, die aber ihrerseits von deiner Feier gehört haben und weil du für sie so besonders und ihnen so wichtig bist, sie dich so lange begleitet haben, begaben sie sich ohne Einladung auf die Reise, weil sie auf diesen tollen Abend mit dir gemeinsam nicht verzichten wollten. Dabei konnten sie davon ausgehen, dass du alle willkommen heißt, denn dein Leben war stets von Großzügigkeit gegenüber den dir wirklich wichtigen Menschen geprägt. Stets hast du auch darauf geachtet, der Gesellschaft etwas zurückzugeben. Wenn dir zum 20. Geburtstag jemand prophezeit hätte, wie dein Leben nun verlaufen ist, hättest du dir wahrscheinlich mit dem Zeigefinger an die Stirn getippt und nicht für möglich gehalten, dass in diesen

Macht es dir Spaß auf dein Leben zurückzuschauen?

70 Jahren Leadership eines deiner ganz großen Ziele werden wird und du damit deine Fähigkeiten in den Dienst anderer Menschen gestellt hast. Ganz zu schweigen davon, welches Füllhorn über dir während dieser Zeit ausgeschüttet wurde, weil du nie nach den materiellen Werten geschaut, sondern immer aus deiner inneren Motivation gehandelt hast. Macht es dir Spaß, auf das eigene Leben zurückzuschauen und mit diesen Menschen deine Erfahrungen, Erlebnisse und Geschichten zu teilen? Oder musst du dir, wenn du ganz ehrlich zu dir selbst bist, eingestehen, dass du dir dein Leben anders vorgestellt hast? Und wenn es so ist, dann entscheide doch ab genau diesem Moment, die Dinge anzupacken, die du gerne ändern möchtest. Gib dir die Möglichkeit, das in kleinen Schritten zu tun, damit du nicht vor lauter Größenwahn, dass alles jetzt und in vollem Umfang sofort geschehen muss, innerhalb kürzester Zeit die Flinte wieder ins Korn wirfst, dich mitleidsvoll in deinem Komfortsessel einrichtest und jedem, der es hören möchte oder auch nicht, weiter von deinen verpassten Chancen erzählst und womöglich zusätzlich allen anderen und vor allem den Umständen die Schuld gibst. Es ist nie zu spät!

Heute ist nicht wichtig, was du bisher getan hast! Heute ist nur wichtig, was du ab jetzt tust, denn das bestimmt deine Zukunft – bis zu deinem 90. Geburtstag und darüber hinaus!

Gut möglich, dass dich die zweite Variante noch mehr bewegt, wenn du sie vor deinem geistigen Auge durchgehst. Das meine ich im Übrigen genau im Wortsinne. Stell dir vor, dein Abschied von dieser Welt ist nah. Im Übergang zu dem Ort, der nach diesem Leben für dich vorgesehen ist, gehst du einen Weg entlang. Die hellen Kieselsteine unter deinen Schuhen knirschen, es ist angenehm warm aber nicht zu heiß, die Luft ist erfüllt von fröhlichem Vogelgezwitscher und du kannst dich kaum erinnern, wann du zum letzten Mal einen so angenehmen Duft gerochen und ein solch warmes Licht gesehen hast. Es ist der einzig sichtbare Weg. Hinter einer leichten Kurve ist ein geöffnetes Tor aus geschmiedetem Eisen. Der Weg führt dich durch einen wunderschönen Garten voller bunter und duftender Blumen zu einem historischen Gebäude, welches voller kunstvoller Verzierungen ist. Auf der nach innen zu öffnenden großen dunklen Tür ist ein golden glänzendes Schild angebracht, auf dem mit schwarzen Buchstaben eingraviert steht: „Willkommen im Museum deines Lebens“.

Willkommen im Museum deines Lebens.

Durch einen breiten Gang gelangst du in das Gebäude. Von diesem Gang gehen jeweils kleinere Flure ab und führen zu einzelnen Räumen mit unterschiedlichen Überschriften. Du siehst „Kindheit“, „Jugend“, „Schule“, „Familie“, „Liebe“ und einige mehr. In jedem dieser Räume sind Bilder an der Wand aufgehängt, die Erinnerungen aus deinem Leben wiedergeben. In manchen Räumen stehen einzelne Gegenstände wie Skulpturen ausgestellt, die für dich in deinem Leben eine besondere Bedeutung hatten. Niemand ist bei dir, diesen Weg und die Erinnerungen hast du ganz für dich alleine. Irgendwann kommst du an die Tür mit der Überschrift: „Beruf oder Berufung – Job und Karriere“. Du glaubst zu ahnen, was auf dich zukommt, und fühlst dich am Ende von der Deutlichkeit, mit der dir der Spiegel vorgehalten wird, trotzdem erschlagen.

Zwischen den einzelnen Bildern, die deine beruflichen Stationen darstellen, befindet sich immer wieder eine Inschrift auf der Wand. So steht zum Beispiel geschrieben: „Wolltest du nicht im inneren deines Herzens Führung übernehmen und anderen Menschen Unterstützung und Richtung geben?“

Auf einer anderen: „Hättest du dich an dieser Stelle anders entschieden, wären viele deiner Ideen umsetzbar gewesen." Und schließlich lautet eine dritte Inschrift: „Bist du wirklich deiner emotionalen Berufung gefolgt oder hast du nur einen Beruf ausgeübt?"

Ganz die Stimme verschlägt es dir aber, als du an den Ausgang dieses Raumes gelangst. Da steht, du hast ihn vorher gar nicht bemerkt, ein kleiner Sarg aufgebahrt. Er ist aus weißem Holz, mit den edelsten Materialien ausgestattet und mit folgendem Text beschriftet: „Das ist das Grab deiner Träume, deiner Ideen, um die Welt ein kleines bisschen besser zu machen und Verantwortung als Leader zu übernehmen. Es ist der wertvollste Platz in diesem Museum. Du alleine warst in der Lage, deine Träume und Ideen freizulassen und sie zu leben. Leider werden sie jetzt niemals gelebt."

Das ist das Grab deiner Träume und deiner Ideen. Du alleine warst in der Lage sie frei zu lassen. Leider werden sie jetzt niemals gelebt.

Es kann natürlich auch sein, dass du mit wenigen Ausnahmen auf Bilder und Inschriften triffst, die dich Glück, Zufriedenheit und Dankbarkeit über deinen Weg, den du gehen durftest, verspüren lassen. Die dein Herz erwärmen, dir ein oder mehrere Lächeln auf dein Gesicht zaubern und dich mit einem tiefen, glücklichen Atemzug wieder aus dem Museum begleiten. Am Ende steht statt dem Sarg ein kleiner Ständer, auf dem ein Buch liegt: „Dein Dankbarkeitsbuch". Darin sind Bilder von Menschen, denen du im Leben geholfen hast, zu dem zu werden, was sie heute sind. Unter den Bildern sind einige Worte, die ihre Dankbarkeit ausdrücken, dass sie einen Teil deines Weges mitgehen durften. Sie sind glücklich, auf deinen Lebenszug aufgesprungen zu sein.

Entscheide selbst, welches Szenario du dir für dich wünschst. Gerade das, was du ab heute tust, entscheidet darüber, was in deinem Museum stehen wird. Nutze die folgenden Schritte:

1. Wo bist du jetzt und wo willst du hin?
2. Löst du schon Probleme anderer und warum bist du nicht da, wo du hinwillst?
3. Prüfe deine Einstellung und baue deine Blockaden ab!
4. Entwickle klare Handlungsschritte und setze sie JETZT um!
5. Wer ist schon dort, wo du hinwillst, und kann dir helfen?

14 Ausblick

Starte jeden Tag als Leader mit Leidenschaft und Begeisterung! Starte mit Vorhaben und Projekten, die größer sind als du selbst, die dich magisch in deinen Bann ziehen! Träume groß, so groß, dass dir manchmal der Atem stockt – es bleibt unter uns, versprochen.

Begeisterung schenkt dir die nötige Energie! Wenn du bereit bist, die Welt zu erobern, erlebst du einen Energieschub. Du machst neue Erfahrungen und wirst zugleich immer ein Stück lebenserfahrener, weil sich dein Blickfeld weitet. Dir werden Dinge gelingen, die du niemals für möglich gehalten hast. Jeden Tag stellst du dich den Herausforderungen als Leader. Mit den Fortschritten schwinden deine Zweifel. Und weil das auch die Menschen um dich herum erkennen, werden sie dir Platz machen, dich ermutigen und bieten dir ihre Unterstützung an – wenn schon einer bereit ist, voranzugehen, dann du! Ab hier ist ein Aufgeben kaum noch denkbar. Du hast beschlossen, etwas in Bewegung zu bringen, etwas zu verändern. Du weißt innerlich spätestens jetzt, dass du es kannst und ob du es wirklich willst! „Ich kann nicht" und „unmöglich" haben ab sofort keinen Platz mehr in deinem Wortschatz. Es geht nicht mehr darum, ob du den nächsten Schritt schaffst, sondern bestenfalls um die Frage, wann du ihn schaffst. Der Weg wird zwar kein leichter, aber schon Buddha sagte: „Der Geist ist alles. Was du denkst, wirst du." Teile deine Begeisterung, tausche dich aus, ein Netzwerk ist zur Unterstützung unglaublich wichtig.

Träume groß, so groß, dass dir manchmal der Atem stockt – es bleibt unter uns, versprochen.

Jeder Berg wird nicht auf einmal erklommen. Schritt für Schritt. Wie würdest du einen Elefanten essen? Na logisch, Stück für Stück! Nach mehr als 20 Jahren Führungskraft kenne ich deine Zweifel und Ängste gut. Meine Erfahrungen, meine Learnings gebe ich deshalb gerne weiter. Kontaktiere mich, wenn du noch mehr wissen möchtest.

Lass mich dir zum Schluss noch eine kurze Geschichte erzählen: Als ein Kamel und eine Ameise sich in der Steppe trafen, konnte die Ausgangslage unterschiedlicher nicht sein. Das Kamel schleppte beschwerlich an einem kleinen Sack, der ihm aufgebürdet wurde. Währenddessen schleppte die Ameise einen Halm, der um ein Vielfaches so lang war wie sie selbst. Als das Kamel nach dem Geheimnis der Motivation der Ameise fragte, antwortete diese: „Ganz einfach, ich arbeite für mich selbst, während du für deinen Herrn arbeitest!“ Die Ameise trug die Motivation in sich, als wäre sie selbstverständlich. Genauso sollst du auch dein Leben Tag für Tag leben.

Mach dich frei von jeglichen Glaubenssätzen und den damit verbundenen Ängsten. Frag dich, wer dir weiterhelfen kann. Es gibt immer eine Person, die schon dort ist, wo du hinmöchtest. Es gibt immer wieder eine Möglichkeit, neu anzufangen und es besser zu machen. Der Aufwand für dich, dein Ziel zu erreichen, lohnt sich. Dich erwarten großartige Gefühle, innere Zufriedenheit, Spaß, persönliches und gemeinsames Wachstum sowie Aufstiegschancen.

Es braucht Menschen wie dich! Andersdenker, Leader, die ein Big Picture mit allen Auswirkungen erfassen können.

Mit dem Begriff Führung ist ein Versprechen verbunden, welches aktuell kaum noch eingelöst wird. Es braucht Menschen wie dich! Andersdenker, Leader, die ein Big Picture mit allen Auswirkungen erfassen können. Es braucht Menschen, die sich auch selbst führen und reflektieren können. Es braucht Führungskräfte, die Ressourcen kennen und nutzen, für den eigenen Ausgleich sorgen und sich persönlich weiterentwickeln wollen. Albert Einstein sagte mal: „Probleme lassen sich niemals mit derselben Denkweise lösen, mit der sie entstanden sind.“

JA, es ist den Aufwand wert. Denn DU bist es wert! Alles Gute auf deinem spannenden Weg zum Leader. Vergiss nicht – es steckt alles schon in dir!

Dein neuer Glaubenssatz lautet ab sofort: „ICH WEISS, DASS ICH ES KANN!“

Mit den allerbesten Wünschen für deinen Weg!

Dein
Oliver Becker

DANKE

Du hast dieses Buch nicht vorzeitig zur Seite gelegt, sondern dich intensiv mit dir und dem, was dich in diesem Zusammenhang bewegt, beschäftigt.

Herzlichen Glückwunsch an dich und vielen Dank für dein Vertrauen!

Neben dem Dank an dich gibt es eine Vielzahl von Menschen, die mich zu dem gemacht haben, der ich heute bin, und natürlich einige Menschen, die mich auf diesem Weg – was für eine Reise! – dem Weg zum Speaker sowie zum Schreiben und Veröffentlichen dieses Buches, hilfreich und teils sehr geduldig, begleitet haben. Jeder und jedem Einzelnen gilt mein großer Dank.

Dazu zählen alle, ja wirklich alle Führungskräfte, die mich auf meinem Weg begleitet haben. Wenn du denkst, dass mich doch bestimmt nicht alle vorbehaltlos und vorbildlich unterstützt haben, hast du Recht. Von denen, die mich gefördert, gefordert und mir großen Freiraum zugestanden sowie Vertrauen entgegengebracht haben, durfte ich genauso lernen wie von denen, die andere Umgangs- und Herangehensweisen pflegten. Wir lernen immer durch Vorbilder oder durch Menschen, deren Handlungsweise wir eben gerade nicht gut finden und deshalb nicht adaptieren möchten. Deshalb der ausdrückliche Dank an alle.

Dazu zählen ebenso alle Mitarbeitenden, für die ich im Lauf der Jahre Rahmenbedingungen schaffen durfte, um ihnen möglichst professionelle und angenehme Rahmenbedingungen zu bieten. Auch dieser Dank geht explizit sowohl an

High-Performer, Unterstützende, Befürwortende wie auch Kritiker, Unzufriedene und gerade auch aktiv Sabotierende! Ohne euch wäre ich heute nicht da, wo ich tatsächlich stehe.

Vielen herzlichen Dank!

Darüber hinaus haben mich Menschen fachlich, inspirativ, beratend oder auf jedwede Art unterstützend während des Schreibprozesses bis zur Veröffentlichung mal mehr und mal weniger intensiv begleitet. Danke an ganz viele Menschen in unterschiedlichen Communities, die ich jederzeit um Rat, Feedback oder Tipps bitten darf.

Persönlich danke ich Hermann Scherer und Tobias Beck, durch deren Unterstützung, ich meine Ziele höher und präziser gesetzt und diese mit Nachdruck verfolgt habe.

Mein ausdrücklicher und besonders herzlicher Dank geht an meinen Mentor und Vorwortgeber, sowie nach übereinstimmenden Presseaussagen diverser Medien, einen der erfolgreichsten Management- und Persönlichkeitstrainer weltweit, Jörg Löhr. Lieber Jörg, Deine Seminare und deren Inhalte, aber gerade auch Du als Mensch, haben mich in den vergangenen zwei Jahren extrem weitergebracht, meinen Fokus geschärft und mein Wirken neu ausgerichtet. Dass Du dieses Vorwort für mein erstes Buch übernommen hast, erfüllt mich mit tiefem Dank und besonderer Freude.

Zur Realisierung dieses Buches, hat schließlich Daniel Bieter und sein Team des Rediroma-Verlags aus meiner Idee, dem Vorhaben, dem Plan, Realität werden lassen. Vielen herzlichen Dank dafür, ich habe mich sehr gut aufgehoben gefühlt.

Da das Beste manchmal eben doch zum Schluss kommt, gilt mein einzigartiger und aus tiefstem Herzen kommender Dank, neben meiner Familie im Allgemeinen, und unsere Konstellation ist schon eine Besondere, einem Menschen, der alle Höhen und Tiefen und damit meine ich jede Sekunde mit mir auf diesem Weg gegangen ist. Egal, ob im Urlaub auf Sylt morgens schon die Tastatur klapperte oder am Nachmittag in den Schweizer Alpen im Hotel mit der Zimmernummer 007 neben einem kalten Frappé der Laptop heiß lief: Du, mein wundervoller und einzigartiger Engel, warst immer an meiner Seite, hast alles ausgehalten und mich, wenn es nötig war, angetrieben oder motiviert, meine Zweifel mit mir beerdigt und immer an mich geglaubt. Deshalb gehört dieser letzte Absatz dir. Ich danke dir von ganzem Herzen für dieses besondere Stück auf meinem Lebensweg, was ich mit deiner Unterstützung bewältigen durfte. Du hast mich oft bestärkt, in dem, wie ich es für richtig gehalten habe.

Danke, dass es dich für mich gibt.